Em Louvor de Anti-Heróis

CRÍTICA HOJE II

VICTOR BROMBERT

Em Louvor de Anti-Heróis

FIGURAS E TEMAS DA
MODERNA LITERATURA EUROPÉIA
1830 – 1980

TRADUÇÃO
José Laurenio de Melo

Título do original em inglês
In Praise of Antiheroes. Figures and Themes in Modern European Literature

Copyright © 2002 by The University of Chicago Press

Dados Internacionais de Catalogação na Publicação (CIP)
(Câmara Brasileira do Livro, SP, Brasil)

Brombert, Victor H.
Em louvor de anti-heróis : figuras e temas da moderna literatura européia, 1830-1980 / Victor Brombert ; tradução José Laurenio de Melo. -- São Paulo : Ateliê Editorial, 2001.

Título original: In praise of antiheroes : figures and themes in modern European literature, 1830-1980.
Bibliografia.
ISBN 85-7480-062-7

1. Anti-heróis na literatura 2. Crítica literária 3. Literatura européia – Século 19 – História e crítica 4. Literatura européia – Século 20 – História e crítica I. Título.

01-2076   CDD-809.93352

Índices para catálogo sistemático:

1. Anti-heróis na literatura : História e crítica   809.93352

Direitos reservados em língua portuguesa à
ATELIÊ EDITORIAL
Rua Manoel Pereira Leite, 15
06709-280 – Granja Viana – Cotia – SP
Telefax: (11) 4612-9666
www.atelie.com.br / atelie_editorial@uol.com.br

2002
Impresso no Brasil
Foi feito depósito legal

para BETTINA – *como sempre*
para JAMES GILL – *in memoriam*

Sumário

Agradecimentos 11

1. Modos Nada Heróicos 13
2. Georg Büchner: O Idioma do Anti-heroísmo 25
3. "O Capote" de Gógol: Os Significados de uma Desgraça 45
4. O Homem do Subsolo de Dostoiévski: Retrato do Paradoxista ... 55
5. "Um Coração Simples" de Flaubert: *Pathos* e Ironia 71
6. Italo Svevo, ou os Paradoxos do Anti-Herói 85
7. O Idiota Schweik, ou em Louvor da Astúcia 105
8. Max Frisch: A Coragem do Fracasso 115
9. A Voz de Camus: Nem Santo nem Herói 141
10. Primo Levi e o Canto de Ulisses 165

Apêndice: A Testemunha de Svevo 197
Índice Onomástico 215

Agradecimentos

DEVO MUITO a muitos amigos, estudantes e colegas cuja presença intelectual e humana me estimulou e encorajou. Mas minha maior dívida é com minha mulher Beth, que tem sido minha leitora generosa e exigente. Seus comentários incisivos e judiciosos foram valiosíssimos durante a redação deste livro.

Vários capítulos apareceram em outros lugares, alguns numa versão muito mais curta e com outro título: "Georg Büchner: The Idiom of Antiheroism" (cap. 2), em *Literature, Culture and Society in the Modern Age*, Stanford Slavic Studies (Stanford, 1991); "Meanings and Indeterminacy in Gogol's 'The Overcoat'" (cap. 3), *Proceedings of the American Philosophical Society* 135, n. 4 (1991); "Dostoevsky's Underground Man: Portrait of the Paradoxalist" (cap. 4), *Raritan* XV, n. 1 (verão 1995); "Italo Svevo" (cap. 6), *The Yale Review* LXXXII, n. 1 (janeiro de 1994); "Max Frisch: The Courage of Failure" (cap. 8), *Raritan* XII, n. 2 (outono 1993); "Primo Levi and the Canto of Ulysses" (parte do cap. 10), *Révue de Littérature Comparée*, n. 3 (1996); "Svevo's Witness" (Apêndice), *The American Scholar* LX, n. 3 (verão 1991).

Dois capítulos foram publicados em francês e numa forma bem diferente: "La Chambre de Félicité: bazar ou chapelle?" (cap. 5) em *George Sand et son temps* (Genebra, Slatkine, 1994); "Chvéïk, crétin d'envergure (ou l'éloge de la roublardise)" (cap. 7), em *Pratiques d'écriture* (Paris, Klincksieck, 1996). Pela permissão de reproduzir os textos revistos quero agradecer aos respectivos organizadores e editores.

I

Modos Nada Heróicos

Nem monstros nem heróis!
FLAUBERT

O TÍTULO DESTE LIVRO talvez seja surpreendente. Escrever em louvor de anti-heróis poderia parecer irônico, senão francamente perverso. O termo "anti-herói", como passou a ser usado, está de fato ligado a uma postura paradoxal, às vezes provocativa. Dostoiévski pôs esse termo em circulação na parte final de *Memórias do Subsolo*, obra seminal que discute a idéia do herói na vida e também na arte. As últimas páginas da narrativa de Dostoiévski associam explicitamente a palavra "anti-herói" à noção de paradoxo. O narrador, que é chamado de paradoxista, explica: "Um romance precisa de um herói, e todos os traços de um anti-herói estão *expressamente* reunidos aqui"[1]. A subversão deliberada do modelo literário está relacionada com a voz vinda do subsolo para contestar opiniões aceitas.

O título do meu estudo talvez tenha sido determinado pelo pretenso anti-herói de Dostoiévski, mas só até certo ponto. O plural "anti-heróis" quer sugerir que o protagonista de Dostoiévski não é o contramodelo único e que meu objetivo não é definir um tipo só, mas antes explorar uma

---

1. Fyodor Dostoevsky, *Notes from Underground*, New York, Dutton, 1960, p. 114.

tendência muito difundida e complexa da literatura moderna. É claro que não basta uma única descrição ou definição. Mas evitar um enfoque dogmático e sublinhar diversidade e variação não impedem a procura de padrões subjacentes e tendências comuns. Muito embora o termo e a figura do anti-herói sejam multifacetados, esta não é uma simples amostragem de textos significativos. As questões subjacentes são conceituais também.

O modo anti-heróico, como veremos, implica a presença negativa do modelo subvertido ou ausente. Mas é ao mesmo tempo uma questão de modo e de ânimo. Nenhuma formulação teórica isolada, mesmo a mais engenhosa, pode acomodar a energia e a qualidade específicas de uma determinada obra. Desconfiado de definições pré-formatadas, preferi ser um leitor e intérprete atento das obras analisadas, permanecer flexível em minha abordagem e pacientemente deslindar em cada texto o tema do "anti-heroísmo". Em todos os casos me empenhei em respeitar a textura e coerência interna das obras estudadas.

As linhas de demarcação que separam o heróico do não-heróico estão borradas. Há uns quarenta anos Raymond Giraud observou com razão que os "heróis não-heróicos" de Stendhal, Balzac e Flaubert foram os protótipos de heróis da inação como Swann de Proust e Leopold Bloom de Joyce[2]. A literatura dos séculos XIX e XX está, além disso, abarrotada de personagens fracos, incompetentes, dessorados, humilhados, inseguros, ineptos, às vezes abjetos – quase sempre atacados de envergonhada e paralisante ironia, mas às vezes capazes de inesperada resistência e firmeza. Esses personagens não se ajustam aos modelos tradicionais de figuras heróicas; até se contrapõem a eles. Mas pode haver grande vigor nessa oposição. Implícita ou explicitamente lançam dúvidas sobre valores que vêm sendo aceitos ou que foram julgados inabaláveis.

Pode ser esta realmente a principal significação de tais antimodelos, de suas forças secretas e vitórias ocultas. O herói negativo, mais vividamente talvez do que o herói tradicional, contesta nossas pressuposições, suscitando mais uma vez a questão de como nós nos vemos ou queremos ver. O

---

2. Raymond Giraud, *The Unheroic Hero*, New Brunswick, Rutgers University Press, 1957, p. 52. Ver também Allen H. Pasco, *Sick Heros: French Society and Literature in the Romantic Age, 1750-1850*, Exeter, University of Exeter Press, 1997.

anti-herói é amiúde um agitador e um perturbador. A concomitante crítica de conceitos heróicos subentende estratégias de desestabilização e, em muitas obras examinadas neste estudo, comporta implicações éticas e políticas.

Pontos importantes estão em jogo. Ao longo dos séculos o "herói" refletiu, às vezes até determinou, nossa visão moral e poética quando tentamos fazer face ao sentido ou falta de sentido da vida, ainda que a tragédia, ou, de um modo geral, o espírito trágico, responda à nossa necessidade profunda de conferir dignidade e beleza ao sofrimento humano. Por isso é que a "morte da tragédia", caracterizada por George Steiner num livro que gira em torno do famoso título de Nietzsche, representa uma tão momentosa mudança cultural[3]. Uma coisa é clara, porém. Inflada ou desinflada, exaltada ou minimizada, não podemos passar sem uma imagem de nós mesmos.

Mas o que é a têmpera heróica, e o que é esta noção do herói contra a qual parece reagir uma parcela tão grande da literatura moderna? A palavra "herói", como nos lembra Bernard Knox, parece ter tido em Homero o sentido geral de "nobre", mas no quinto século a.C. o culto dos heróis havia surgido e se tornara uma espécie de fenômeno religioso. Heróis eram homenageados e reverenciados. Eram associados a uma era mítica em que se dizia que homens e deuses entraram em íntimo contato. Heróis eram seres excepcionais inscritos na lenda, cantados na poesia épica, representados no teatro trágico. Suas características, por trás da multiplicidade de tipos individuais, são constantes: eles vivem segundo um código pessoal feroz, são obstinados diante da adversidade; seu forte não é a moderação, mas sim a ousadia e mesmo a temeridade. Heróis são desafiadoramente comprometidos com honra e orgulho. Embora capazes de matar o monstro, eles mesmos são freqüentemente medonhos e até monstruosos. Testemunhas apavoram-se com a "perversidade de suas ações violentas" e a estranheza de seu destino[4]. Quer se chame Aquiles, Édipo, Ajax, Electra ou Antígona – pois o conceito heróico estende-se a

---

3. George Steiner, *The Death of Tragedy*, New York, Alfred Knopf, 1961.
4. Ver Bernard Knox, introduções a Sophocles, *The Three Teban Plays*, tr. Robert Fagles, Penguin, 1982, e também sua análise do herói sofocliano em *The Heroic Temper*, Berkeley, University of California Press, 1964.

mulheres excepcionais –, o herói ou heroína é uma figura única, exemplar, cujo fado vai situá-lo ou situá-la no posto avançado da experiência humana, e praticamente fora do tempo.

Poder-se-ia falar de uma moral da vontade e da ação. Quer combata e mate o monstro, quer se precipite na direção de sua própria ruína, ou assuma orgulhoso seu papel de rebelde contra forças superiores, é mediante escolha e o excercício do livre arbítrio que o herói afirma sua índole heróica. Prometeu sabe disso, quando altaneiro declara ao coro: "Por vontade própria disparei a seta que não alcançou o alvo, por vontade própria." Também o sabe Édipo, quando tira a própria vista ao descobrir a horrível verdade que ele mesmo queria encontrar[5]. Como disse Maurice Blanchot num ensaio sobre a natureza do herói, o heroísmo é uma revelação da "luminosa soberania do ato"; acrescenta que o ato por si só é heróico. Essa glorificação epifânica da ação leva Blanchot a concluir que a autenticidade ou substância heróica (ele duvida que esta última exista) precisa determinar-se mais por meio do verbo do que por meio do substantivo[6]. Nesta perspectiva a natureza "moral" do ímpeto do herói é questionável, e a relação entre bravura e conceitos éticos não é completamente óbvia.

A denúncia do código heróico, um código muitas vezes associado à guerra, à violência e ao culto da virilidade, está claro que não é nova. *Cândido* de Voltaire não só pinta a guerra como ignóbil mortandade (uma "carnificina heróica" em que um número qualquer de heróis se entrega a altas façanhas de eviscerações e estupros), como também oferece uma crítica literária do estilo heróico. O nobre veneziano Pococurante explica a Cândido por que antipatiza tanto com a *Ilíada* de Homero. A recitação ininterrupta de lutas e batalhas, o relato aparentemente infindável do cerco de Tróia, tudo isso lhe soa absolutamente intolerável. Mas o "tédio mortal" não é a principal razão para rebaixar o "herói" à classe dos incendiários, carniceiros e estupradores. A indignação moral e a esperança de que seu pessimismo a respeito do comportamento humano ao longo

---

5. Aeschylus, *Prometheus Bound*, verso 268; Sophocles, *Oedipus the King*, tr. Robert Fagles, New York, Penguin Classics, 1984, p. 241.
6. Maurice Blanchot, "Le Héros", *Nouvelle Revue Française* 25, 1965, p. 93. Citado em Walter L. Reed, *Meditations on the Hero*, New Haven, Yale University Press, 1974, p. 135.

da história pudesse servir à causa da tolerância e da justiça estão na origem da atitude anti-heróica de Voltaire[7].

Primo Levi, em nossa época, também detestou a *Ilíada*, e pela mesma razão. "Acho a leitura da *Ilíada* quase intolerável: esta orgia de batalhas, feridas e cadáveres, esta guerra estúpida e interminável, a cólera infantil de Aquiles." O ódio de Levi ao militarismo explica sua admiração pelo *Woyzeck* de Büchner, que ele considerava uma obra-prima da literatura universal. Caracteristicamente Levi preferia a *Odisséia*, a epopéia da volta ao lar, à inexoravelmente heróica *Ilíada*[8].

Mas mesmo a figura do engenhoso Odisseu, por quem Levi tinha especial ternura, tende a ser tratada ironicamente e às vezes com hostilidade em textos modernos. Odisseu, conhecido como *polymêtis* (um homem de muitos estratagemas), pode mostrar-se especialmente sedutor aos leitores modernos porque parece ser a encarnação de *mêtis* – uma combinação de destreza, astúcia, adaptabilidade, flexibilidade de espírito, habilidade em todos os tipos de dissimulação, ilustrando em quase todos os pontos o primado da inteligência sobre a pura força muscular e a impulsividade[9]. No entanto é ele que no livro II da *Ilíada* castiga o covarde e vil Tersites por lançar insultos a Agamemnon e mostrar desrespeito pelo código heróico. E a chacina dos pretendentes no livro XXII da *Odisséia* é – pode-se argumentar – a mais sanguinolenta e mais "heróica" ação isolada dos poemas homéricos. Em "Desespero de Penélope" (que deve ser lido lado a lado com "Não-Herói"), o poeta grego moderno Yannis Ritsos imginou o temor e a frieza com que Penélope saúda seu retornado marido-herói, aterrorizada diante deste homem "infeliz, encharcado de sangue"[10].

A natureza moral do herói tem sido objeto de muita dissensão. Alguns sustentaram que o heroísmo responde desinteressadamente a um chama-

---

7. Ver em especial os capítulos 3 e 25 de *Candide* de Voltaire.
8. Primo Levi, *La ricerca delle radici*, Milano, Einaudi, 1981, p. 19; *I sommersi e i salvati*, Milano, Einaudi, 1986, p. 92.
9. Para uma análise minudente da noção de *mêtis* ver Marcel Detienne e Jean-Pierre Vernant, *Les ruses de l'intelligence: La mètis des Grecs*, Paris, Flammarion, 1922.
10. Yanni Ritsos, "Non Hero" e "Penelope's Despair", em *Repetitions, Testimonies, Parentheses*, tr. Edmund Keeley, Princeton, Princeton University Press, 1991, pp. 33 e 91. Ver a competente introdução de Edmund Keeley, em particular pp. xxi e xxv-xxvi.

do de alto dever, a uma lei moral básica[11]. Mas esta lei moral não é evidente para todos. Diversidade de opinião e contradições caracterizam quase todas as tentativas de delinear a natureza "moral" do herói. Friedrich Schiller acreditava que o herói encarna um ideal de perfeição moral e enobrecimento ("Veredlung"). Thomas Carlyle via os heróis como modelos espirituais guiando a humanidade, e portanto merecedores do "culto do herói". E Joseph Campbell, em nossos dias, descreveu o herói de mil faces como capaz de "autoconquistada submissão" e pronto a dar a vida por alguma coisa maior do que ele mesmo[12].

Mas há pontos de vista menos exaltados. Para Johan Huizinga, o herói era apenas um exemplo superior de *homo ludens*, projetando em seus esforços o impulso humano para sobressair em competição, e ilustrando o desejo "ludicamente" apaixonado de dominar o ego, enfrentar obstáculos e provas, e ser vitorioso. Sigmund Freud, de maneira menos lúdica, embora também destacando a competição, ofereceu uma visão mais sombria. Em *Moisés e o Monoteísmo* definiu o herói como alguém que enfrenta o pai e "no fim suplanta-o vitorioso", e ainda menos tranqüilizadoramente (a noção de parricídio não é nada edificante) como um homem que se rebela contra o pai e "mata-o de um modo ou de outro"[13].

Uma visão sombria parece prevalecer nas obras de ficção em que o herói é explicitamente associado a um mundo de treva e transgressão. O *Coração da Treva* de Joseph Conrad não só proporciona um título exemplar e uma figura central que cede à tentação de "transpor o umbral do invisível", como também sugere que a "treva" é o domínio privilegiado da alma heróica[14]. A afinidade entre o herói e as zonas obscuras tem sido

---

11. Ver o interessante ensaio de George Roche, "Modern Unbelief and the Curious Faiths of the Antihero", em *The World and I*, fevereiro de 1988, pp. 607-622. Para um apanhado mais amplo, ver do autor *A World without Heroes: The Modern Tragedy*, Hillsdale, Mich., Hillsdale College Press, 1987.
12. Friedrich Schiller, "Über Bürgers Gedichte" (1789), Nationalausgabe, vol. 22, p. 253. Ver também *Brief über die ästhetische Erziehung des Menschen* (1795). Thomas Carlyle, *On Heroes, Hero-Worship and the Heroic in History* (1840). Joseph Campbell, *The Hero with a Thousand Faces*, Princeton, Princeton University Press, 1972, p. 16.
13. Johan Huizinga, *Homo ludens*, Paris, Gallimard, 1951, pp. 76, 91, 111, 156 e 218. Sigmund Freud, *Moses and Mohotheism*, New York, Vintage, 1967, pp. 9 e 111.
14. Joseph Conrad, *Heart of Darkness*, New York, Norton, 1988, p. 69. Ver também a declaração ad-

exposta muitas vezes. Paul Valéry afirmou que tudo que é "nobre" ou "heróico" está forçosamente vinculado à obscuridade e ao mistério do incomensurável, ecoando a observação de Victor Hugo a respeito do obscurecimento legendário ("obscurcissement légendaire") que cerca a figura do herói. Embora nostálgico dos valores heróicos relacionados com a literatura épica, Hugo mais de uma vez pregou a extinção do herói tradicional e a superação do culto do herói[15].

Por força da exaltação da vontade, da ação e da bravura os heróis estavam fadados a ser exemplares mesmo quando ligados a forças tenebrosas e incontroláveis. Eram vistos pairando muito acima dos seres humanos comuns, quase num pedestal, destinados a ser reverenciados como efígies ou monumentos por toda a posteridade. As imagens da estátua e do pedestal podem também, pelo menos em parte, explicar o impulso para solapar e derrubar a figura enaltecida.

Este estudo se propõe examinar os variados modos por que o modelo heróico – na verdade a própria noção de modelo – veio a ser subvertido, bem como as razões que podem inspirar essa tendência. Amplas áreas da literatura ocidental têm sido cada vez mais invadidas por protagonistas que, por estratégia deliberada de seus autores, não conseguem colocar-se à altura de expectativas ainda associadas a lembranças da literatura tradicional ou dos heróis míticos. Mas esses protagonistas não são fatalmente "fracassos" nem estão desprovidos de possibilidades heróicas. Podem corporificar outros tipos de coragem, talvez mais sintonizados com nossa época e nossas necessidades. Tais personagens podem cativar nossa imaginação, e até chegar a parecer admiráveis, pela maneira como ajudam a esvaziar, subverter e contestar uma imagem "ideal".

Primo Levi, como veremos, exalta o anti-herói – o "eroe a rovescio" – por sua fidelidade à dimensão rigorosamente humana. Levi não é eviden-

---

mirada de Marlow, no início do romance, sobre os intrépidos romanos que ousaram explorar as regiões setentrionais de nevoeiro e morte que na época pareciam o próprio fim do mundo: "Eles eram bastante homens para enfrentar a treva" (p. 10).

15. Paul Valéry, "Tel Quel" em *Oeuvres*, Pléiade, Paris, Gallimard, 1966, II, p. 773. Victor Hugo, *Les misérables*, Le Club Français du Livre, 1969, pp. 262 e 287. Toda a seção sobre a batalha de Waterloo é de relevância específica. Ver também o capítulo sobre *Les misérables* em Victor Brombert, *Victor Hugo and the Visionary Novel*, Harvard University Press, 1984, em particular pp. 90-101 sobre a morte do herói.

temente o único a desconfiar do culto do herói e a denunciá-lo por alimentar ilusões, desonestidade e inércia moral que advêm da confiança depositada em modelos ideais e inimitáveis. Mas esta crítica à vicariedade subentende o diagnóstico de um vazio moral bem como a nostalgia paradoxal dos valores e modelos heróicos não mais tidos como relevantes.

Um vazio desse tipo clama por ser preenchido. Esta é uma das hipóteses deste estudo. A lembrança irônica do modelo ausente ou inatingível atua como um lembrete constante e também como um incentivo. A noção mesma do "anti-herói" depende de tal lembrança. Herbert Lindenberger afirmou-o quando observou que o anti-herói só é possível numa tradição "que já representou heróis reais"[16]. A razão é que tal lembrança atua como bem mais do que um contraste; sugere um anseio, talvez até uma busca. Numa época de ceticismo e fé definhante, época marcada pela consciência difusa de perda e desordem, a intencional subversão da tradição heróica pode indicar uma iniciativa de recuperar ou reinventar significação. A avaliação negativa não prova renúncia ou assentimento. Uma ausência pode ser uma forma de presença. Dito de outro modo, algumas das obras mais características escritas em oposição a modelos heróicos tradicionais podem perfeitamente refletir um impulso moral e espiritual, assim como uma tentativa de ajustar-se responsavelmente a novos contextos.

Os capítulos que se seguem tratarão inevitavelmente, portanto, de algumas das tensões inquietantes de nosso tempo: conflitos entre valores individuais e coletivos, descontinuidades temáticas e históricas, resistência ao conformismo, questionamentos radicais da autoridade, intentos de novas atribuições de autoridade e também a subversão delas, críticas ao racionalismo e ao humanismo tradicional juntamente com o surgimento de menos enfatuadas reafirmações "humanísticas" do espírito humano quanto a resiliência e tenacidade não-heróicas.

Todos os autores estudados suscitam questões morais em razão da perspectiva anti-heróica. Contestam a pertinência de postulados transmitidos

---

16. Herbert Lindemberger, *Georg Büchner*, Carbondale, Southern Illinois University Press, 1964, p. 47.

de uma geração para a outra, induzem o leitor a reexaminar categorias morais e ocupam-se, muitas vezes de maneira desconcertante, da sobrevivência de valores. Sobrevivência e renovação, às vezes de modo conflitante, estão no centro desses textos radicais. Força que assume a forma de fraqueza, deficiência traduzida em força, dignidade e vitórias ocultas conseguidas por meio do que pode parecer perda de dignidade, a coragem do fracasso vivido como a afirmação de honestidade fundamental – estes são alguns dos paradoxos subjacentes não só aos escritos de Gógol, Flaubert, Italo Svevo e Max Frisch, mas também aos dos outros escritores aqui estudados.

Georg Büchner (1813-1837), o primeiro autor analisado, é surpreendentemente moderno em seu deliberado desmantelamento do idioma da tragédia. Mas por meio de seu insignificante Woyzeck, que vive até o fim um destino de vítima e perdedor, Büchner alcança o homem universal e resgata a tragédia num contexto não-heróico. Nicolai Gógol (1809-1852), em "O Capote", também lida com temas sérios ao descrever um humilde e ridicularizado bode expiatório que é o seu protagonista, um indivíduo tiranizado cuja história levanta problemas sociais, morais e até espirituais, mas em termos inquietantes, sob o efeito da sátira, do patos, da paródia, de instabilidades narrativas e ironias que mutuamente se anulam.

Memórias do Subsolo de Fiódor Dostoiévski (1821-1881) é um texto inteiramente crucial na tradição do anti-herói. Auto-retrato depreciativo de um aleijado moral que se difama de propósito e adora suas enfermidades, esta narrativa em primeira pessoa evidencia a vontade incansável de estar fora da norma e em oposição a ela. Aviltando o termo e também o conceito de herói, a voz subterrânea de Dostoiévski – agressiva, intransigente, egocêntrica, neurótica, às vezes estridente – profere a denúncia de uma "época negativa" que perdeu seu senso de valores. Ao denunciar o racionalismo materialista, essa voz assume tons quase proféticos. A consciência antagônica que vocifera das profundezas é, porém, a de um profeta *doente*. Mas, no fim de contas, as estratégias textuais que exploram os recursos dúplices do estilo confessional convertem o negativo no positivo, transmitindo a experiência de intensas necessidades espirituais.

A ingênua criada Félicité de Flaubert, parenta distante do Woyzeck de

Büchner e do Akáki Akakiévitch de Gógol, está ainda mais afastada, se tal é possível, de qualquer modelo heróico. Em "Um Coração Simples", Flaubert (1821-1880) concebeu uma personagem incapaz de conceptualizar qualquer coisa, inconsciente de sua própria coragem e totalmente inabilitada para se ver em qualquer "papel", menos ainda num papel heróico. No entanto seu desprendimento, sua devoção, sua capacidade de comungar no sofrimento, e acima de tudo o complexo manejo da ironia por parte do autor, transformam vazio em plenitude, permitindo que Félicité atinja uma condição legendária. Pode-se mesmo entender que o latente impulso hagiográfico da narrativa se relaciona com os anseios mais profundos do autor.

Com Italo Svevo (1861-1928) encontramos quase o tipo oposto do anti-herói: bem-falante, refletido, hiperconsciente até tocar as raias da morbidez, padecendo da inércia do sonhador e do praticante da autoderrisão. Os modos irônicos sublinham o sentimento de fracasso e marginalidade. Os típicos protagonistas svevianos cultivam as suas inadequações e saboreiam a passividade e a procrastinação até o limite da paralisia. *A Consciência de Zeno*, a obra mais característica de Svevo, é uma narrativa humorística e também comovente acerca da incurável ferida da consciência. Mas nesse mundo ficcional em que a única tragédia parece ser a ausência de tragédia ocorrem estranhas inversões. Zeno descobre que a consciência de sua fraqueza é sua verdadeira força, que a lucidez irônica pode converter a derrota em vitória.

O caso do bom soldado Schweik parece à primeira vista enquadrar-se em cheio na categoria da caricatura, embora logo se torne evidente que essa caricatura está longe de ser um simples entretenimento. O escritor tcheco Jaroslav Hasek (1883-1923) conseguiu dar à silhueta risível do astuto ordenança, que serve no exército austríaco durante a Primeira Guerra Mundial, uma dimensão lendária como um não-heróico mas rebelde artista da sobrevivência num mundo ultranacionalisa enlouquecido. Conciliatório, jovial e engenhoso, simulando submissão, Schweik usa sua fingida imbecilidade num permanente combate contra a autoridade. Essa imbecilidade não deve ser tomada ao pé da letra. Verdadeiro subversivo, Schweik é um perturbador energizado pela indignação moral, que fala e age pelos espezinhados, transmitindo uma lição não só de coragem não-heróica mas também de estratégias de resistência passiva especialmente válidas sob regimes políticos opressivos.

A hostilidade ao heróico, na esteira da guerra e do extermínio massivo, também marca as obras de Max Frisch (1911-1991). Atento à tradição épica e trágica, bastante consciente de que os heróis nos permitem vivenciar vicariamente o exercício do livre arbítrio e o grandioso drama de destino e ação, Frisch expõe resoluto o dano causado pela ilusão heróica. Sua postura anti-heróica – em peças de teatro, romances e diários literários – tem implicações morais e também políticas. Fica evidente que o conceito do herói fornece lições de falsa liberdade e perigosos modelos na história. Em contraste com isso, o que Frisch considera virtudes não-heróicas encarnadas pelas figuras que povoam suas obras, figuras sem confiança em si próprias, abnegadas e até humilhadas, eleva seus personagens a novos níveis de consciência. Os textos mais significativos de Frisch redundam numa revelação positiva do finito: a tocante aceitação do insucesso e dos limites humanos, o valor da prisão da vida interior, o amor à fragilidade humana, a desesperada vontade e bravura de aceitar a vida.

Os temas de corajosa lucidez e fidelidade à dimensão rigorosamente humana estão no centro dos textos de Albert Camus (1913-1960). Insistindo em que o heroísmo não é, afinal, um valor supremo, desconfiado de atitudes heróicas e retórica heróica, Camus se mostra desde o início mais interessado em verificar como a fraqueza pode ser transformada em força, como a negação pode ser convertida em afirmação. Está em jogo a debilidade de qualquer vitória no contexto de infindável derrota. Toda a obra de Camus tende para formas não-heróicas de coragem e valores baseados no horror à violência, na aversão às abstrações doutrinárias e numa recusa a procurar absolutos. Encontrando desesperança e também satisfação no sentimento de mortalidade, Camus recorre à metáfora mítica de Sísifo para justificar um compromisso com uma luta que requer vigilância incansável precisamente porque uma vitória definitiva jamais será alcançada. O humanismo trágico de Camus, que toma o partido das vítimas (nunca de "heróis"ou "santos"), envolve o conceito de testemunha em seu sentido mais nobre e mais engajado.

Primo Levi (1919-1987) ilustra talvez melhor que qualquer outro o quanto a testemunha passou a ter prioridade sobre o herói. Uma pergunta importante paira sobre o conjunto da obra de Levi: o que afinal pode o heroísmo significar numa época de ideologias totalitárias e campos de extermínio, onde corpos nus são tangidos para as câmaras de gás? Modelos heróicos e expectativas heróicas revelam-se ilusórios e enganadores. Ofendido por toda e qualquer retórica que apresente a vítima como herói, Levi se interessa mais pelo que chama de "zona cinzenta" de contaminação moral, bem como pela dificuldade e vergonha da sobrevivência. Sua principal preocupação é a sobrevivência moral, e não física. Em sua tentativa de salvação, escrever e testemunhar assumem um valor de redenção. Aspirações heróicas podem ter induzido Levi a escrever um romance premiado sobre grupos da resistência judia na Segunda Guerra Mundial, mas seus guerrilheiros e suas guerrilheiras estão cansados de guerra e heroísmo. A principal esperança de Levi se relaciona com a metáfora de uma volta para casa (daí seu apego à figura de Ulisses) e com a busca da coragem necessária para enfrentar a luta diária contra o desespero.

Os escritores analisados neste estudo pertencem a diversas tradições culturais e lingüísticas distintas. Em todos os casos baseei minhas análises em leituras minudentes na língua original. Alguns capítulos tratam de uma obra específica, outros de um amplo conjunto de escritos. Estes capítulos podem ser lidos como ensaios independentes só na medida em que respeitam a voz peculiar e inconfundível de cada autor. Todos eles enfocam problemas comuns e todos foram concebidos desde o início como partes integrantes deste livro. Mas tive o cuidado de evitar um esquema ou método de abordagem definicional, preferindo em vez disso continuar sintonizado com cada autor e sua(s) obra(s) e projetar luz sobre temas complexos mas correlatos.

2

Georg Büchner
o idioma do anti-heroísmo

Woyzeck de Georg Büchner, mais de um século e meio depois de ter sido deixado inacabado em 1836, continua a ser um texto desconcertante e surpreendentemente moderno. Mesmo a projetada seqüência das cenas concluídas permanece problemática. Büchner morreu aos vinte e três anos, sem ter tido oportunidade de fazer revisões e tomar decisões cruciais a respeito da estrutura e do encaminhamento final da peça. *Woyzeck* só foi "reconstruída" cerca de quarenta anos depois da morte de Büchner e só foi encenada depois de decorridos outros quarenta anos, em Munique em 1913. Questões redacionais e dramatúrgicas básicas não foram resolvidas. Mas a morte prematura do autor é apenas um fator a contribuir para o não-convencionalismo da peça. Descontinuidades estruturais fazem parte das estratégias teatrais de Büchner.

Assim são as descontinuidades dramáticas e psicológicas que frustram expectativas de desenvolvimentos e resoluções tranqüilizadoras. Há de fato aqui muita coisa capaz de perturbar tanto o espectador como o leitor. Não só é o protagonista espezinhado, inepto e humilhado; também as técnicas de fragmentação e desarticulação dão relevo a uma desabrida crueldade agravada por estilizações desumanizadoras do desespero humano.

Várias escolas estéticas modernas viram em Büchner um precursor ousado e um modelo inspirador. Historiadores do teatro gostam de ligar o nome dele a manifestações artísticas tão diversas como o naturalismo, o impressionismo, o expressionismo ou o drama épico e proletário[1]. Essas afinidades propostas podem ser sugestivas, mas filiações específicas podem ser enganadoras. Mais significativos são alguns dos notáveis aspectos responsáveis pela unicidade da realização de Büchner: fusões e súbitas mudanças de ambiente e andamento que prenunciam técnicas cinematográficas e comunicam as abruptas transições dos pesadelos; ênfase repetida em momentos isolados postos em destaque como epifanias de angústia e enraizados no horror da banalidade; linguagem sempre além e fora de – e mal sintonizada com – necessidades e temores. Típica dessa linguagem é a tartamuda e patética eloqüência do inarticulado.

Büchner conturbou e transfigurou o idioma da tragédia ao mesmo tempo que abalou a noção tradicional do herói trágico. Sua escolha deliberada da prosa, em vez da forma em versos consagrada pelo tempo, representa uma impugnação direta do código da tragédia. George Steiner, em páginas admiráveis sobre Büchner, tocou no âmago da questão quando enfocou "a tragédia dissociada da forma poética" e referiu-se ao rompimento radical do escritor com as convenções sociais e lingüísticas. Pois o que Büchner realizou por meio da corrosão irônica foi a bem dizer um novo conceito de tragédia. Steiner resume bem o que houve: "*Woyzeck* é a primeira tragédia da classe baixa. Repudia um postulado implícito no drama grego, elizabetano e neo-clássico: o postulado que diz que o sofrimento trágico é o sombrio privilégio dos que estão em altos postos"[2].

Dir-se-ia que Büchner se propôs refutar a asserção de Hegel segundo a qual a morte da tragédia era inevitável no dia em que o Escravo, incapaz de apreender a noção de destino, aparecesse no palco trágico. Hegel também teorizou que a sociedade moderna, com sua ênfase no funcionalismo e na especialização (até os reis tinham de servir), não podia mais tolerar a noção aristocrática do herói[3]. Sem dúvida o soldado Woyzeck não é um

---

1. Ver, por exemplo, Maurice B. Benn, *The Drama of Revolt. A Critical Study of George Büchner*, Cambridge, Cambridge University Press, 1976, p. 263.
2. George Steiner, *The Death of Tragedy*, New York, Alfred Knopf, 1961, pp. 273-274 e 281.
3. G. W. F. Hegel, *The Philosophy of Fine Art*, London, G. Bell and Sons, 1920, I, pp. 246-263. Victor Brombert, *The Hero in Literature*, New York, Fawcett World Library, 1969, pp. 186-201. Ver tam-

herói trágico pelos padrões usuais, muito embora vivencie dentro de seu limitado raio de ação o ciúme e a raiva destrutiva de um Otelo. Mas a esse perdedor dos mais não-heróicos, a esse homenzinho social e economicamente oprimido e deserdado, é de certa maneira concedida a honra de sofrer até o ponto preciso em que Büchner, mediante uma retórica que corrói as convenções dramáticas, alcança a dignidade da tragédia num registro "prosaico".

A experimentação de Büchner com um novo sistema estético não se limita ao tema dos pobres e dos espezinhados. A largura da fenda é o que dá a essa experimentação sua ressonância mais profunda. *A Morte de Danton* trata de uma poderosa figura revolucionária num contexto histórico grave que oferece possibilidades heróicas. *Lenz* projeta os tormentos mentais e espirituais de um artista que enfrenta dúvidas religiosas e o horror do nada. Se *A Morte de Danton* foi recebida como um texto revolucionário que renova as convenções da peça histórica, a originalidade do menos conhecido *Lenz* não tem sido suficientemente ressaltada. Esta narrativa do gradativo colapso mental da figura histórica do poeta Lenz (Büchner extraiu seus elementos das memórias do Pastor Johann Friedrich Oberlin – 1740-1826) não apenas subverte a estrutura do enredo como também se concentra nos estados mentais e em particular na "monstruosa fissura" ("ungeheurer Riss") que cinde em duas a personalidade do poeta enquanto ele se defronta, aterrorizado, com seu sentimento de vazio espiritual. A luta desesperada de Lenz contra a insânia e os impulsos suicidas é narrada no que se poderia caracterizar como um monólogo esquizofrênico indireto, um estilo que imita e mediatiza os processos mentais do protagonista. Os mundos objetivo e subjetivo são portanto imprecisos, ao passo que a própria paisagem, ainda que aparentemente descrita pelo narrador, projeta de fato a apreensão visionária da realidade exterior por parte do personagem.

O ambiente natural, com suas agourentas massas de luz, suas espectrais réstias de sol, suas profundezas de bruma prateada, seus trêmulos reflexos azulados e suas montanhas erguidas contra um céu vermelho, proporcio-

---

bém Jean Duvignaud, que menciona Hegel em relação com as técnicas büchnerianas de caricatura e derrisão (*Georg Büchner*, Paris, L'Arche Editeur, 1954, p. 110).

na imagens especulares do terror de Lenz. Mais ainda do que em *Woyzeck*, a paisagem assume aspectos extraterrenos, apocalípticos. Formas evanescentes revelam-se subitamente, os ventos uivantes assemelham-se a misteriosa música de titãs, enquanto a violência do ambiente sugere imagens do inferno. Lenz tem a impressão de estar à beira do abismo, cujas vozes terrificantes parecem empurrá-lo com força inexorável. A propensão de Lenz a ouvir vozes, a perceber raios de sol como espadas flamejantes, e a divisar nuvens como "relinchantes cavalos selvagens" galopando em direção a ele, relaciona-se claramente com a imagética do apocalipse e corresponde a um êxtase de horror[4].

A idéia do nada também informa *A Morte de Danton*. "Nichts" é uma palavra recorrente. Mas aqui o contexto é político, embora o Danton de Büchner – cético, sensual e atraído pela morte – não seja propriamente um herói da liberdade e da ação patriótica. A visão que Büchner tem de Danton e da Revolução Francesa, nessa peça fundamentalmente anti-heróica e parodística, é sem dúvida colorida por seus compromissos e desapontamentos políticos. Quando estudava Medicina em Estrasburgo, ele conheceu uma associação de conspiradores e mais tarde ajudou a fundar grupos análogos em Giessen e Darmstadt. Obrigado a fugir (uma ordem de prisão chegou a ser expedida contra ele), não tardou a se voltar para uma carreira científica, obteve seu doutorado e lecionou anatomia comparada em Zurique, enquanto cultivava suas ambições literárias. Seu panfleto incendiário *O Mensageiro de Hesse* (*Der Hessische Landbote*) tinha sido apreendido pelas autoridades, e sua família alarmou-se com seus envolvimentos revolucionários. O destino de seus amigos políticos encarcerados provavelmente esfriou-lhe o ardor. Sem dúvida suas idéias sobre história e política sofreram considerável evolução, tornando-se mais complexas e até contraditórias. Todas estas eram razões para apreciar o caráter elusivo, a multiplicidade de significados e a camuflagem oferecidas pelo teatro como gênero essencialmente dialógico.

Uma carta enviada à família é reveladora. Referindo-se ao grupo conhecido como "Jovem Alemanha", Büchner escreve:

---

[4]. Georg Büchner, *Werke und Briefe*, München, Carl Hanser Verlag, 1988, pp. 137 e 157.

Sigo meu caminho e me mantenho no campo do drama, que nada tem a ver com todas essas disputas; delineio minhas figuras como bem entendo, de acordo com a natureza e a história, e me rio das pessoas que querem me responsabilizar pela moralidade ou imoralidade desses personagens. Tenho minhas próprias idéias a respeito disso...[5]

Igualmente digno de nota é o teor "anti-heróico" de outra carta à família. Desta vez Büchner se refere expressamente a *A Morte de Danton*, que terminara pouco antes e enviara ao escritor e editor Karl Gutzkow. Defendendo-se da acusação de ter usado linguagem crua e mesmo obscena, e de ter enunciado idéias imorais, afirma que o poeta dramático não está preocupado com uma mensagem moral, e sim com a veracidade para com a história, e que a história não é feita para ser material de leitura apropriado para mocinhas. "Não posso transformar Danton e os bandidos da Revolução em virtuosos heróis!"[6]

Mais significativa ainda, porque vai ao fundo do conceito anti-heróico, é uma carta endereçada à sua noiva, Minna Jaeglé, em que lamenta que o estudo da história da Revolução Francesa o deixou inteiramente deprimido. Toda a história, diz ele, é uma lúgubre lição de determinismo; sente-se esmagado pelo horrível "Fatalismus" dos acontecimentos; os indivíduos são mera espuma sobre as ondas, e gênio ou grandeza mera casualidade e teatro de fantoche. Quando ia começar a trabalhar em *A Morte de Danton*, Büchner jurou nunca mais dobrar o joelho diante dos chamados grandes homens, ou figuras providenciais, da história[7].

A postura anti-heróica de Büchner está assim relacionada com uma inclinação anti-histórica e uma crescente desconfiança acerca da retórica.

---

5. Carta de 1 de janeiro de 1836 (*Complete Works and Letters*, tr. Henry J. Schmidt, ed. Walter Hinderer and Henry J. Schmidt, New York, Continuum, 1986, p. 283).
6. *Complete Works and Letters, op. cit.*, p. 276; *Werke und Briefe, op. cit.*, p. 305. A expressão "Tugendhelden" poderia ser traduzida mais literalmente como "heróis da virtude".
7. "Es fält mir nicht mehr ein, vor den Paradegäulen und Eckstehern der Geschichte mich zu bücken" (*Werke und Briefe, op. cit.*, p. 305). Henry J. Schmidt traduz esta frase metafórica assim: "Não pretendo mais inclinar a cabeça diante de cavalos em desfile e pilares da história" (*Complete Works and Letters, op. cit.*, p. 260).

Sua soturna concepção da história, e especificamente dos banhos de sangue ideológicos, está logicamente presa à nocividade da linguagem bombástica. Essa linguagem se torna cúmplice da brutalidade e da injustiça. O Danton de Büchner parece ser alérgico à oratória e a poses. Logo no início da peça ele faz saber que nunca pôde olhar para os pomposos Catões deste mundo sem sentir um desejo irresistível de lhes dar um pontapé no traseiro (I.1)[8]. O teatro da anti-retórica de Büchner deve portanto ser entendido como uma reação contra os excessos das flores de retórica e dos tons elevados da dramaturgia "idealista". Schiller era sua *bête noire*. Danton, o conhecido orador revolucionário, paradoxalmente questiona com extremo ceticismo o que Herbert Lindenberger chama com propriedade "a validade da retórica em proclamar quaisquer ideais humanos"[9].

O problema da retórica parece estar de fato no centro das percepções e dos temas de Büchner. Como estudante no clássico *Gymnasium* de Darmstadt, ele tinha sido um extraordinário praticante da *ars rhetorica* e da *ars oratoria*. Seu talento para a oratória foi reiteradamente reconhecido pelo diretor da escola, Carl Dilthey, que em três ocasiões o escolheu para a honra de pronunciar um discurso público, duas vezes em alemão e uma vez em latim. O discurso em latim se perdeu, mas temos os dois exercícios escolares em alemão: um discurso a respeito do suicídio de Catão de Utica ("Rede zur Verteidigung des Kato von Utica"), que glorifica as virtudes estóicas da antiguidade, e um discurso mais antigo pertencente ao gênero conhecido como *genus demonstrativum*, em comemoração da morte sacrificial dos habitantes de Pforzheim ("Helden-Tod der Vierhundert Pforzheimer") – um episódio heróico da Guerra dos Trinta Anos. A palavra "herói" (*Held*) ocorre em várias combinações: "Helden-Tod", "Heldenzeit", "Heldenstamm", "Heldenschläfe", junto com o correlato léxico da virtude ("Tugend"), da coragem ("Kühnheit") e da magnanimidade ("Seelengrösse"). Nos dois textos esses termos são desdenhosamente empregados em oposição ao espírito servil das massas que se rojam no pó.

O discurso a respeito de Catão de Útica é particularmente interessan-

---

8. Os números dentro de parênteses se referem aos números dos atos e das cenas da peça.
9. Herbert Lindemberger, *Georg Büchner*, Carbondale, Southern Illinois University Press, 1964, p. 27.

te. O jovem Büchner estava visivelmente familiarizado com todas as estruturas e figuras de retórica; conhecia tudo a respeito da ordem do discurso: *proemium, propositio, narratio, argumentio, refutatio, peroratio.* Mas o discurso não é só um exercício retórico e estilístico. As implicações políticas de um suicídio concebido como ato de protesto contra a tirania são inevitáveis, em especial se se leva em conta que a cerimônia escolar ocorreu apenas dois meses depois da revolução de julho de 1830 em Paris, que aconteciam levantes em Hessen e que a burguesia de Darmstadt tinha boas razões para estar alarmada. Além disso, Büchner já havia aludido ardorosamente à Revolução Francesa de 1789, e à luta dela pela liberdade, em sua alocução sobre os heróicos habitantes de Pforzheim[10].

A retórica, a tradição heróica e a ação política estavam assim desde o início estreitamente associadas no espírito de Büchner. O começo de seu discurso acerca de Catão acentua a alegria de testemunhar a nobre luta com o destino sempre que o homem se atreve a intervir na marcha da história do mundo ("... wenn er es wagt einzugreifen in den Gang der Weltgeschichte"). *Der Hessische Landbote,* violenta diatribe e incitação à luta armada contra as classes dominantes e o oficialismo no Estado de Hessen, foi com certeza a tentativa de Büchner de traduzir essa idéia de intervenção política heróica em prática militante. *O Mensageiro de Hessen* é um documento interessantíssimo, não somente pelas óbvias razões históricas e políticas, mas pelo que revela das contradições do pensamento de Büchner, contradições apesar de tudo sustentadas por uma lógica interna que iria dar ressonância enigmática à sua obra literária.

A afirmação inicial de *Der Hessische Landbote* é uma declaração de guerra ("Guerra aos Palácios") e um apelo à violência. Numa carta à família escrita um ano antes, o jovem Büchner afirmara realmente que o único meio de combater "a eterna força bruta" imposta aos pobres é a

---

10. *Werke und Briefe, op. cit.*, pp. 17-34. Ver as excelentes notas constantes desta edição, pp. 420-434. Ver também Gerhard Schaub, "Der Rhetorikschüler Geore Büchner. Eine Analyse der Kato-Rede", em *Diskussion Deutsch* 17, 1986, H. 92, pp. 663-684.

violência revolucionária. "Esta é a minha opinião: se alguma coisa pode ajudar nestes nossos tempos, é a violência"[11]. A linguagem em que *O Mensageiro de Hessen* está redigido reflete antes violência metafórica que um programa preciso de luta violenta. As metáforas são rasteiras, enraizadas em imagens vívidas de suor e estrume. Por outro lado, a linguagem metafórica é solidamente bíblica e quase sempre inspirada pelo estilo profético, em particular ao aproximar-se do fim. Essa veemência bíblica é atribuível em grande parte ao co-autor e revisor do opúsculo, Pastor Friedrich Ludwig Weidig, embora não haja dúvida que o próprio Büchner era muito versado em religião e profundo conhecedor da Bíblia. Seja como for, a experiência de escrever o folheto político em colaboração com Weidig estimulou o imbricamento dos temas sociopolíticos e religiosos e tornou ainda mais intrincada a relação entre retórica e heroísmo.

Mas o que é inconfundivelmente novo em *O Mensageiro de Hessen* é que à ação política heróica é dado um caráter sistematicamente antielitista, e assim concebido em rigorosa oposição aos exercícios retóricos escolares fundamentados na tradição humanista clássica que enaltecia o "herói" considerando-o por natureza totalmente diferente da – e superior à – humanidade comum. Tanto o "Helden-Tod der Vierhundert Pforzheimer" como o "Rede zur Verteidigung des Kato von Utica" referem-se com desdém aos milhões de criaturas servis que rastejam como vermes no pó e merecem ser esquecidas[12].

O tom é bem diferente em *O Mensageiro de Hessen*, e numa carta escrita à família mais ou menos na mesma época Büchner sublinha estas palavras: *"Eu não tenho desprezo por ninguém"*. Menos ainda, acrescenta, desdenha daqueles que não tiveram o benefício de uma educação. E conclui dizendo que o elitismo ("Aristokratismus") representa "o mais abjeto desprezo pelo espírito sagrado de um ser humano". Tal denúncia do desdém arrogante pelos humildes e desprivilegiados é em si mesma consentânea com a linguagem bíblica. Walter Hinderer lembra com pertinência a passagem de S. Mateus (18:10) que pode ter estado na mente de

---

11. *Werke und Briefe, op. cit.*, p. 278.
12. *Idem*, pp. 17 e 27.

Büchner ao denunciar o elitismo da "gebildete Klasse": "Vede, não desprezeis nenhum destes pequeninos"[13].

Que a preocupação de Büchner pela humanidade comum, vulgar, se tornou um tema permanente foi explicitado na declaração programática do poeta Lenz: "Deve-se amar a natureza humana a fim de penetrar no caráter único de qualquer indivíduo; não se deve considerar ninguém insignificante demais, feio demais. Só então pode-se entender a humanidade". *Menschheit* é uma idéia que só pode ter sentido se está arraigada na compreensão e no amor do ser humano mais comum. Idéia semelhante aparece em outro contexto na comédia romântica *Leonce und Lena*: "... mesmo o mais insignificante dos seres humanos é tão importante que uma vida inteira é curta demais para amá-lo"[14].

Quando alcançou a maturidade literária – no seu caso isto ocorreu surpreendentemente no verdor da juventude – Büchner tendeu sistematicamente a corroer a retórica clássica de seus exercícios escolares e escritos polêmicos. Pela paródia tematizou os usos e abusos da retórica idealista, embora plenamente consciente dos recursos de multivalência nela contidos. Pois ela podia camuflar significados políticos, como no discurso a respeito de Catão, ou ser irônica ao elogiar uma ausência de ambigüidade (Catão, por exemplo, foi expressamente louvado por sua unilateralidade, sua "Einseitigkeit")[15]. Mas a retórica, Büchner sabia, também podia ser uma arma despótica e assassina, como no caso de Robespierre. E podia ser uma moldura para a vacuidade, uma ferramenta a serviço de ilusões e inverdades acerca da natureza humana, uma coadjuvante na traição mais fundamental dos valores humanos[16].

Não surpreende que Büchner escarnecesse firmemente do "Idealismus" literário, acusando-o, praticamente nos mesmos termos em que acusou o elitismo, de representar o mais ignominioso desdém ("schmählichste Verachtung") pela natureza humana. Um escritor não deve tentar ser um

---

13. Walter Hinderer, Introdução a *Complete Works and Letters*, op. cit., p. 14.
14. *Werke und Briefe*, op. cit., pp. 145 e 181.
15. *Idem*, p. 33.
16. *Idem*, pp. 144, 284 e 306. Ver também Lindenberger, *Georg Büchner*, op. cit., pp. 23-24, com referência a efeitos parodísticos; e Benn, *The Drama of Revolt*, op. cit., pp. 81-82 e 97, no que diz respeito à revolta estética de Büchner contra idealização, nobilitação, e à sua desconfiança fundamental da arte "elevada".

orgulhoso professor de moralidade. Reiteradamente Büchner censura aqueles a quem chama de "Idealdichter", que constroem títeres de "narizes azulceleste" e "patos artificial", simples marionetes ou bonecos de pau, em vez de seres de carne e osso, cujas deficiências e paixões humanas pudessem encher-nos de temor e compaixão. Schiller, ao que parece, era seu alvo principal. "Tenho o mais alto apreço por Goethe e Shakespeare, mas muito pouco por Schiller", disse em carta à família. Em vez de procurar efeitos de grandiloqüência e amplificação, Büchner queria encontrar um idioma humano adequado a coisas humanas ("... für menschliche Dinge müsse man auch menschliche Ausdrücke finden")[16a].

As implicações políticas do estilo anti-heróico, necessariamente hostil ao culto da personalidade, estão ilustradas em *A Morte de Danton*. O esvaziamento intencional da retórica heróica acompanha de perto o esvaziamento do herói político. Mas as implicações políticas são em si mesmas ambíguas, visto que o ânimo antipolítico é político por natureza e serve para denunciar o reinado da guilhotina. Da mesma maneira, podia-se dizer que a dupla ambigüidade no tocante à Revolução e à noção tradicional do herói tem uma nítida dimensão heróica.

De acordo com a mitografia revolucionária, o papel histórico de Danton funde "virtudes" heróicas políticas e pessoais – embora o Danton de Büchner deixe claro que ele mesmo considera a coragem política (chama-a "Nationalkühnheit") a única virtude heróica verdadeira. A coragem pessoal ("Privatkühnheit") como valor em si é tida como condenável. Mas apesar disso o Danton de Büchner ainda exibe atributos "heróicos" pessoais, e até se gaba deles. Recusa-se a entrar no esconderijo quando sua vida está ameaçada, tem orgulho de encarnar o espírito de liberdade, vê seu nome no Panteão da história, sustenta ser um daqueles poderosos caracteres – "gewaltige Naturen" – que são instrumentos do destino. Mas há óbvia ironia contextual nas referências da peça a aptidões heróicas que são tão inúteis ou tão inaproveitadas. Saint-Just, enquanto planeja a destruição de Danton, diz brincando que vai matá-lo "armado dos pés à ca-

---

16a. *Idem, ibidem.*

beça" e trucidar-lhe os cavalos e escravos à beira do túmulo! A intenção paródica é flagrante. Quanto ao suicídio heróico, que continua sendo uma clara possibilidade, só as mulheres da peça se mostram capazes disso[17].

Qualquer que seja a proposta adotada na montagem da peça, não há meio de evitar a paródia e a desmistificação. O desmascaramento implícito corresponde sem dúvida ao desalento "histórico" que Büchner assinala na carta à noiva, mas é também uma crtítica à peça "nobre" à maneira de Schiller. Os trocadilhos obscenos, a linguagem vulgar e as imagens eróticas (coxas de mulheres se tornam uma metáfora para a guilhotina, o *mons veneris* é comparado à rocha Tarpéia) têm quase a mesma função iconoclástica[18]. Mas essas imagens também se ajustam à concepção büchneriana do caráter de Danton: sua natureza voluptuosa mas enfastiada, seu cinismo básico, seu namoro com o nada, sua quase sensual atração pela morte, sua obsessão com putrefação e decomposição. A amargura de Büchner, contudo, não se limita a seu protagonista. Danton se pergunta o que há na natureza humana que mente, rouba, se prostitui e mata. Pois é de fato a natureza humana que corrompe o idealismo apregoado pela Revolução.

A perspectiva não-heróica em *A Morte de Danton* é o que faz desse texto uma peça essencialmente anti-revolucionária. A concepção que Büchner tem da luxúria, da cobiça e da violência humana tem um matiz quase teológico. Mas a crueldade política e o desencadear de instintos políticos brutais é que são expressamente denunciados. Dos homens da Revolução, capazes de negar remédio a prisioneiros, se diz que têm o instinto do tigre. Mais precisamente, Büchner condena a prostituição, a conspiração e a posição doutrinária dos ideólgos políticos: sua impiedade, sua mentalidade carniceira, seu gosto pelos espetáculos sanguinolentos. Mas mesmo a guilhotina se torna enfadonha. A banalidade do horror logo anestesia o senso moral, culminando numa orgia de autodestruição. A Revolução, como Saturno, devora os próprios filhos[19].

Como argutamente salientou Herbert Lindenberger, a estatura de Danton na peça decorre de ter sido ele conscientemente concebido como anti-

---

17. *Werke und Briefe*, pp. 88 e 110-111.
18. *Idem*, p. 85.
19. *Idem*, pp. 84, 110, 114 e 122.

herói[20]. Tal concepção supõe de fato a presença oculta do modelo heróico rejeitado, da mesma forma que oferece um permanente lembrete da materialidade do animal humano: cabelo e unhas que crescem, calos dolorosos nos pés, acessos de espirros, transpiração causada pelo medo. O espírito livre de Danton se manifesta por meio de uma resignada jovialidade, em grande parte verbal, frente à dor, à aflição e impotência. A vida é vista antes como um epigrama que como uma epopéia. "Quem tem fôlego e espírito suficientes para um poema épico em cinqüenta ou sessenta cantos?" O amigo de Danton, Camille Desmoulins, exprimiu-se com franqueza: é inútil fazer poses heróicas[21].

Se um dos revolucionários qualifica Danton de cão de caça com asas de pomba (ironicamente parodiando um tropo mitológico), é porque Danton tem valores outros que não os heróicos. Seu apego ao sexo simboliza uma visão fundamentalmente sensualista do mundo. Ele se inclui entre os hedonistas ("die Geniessenden"). Acredita que o mundo inteiro é feito de epicuristas, vulgares e refinados. Mesmo Cristo, explica a Robespierre, era um hedonista. No nível da concepção do personagem, Danton é o que Flaubert mais tarde definiu como um herói "inativo". Ele hesita, procrastina, entrega-se a devaneios, medita sobre a inutilidade de qualquer decisão. Seu complexo de Hamlet (também não anseia por uma morte sem memória?) é sem dúvida o de um Hamlet robusto, sensual, tempestuoso[22]. Se se recusa a duelar com o destino, não é por falta de energia. Mas reconhece a inanidade de toda ação. "Somos marionetes cujos cordões são manipulados por poderes desconhecidos." Na melhor das hipóteses é possível reagir de maneira jocosa. Danton quase se torna um poeta do absurdo quando se lança numa animada exposição sobre o tédio de pôr um pé na frente do outro. Há algo profundamente perverso e pessimista nesses chistes anti-heróicos. Para Danton, toda a criação é uma ferida absurda aberta pelo Nada no Caos[23].

---

20. Lindenberger, *op. cit.*, pp. 46-47.
21. *Werke und Briefe*, *op. cit.*, pp. 92 e 128.
22. *Idem*, pp. 85-86 e 98. Maurice B. Benn menciona Hamlet a propósito das "conseqüências fatais" das delongas de Danton (*The Drama of Revolt*, *op. cit.*, p. 113).
23. *Werke und Briefe*, *op. cit.*, pp. 119 e 129.

Outros anti-heróis de Büchner também funcionam num contexto político e metafísico. As frouxas e canhestras tentativas de suicídio de Lenz não alcançam nobreza alguma; são patológicas e não trágicas. No entanto esse poeta visionário da fissura interna, que vivencia tormentos religiosos e êxtases de terror, expõe teorias estéticas com inequívocos meios tons sociopolíticos – teorias que exigem uma mímesis antiidealista da realidade, simpatia pela gente simples e um programa de antielitismo. Já Leonce, cujos *mal du siècle* e *ennui* (ele compara sua cabeça a um salão de baile vazio) fazem dele um irmão de Musset, chafurda em lamúrias, autodescrédito e melancolia. A sombra de Hamlet assoma outra vez; Leonce até faz citações da peça de Shakespeare. Seus valores são explicitamente anti-heróicos. "O heroísmo tresanda a bebida alcoólica", ele responde ao amigo Valério, que não desiste de incitá-lo a agir. "Some daqui com o teu romantismo napoleônico!" Essas ilusões doentias apenas obscurecem a responsabilidade moral. Pois por trás da despreocupada ópera-bufa ou da ambiência *commedia dell'arte* da comédia, por trás do sôfrego jogo com a linguagem e do desmascaramento burlesco de rei e corte, mais uma vez se escondem graves questões morais e políticas: denúncia do militarismo, compaixão pelas classes mais baixas, desprezo pelo total despotismo e vazio do poder político[24].

Foi em *Woyzeck*, sua obra-prima inacabada, que Büchner pôde executar mais integralmente as técnicas anti-retóricas e os temas anti-heróicos tentados em seus trabalhos anteriores. Foi como se ele se dispusesse a ilustrar o interesse de Lenz pelas criaturas prosaicas e sua crença antielitista de que pessoa alguma, ainda que insignificante ou feia, devia ser desprezada. Escrever uma peça a respeito de um personagem insignificante ou mesmo repulsivo era sem dúvida o que Büchner tinha em mente quando se referiu a seus "Ferkeldramen"[25].

---

24. *Idem*, pp. 168, 172 e 178.
25. Ver o trocadilho de Gutzkov: "Von Ihren 'Ferkeldramen' erwarte ich mehr als Ferkelhaftes" (Carta de 10 de junho de 1836. *Idem*, p. 350).

A história do insano soldado Woyzeck, que matou a mulher num acesso de ciúme, é com certeza um assunto depressivamente banal. No entanto esta vítima de circunstâncias desumanizadoras, este ser humano mais alvo de pecados alheios do que pecador, alcança a estatura de alguém que voluntariamente se precipita em direção a seu destino, correndo "como uma lâmina aberta de navalha" pelo mundo[26]. A alusão a Shakespeare não é despropositada, uma vez que Shakespeare estava muito presente no espírito de Büchner. A epígrafe do primeiro ato de *Leonce und Lena* é uma citação de *Como Gostais*, e *Hamlet*, como vimos, também é citado naquela peça. Em *Woyzeck*, a oblíqua referência textual parece ser a *Otelo*. Woyzeck é um praça humilde e espezinhado, não um general glorioso. Mas sua paixão, em todos os sentidos da palavra, também redunda em assassinato e em sua desgraça. Já no primeiro rascunho da peça de Büchner, em que Woyzeck era ainda chamado de Louis, há ecos do célebre "cúmulo da infelicidade" de Otelo. Quanto ao desejo de Woyzeck de outro beijo quando está prestes a apunhalar a mulher amada, o paralelo com Otelo é inevitável[27]. Mas Lear também assoma no plano de fundo, seja na figura do Bobo seja no simbólico desnudamento do "animal bifurcado". O Rei, que agora despreza suas vestes suntuosas ("Fora, coisas emprestadas!"), e o soldado raso, que literalmente se "despe" de seus miseráveis objetos pessoais, participam de um confronto genuinamente humano com a mortalidade.

O que conta, porém, mais do que fontes, influências, paralelos e modelos é o uso eloqüente de outros textos numa peça dedicada ao menos eloqüente dos protagonistas. O inarticulado é aqui cheio de ressonâncias. A cena em que Woyzeck faz a barba do Capitão é exemplar. Esta cena, que é freqüentemente usada como a cena inicial da peça, é quase inteiramente baseada no vivo contraste entre a verbosidade satisfeita do Capitão e as lacônicas exclamações de obediência e aquiescência do soldado: "Ja wohl Herr Haumptmann" ("Sim, Sr. Capitão"). O Capitão, como outros que na peça exercem poder e oprimem (o Médico, o Tambor-mor), está privado da dignidade de um nome e reduzido a uma pura "função".

---

26. A imagem é bastante explícita: "Er laüft ja wie ein offnes Rasiermesser durch die Welt..." (*Idem*, p. 244).
27. Ver Benn, *The Drama of Revolt*, op. cit., p. 229.

A intenção não é exclusivamente cômica. Grande parte da cena pode parecer unilateral. A torrente de palavras do Capitão é presunçosa e soa claramente falsa quando ele se refere a conceitos metafísicos de tempo e eternidade. É também cruel, pois ele sente um prazer perverso em confundir verbalmente Woyzeck.

O resultado é um descrédito múltiplo. A fala pomposa do Capitão destaca a nocividade de toda linguagem empolada. Por outro lado, a inadequação lingüística de Woyzeck parece quase uma virtude. Palavras como "moralidade" e "virtude" ("Moral" e "Tugend") quando usadas pelo Capitão são clichês vazios – palavras e nada mais. "A moral, isso quer dizer quando um homem é digno. É uma bela palavra", explica o Capitão. E, como que para confirmar a inautenticidade do discurso socioético, ele se esconde por trás de um julgamento moral institucionalizado, citando o capelão da guarnição. "Você tem um filho sem a bênção da Igreja", diz reprovadoramente a Woyzeck, tendo o cuidado de atribuir a declaração ao capelão militar, o Reverendíssimo Garnisonsprediger. O julgamento deslocado deve assumir um caráter inteiramente peremptório, irrefutável. Mas o efeito é outro. A citada reprovação religiosa torna-se arbitrária, formalista, intolerante: palavras a serviço de uma moralidade convencional e inumana.

E aqui acontece o extraordinário. Woyzeck, calado e submisso até este ponto, de repente encontra as palavras para responder. Só que essa resposta é também uma citação. Referindo-se a seu filho nascido fora do matrimônio, ele insinua que Deus, em sua misericórdia, não perguntará se foi dito Amém antes que ele fosse produzido. "Nosso Senhor disse: deixai vir a mim as criancinhas." O efeito da dupla citação é claro, embora complexo. Por trás do balbucio na superfície da cena desenrola-se um diálogo mais profundo. As duas citações "religiosas" se defrontam e permanecem inconciliáveis. Por um lado, a religião institucionalizada, associada ao Estado e ao Exército, coloca-se em nome de Cristo a serviço de uma ordem social hipócrita e repressiva; por outro lado, as palavras de Cristo transmitem sua mensagem de amor e compaixão.

O intervalo entre os dois discursos explica o desconforto sentido pelo Capitão no fim da cena. Ele encerra a conversa de maneira abrupta. "Você pensa demais. ... Nossa conversa me enervou." Mas o intervalo não é somente psicológico e dramático no contexto imediato; ilustra um princípio fundamental da peça. O diálogo real está sempre em outra parte, nas articulações e ironias intertextuais de que os protagonistas nem mesmo vagamente se dão conta.

É verdade que Marie também acha que Woyzeck "pensa" demais. ("Ele vai se arrebentar de tanto pensar.") Mas encontra uma palavra melhor para os modos obcecados do homem que deve matá-la: "vergeistert" – "demente". A palavra é especialmente apropriada visto que contém o vocábulo *Geist* (mente, mas também espírito) e assim corresponde às tendências visionárias de Woyzeck: suas percepções apocalípticas de faixas brilhantes na paisagem, incêndios impetuosos no céu, sons de trombones, vozes terríveis enquanto o mundo se consome em chamas. Büchner não esqueceu que o soldado histórico Johan Christian Woyzeck, que foi executado na Praça do Mercado de Leipzig em 27 de agosto de 1824, dizia ouvir vozes, e que seu caso deu origem a uma polêmica médica e jurídica em torno da relação entre insanidade e responsabilidade legal.

Essa controvérsia médico-legal suscita uma questão que se situa no centro de toda dramaturgia: a relação entre livre escolha e determinismo. O conto de fadas narrado pela avó (outro texto-dentro-do-texto) sublinha a melancolia de um mundo morto mediante a imagem da criança órfã que empreende uma busca, só para descobrir que a lua de ar bondoso é um pedaço de pau podre e o sol um ressequido girassol. Mas o próprio Woyzeck parece afirmar alguma coisa diferente dessa irremediável e predeterminada melancolia: uma vocação de vítima que também subentende o mistério da alma humana. Todo ser humano é um abismo!

Quanto ao significado, ou negação de significado, implícito na peça, cabe dizer que o leque de interpretações possíveis é mais amplo do que pode parecer a princípio. A natureza fragmentária do drama e as resultantes lacunas estimulam as ênfases mais variadas. Num nível, *Woyzeck* desmascara a falsa moralidade, reprovando o que Büchner, em sua correspondência, condenou como a grande mentira da "cultura" e do "idealismo". O camelô no mafuá exibe um cavalo ensinado, mas na realidade está a fim de ridicularizar a "racionalidade bestial" do homem, ao insistir na submissão humana às exigências da natureza – uma verdade que o próprio Woyzeck ilustra quando urina junto a um muro. Que tipo de cultura é esta, Büchner parece perguntar, que não leva em conta em primeiro lugar a "natureza" não adulterada? Büchner, nesse estado de espírito depreciador, prenuncia a amarga honestidade da *Ópera dos Três Vinténs* de Brecht: "Erst kommt das Fressen, dann kommt die Moral". A lição de bom senso do camelô é determinista a seu modo: "Homem, seja natural; você foi criado pó, areia e esterco"[28].

Em outro nível, porém, a ênfase parece incidir nas implicações sociopolíticas e econômicas. O próprio Woyzeck se refere a "nós pobre gente" ("Wir arme Leut") e a uma vida de privação: "Nada senão trabalho debaixo do sol – suor até em nosso sono". Mesmo a morte é determinada por fatores econômicos, como se torna claro no curto mas expressivo episódio do judeu que vende a faca a Woyzeck. O judeu vende "barato", insistindo em que o comprador terá uma "morte econômica". Barata mas não grátis, acrescenta. A expressão do prestamista "nit umsonst" é por certo ambivalente, significando "não grátis" mas também, de maneira mais irônica, "não em vão". Manipulações verbais espelham manipulações literais. Woyzeck é usado como cobaia pelo Médico para seus experimentos científicos. Posto numa dieta regular de ervilhas, é submetido além disso à indignidade de ouvir o Médico afirmar que o homem é livre, que a vontade humana pode controlar o músculo que controla a bexiga[29].

A dimensão trágica da peça não decorre, porém, de suas referências amargas, sombrias e deterministas próprias dos contos da carochinha, ou de temas políticos de opressão e exploração. Mais precisamente, é a *paixão* do protagonista – tanto na acepção etimológica de sofrimento quanto na acepção mais comum de emoção violenta – que recupera a tragédia no contexto anti-heróico. O momento mais impressionante é sem dúvida o instante de revelação de crua sexualidade quando Woyzeck, parado do lado de fora da janela aberta da estalagem, observa Marie e o Tambor-Mor passar dançando num abraço simbólico ao som do repeti-

---

28. *Werke und Brief*, op. cit., pp. 238 e 242.
29. *Idem*, pp. 239 e 242.

do incitamento de Marie: "Sem parar. Sem parar." ("Immer zu – immer zu.") O que se segue é a explosão de Woyzeck universalizando a metáfora da luxúria:

> Sem parar! Sem parar! Continue rodando, rolando. Por que Deus não apaga o sol, para que todos e tudo possam rolar e fornicar, homem e mulher, homem e animal. Façam isso em plena luz do dia, façam isso nas mãos das pessoas como as moscas. Mulher! A mulher é quente, quente. – Sem parar, sem parar.

A importância da explosão de Woyzeck não pode se limitar ao ciúme violento que redunda em assassinato. Seu interesse real reside em que lembra inconfundivelmente o alcance muito mais amplo da pungente diatribe do Rei Lear quando, em sua angústia espiritual no descampado, ele descobre que não é "imune à febre", e imagina sarcasticamente que está mais uma vez a postos para julgar um de seus súditos acusado do crime de adultério:

> Eu poupo a vida desse homem. Qual foi o teu crime? Adultério? Não morrerás. Morrer por adultério? Não. A cambaxirra faz isso, e também a pequena mosca dourada diante dos meus olhos. Que viva o coito. ... Avante luxúria, força!

O liame textual é confirmado pela espantosa similaridade das imagens apocalípticas que são tão típicas da visão "demente" de Woyzeck. O discurso de Lear sobre a luxúria universal culmina nestas palavras candentes: "Lá é o inferno, lá é a treva, lá é o abismo sulfuroso: ardente, escaldante, fedentina, podridão"[30].

A própria linguagem de Woyzeck se caracteriza por uma violência revelatória que faz lembrar a Bíblia. Ele cita, provavelmente repetindo palavras citadas por um pregador: "Não está escrito, vejam bem, que a fumaça do campo subia como a fumaça de uma fornalha?" A menção a fogo e enxofre e a vozes terríveis que com ele conversam induziu o Médico ao pomposo diagnóstico de "aberratio mentalis partialis". Mas a linguagem sumamente metaforizada não é sintoma de um personagem só. A peça

---

30. *Idem*, p. 247; *King Lear*, IV, 6.

inteira de Büchner está inundada de imagens violentas e coloridas, tanto mais notáveis porque engastadas no mais monótono dos contextos. Antíteses oníricas de luz e escuridão, calor e frio, estabelecem oposições fundamentais e tendem a universalizar a experiência humana. O recinto do mafuá, vivamente iluminado, se destaca em contraste dramático com o quarto escuro de Marie. Marie é "bela como o pecado", a terra "quente como o inferno", enquanto do próprio inferno se diz que é frio como gelo ("die Erd ist hölleheiss, mir eiskalt, eiskalt, die Hölle ist kalt...") – venerável imagem de extremos infernais de gelo e fogo[31].

Essas nítidas oposições também sustentam um vínculo firme entre imagens sexuais e religiosas. O poder da retórica é aqui de natureza não-retórica; não depende dos floreios verbais de algum solitário protagonista e não é nem grandiloqüente nem "heróico". Na verdade passa a existir por força de engastes de – ou referências oblíquas a – textos já existentes, na forma de contos e canções ou cantigas populares, que parecem indicar uma significação coletiva indeterminada que transcende qualquer indivíduo determinado. Shakespeare, como vimos, fornece uma referência segura. Também as Escrituras. Marie, com ar contrito, folheia a Bíblia e depara com o trecho que conta como os escribas e os fariseus levaram Jesus a uma mulher apanhada em flagrante de adultério. Lendo a respeito de como Jesus disse "Nem eu te condeno. Vai e não peques mais", Marie pede que lhe seja concedida a capacidade de rezar. A passagem termina com uma desesperada evocação de sua xará, Maria Madalena, lavando os pés de Cristo com suas lágrimas e enxugando-os com sua ondulante cabeleira[32].

Os subtextos trágicos e bíblicos estão notavelmente interligados. As veementes explosões de Lear no descampado, quando ele se despoja de todas as falsas coisas emprestadas, invocam o inferno, a treva e o abismo sulfuroso. O resultado é uma fascinante rede de imagens, cuja significação se situa além do alcance do herói não-heróico. Mas no curso dos acontecimentos o espírito trágico e a situação trágica são resgatados, em

---

31. *Werke und Brief, op. cit.*, pp. 236-237 e 245.
32. *Idem*, pp. 249-250.

parte graças à secular nobreza da paixão, da condição de vítima, da inocência e da alienação. Em grande parte também porque o modo anti-heróico, sublinhando a banalidade da vida e da morte, esforça-se por alcançar o homem universal. Mas é um esforço que ultrapassa a compreensão do anti-herói[33].

---

33. *Idem*, p. 250; *King Lear*, IV, 6.

3

"O Capote" de Gógol

os significados de uma desgraça

Akáki Akákievitch é o personagem central do conto de Gógol, "O Capote". Embora Dostoiévski tenha posto em circulação o termo "anti-herói" em *Memórias do Subsolo*, é o Akáki Akákievitch de Gógol que é o genuíno, consumado e aparentemente irredimível anti-herói. Pois o anti-heróico paradoxista de Dostoiévski, acometido de hipertrofia da consciência, é culto, cerebral, incuravelmente livresco e tagarela. Akáki Akákievitch não prima por ser consciente e é quase mudo. A aposta artística de Gógol consistiu em tentar dar voz a essa quase mudez.

A estória, em seu enredo, é simples. Um modestíssimo copista de um ministério de S. Petersburgo – calvo, cara bexigosa, míope e bode expiatório dos colegas, que inventam maneiras cruéis de ridicularizá-lo – percebe um dia que seu capote puído já não o protege do furioso vento de inverno. O alfaiate consultado recusa-se categoricamente a consertar o casacão, considerado agora irremendável, e persuade Akáki Akákievitch a mandar fazer um novo capote, um que está muito além de suas posses, mas que, à força de ingentes sacrifícios, ele consegue adquirir e usar com um recém-descoberto sentimento de orgulho. Mas sua felicidade dura só um curto dia. Atravessando um quarteirão deserto à noite, ele é atacado por dois ladrões, que o derrubam no chão e lhe roubam o capote. Encharcado, tiritando de frio, totalmente transtornado, repreendido com brutalidade por um superior cujo auxílio ele se atreve a pedir, Akáki vem a ter febre, passa a delirar e morre.

Dificilmente se dirá que é um enredo interessante. Mas essa estória simples se presta a orgias de interpretações. Talvez haja tantas interpretações como há leitores. "O Capote" pode ser lido como uma parábola, um conto patético, um quebra-cabeça interpretativo. Mas, para começar, há a tentação de lê-lo seriamente como sátira impregnada de mensagem social e moral. Em "O Nariz" Gógol já havia zombado do senso de hierarquia e da venalidade dos funcionários públicos. Em "O Capote" parece ridicularizar sistematicamente o mundo parasítico, indolente, postiço do oficialismo russo, cujos membros são os impotentes mediadores de uma estrutura de poder hierárquica e ineficiente em que cada subordinado teme e macaqueia seu superior. Os primeiros críticos russos, convencidos de que a literatura deve ter uma mensagem moral, embutiam na leitura do conto essa intenção satírica denunciatória e corretiva, muito embora esteja claro que Gógol varia constantemente de tom, não defende nenhuma norma explícita e ironiza sistematicamente qualquer possível mensagem "séria".

Há naturalmente a tentação de ler "O Capote" como um conto de compaixão, um apelo à fraternidade. O pequeno escrevente pateticamente indefeso, insultado e perseguido pelo grupo, se mantém bem-aventuradamente alheio às brincadeiras de que é alvo, concentrado em sua humilde atividade copiadora. Só quando as pilhérias se tornam por demais insultuosas, ou interferem no seu trabalho, é que ele protesta, sempre com muita brandura. Mas aqui o tom da estória parece mudar. Pois Gógol introduz um rapaz, recém-nomeado para a mesma repartição, que está a ponto de tomar parte na pândega geral e que se vê subitamente abalado pelas notas estranhas na voz de Akáki, notas que lhe tocam o coração e o fazem de repente ver tudo sob uma luz bem diferente. Uma verdadeira revelação proveniente de uma força "sobrenatural" ("neeste'stvennaia") permite-lhe ouvir outras palavras por trás do pedido banal de Akáki para que o deixem em paz. O que o rapaz ouve são as palavras profundas e pungentes, não pronunciadas mas ressoantes de dolorosa significação: "Eu sou teu irmão".

E com esta voz saída de trás da voz vem a chocante percepção de quanta "desumanidade" há nos seres humanos, quanta brutalidade se esconde no que passa por ser sociedade civilizada e comportamento civilizado. A evidente lição de humanidade ministrada pela vítima expiatória parece, no contexto imediato, ter um caráter quase religioso, em especial se a associamos aos comentários do narrador, após a morte de Akáki, sobre como um homem de mansuetude, que suportou os escárnios e insultos de outros seres humanos, desapareceu deste mundo, mas que, antes de sua agonia, teve uma visão do resplandecente visitante ("sve'tliei gost"). O homem da mansuetude, o homem das tribulações, como o não dito mas ouvido "Eu sou teu irmão", parece ter uma ressonância cristã, se não cristológica.

Mas poderíamos esquecer o nome de Akáki, e isso não nos é pemitido. Pois a denominação patronímica não apenas acentua o princípio de repetição (o primeiro nome de Akáki sendo justamente o mesmo de seu pai), como também a cômica repetição do som é até mais cômica porque a sílaba *kak* – "como" (*tak kak* = "assim como") – implanta o princípio de monotonia no nome de Akáki, determinando, parece, a atividade de toda a sua vida, voltada para um só objetivo, o de copiar, e a implícita condenação à mesmice. A propósito dos muitos anos que Akáki serviu no mesmo departamento, Gógol observa que ele "permaneceu exatamente no mesmo lugar, na mesma atitude, no mesmo posto, ocupado com o mesmo trabalho de copiar documentos oficiais". Mas há vantagem (ou desvantagem), especialmente para ouvidos russos, já que *kakat* (do grego *cacos* = "mau", "mal") é o vocábulo infantil para "defecar", e *caca* em muitas línguas remete a excremento humano. A aflição com tal nome sem dúvida relaciona Akáki com os detritos que lhe despejam em cima regularmente quando ele passa na rua, e com o fato de receber dos contínuos tanta consideração quanto uma mosca voando. A cruel troça verbal em torno da sílaba *kak* estende-se para além do nome do personagem e contamina o texto de Gógol. Gógol regala-se com intermináveis variações sobre as palavras *tak, kak, kakoi, kakoi-to, vot-kak, neekak, takoi, takaia, kaknibud* ("isso mesmo", "é assim que", "de modo nenhum", "de qualquer modo", e assim por diante) que na tradução desaparecem por completo. As explorações de efeitos sonoros ou significados fônicos correspondem claramente à fascinação de um poeta pelos prestigiosos recursos cacofônicos da fala corrente[1].

Uma última particularidade a respeito da escolha do nome de Akáki, a saber, o ato cristão de "batizar": como de costume, o calendário foi aberto ao acaso e vários nomes de santos (Móki, Sóssi), inclusive o nome do mártir Kosdasat, foram considerados, e logo rejeitados pela mãe porque soavam muito estranhos. Akáki foi escolhido porque era este o nome do pai. Mas Acácio, um venerável monge de Sinai, foi também santo e mártir, e assim retornamos – em especial porque o prefixo grego *a* (Acácio) significa *não* mau, portanto bom, dócil, humilde, obediente – ao tema religioso. Se Akáki continua a copiar para seu próprio prazer em casa, isto se dá em grande parte porque a alegria de copiar tem uma ressonância especificamente monástica. Gógol refere-se realmente a esse contínuo copiar como "um trabalho de amor".

Neste ponto novas possibilidades se descerram. Não poderia "O Capote" ser lido como hagiografia num contexto moderno banal, ou no mínimo como paródia de hagiografia? Numerosos elementos parecem dar apoio a tal leitura da estória na – ou contra a – perspectiva das tradicionais vidas de santos: a humilde tarefa de copiar documentos, referência ao tema do mártir ("moo'tchenik"), terminologia salvacional, motivos sacrificais de comunhão ("Eu sou teu irmão"), visões e êxtases de Akáki, suas próprias aparições de além-túmulo. Mas a analogia mais expressiva com a tradição hagiográfica é o efeito de conversão sobre outros, primeiro sobre o rapaz que tem a revelação de uma voz que não é deste mundo ("svet"), e, já perto do fim, sobre o enfatuado e dominador Personagem Importantíssimo em quem a aparição fantasmal de Akáki produz uma impressão que jamais será esquecida[2].

O próprio capote pode assumir conotações religiosas porque a indumentária, na simbologia da Bíblia e da liturgia ortodoxa, amiúde repre-

---

[1]. Boris Eichenbaum fala em "inscrições fônicas" e "semântica do som" de Gógol em "How 'The Overcoat' Is Made", em *Gogol from the Twentieth Century*, ed. Robert A. Maguire, Princeton, N. J., Princeton University Press, 1974, p. 280.

[2]. Ver John Schillinger, "Gogol's 'The Overcoat' as a Travesty of Hagiography", *Slavic and East European Journal* 16, n. 1 (Spring 1972), pp. 36-41.

senta dignidade e salvação. A única dificuldade de tal interpretação – e Gógol escreveu *Meditações sobre a Divina Liturgia*, que classifica a túnica da dignidade sacerdotal de veste salvífica[3] – é que o capote pode ter uma significação simbólica oposta, a de esconder a verdade. Daí a imagem tradicional do despir-se para revelar o eu nu. E há muitos outros sentidos possíveis bem distanciados da esfera religiosa: o deslocamento metonímico da libido (a palavra russa para capote – *chinel* – é caracteristicamente feminina), os efeitos de virilização (vestido com seu novo capote Akáki se surpreende a correr atrás de uma mulher na rua), perda da inocência e perda do "celibato original"[4]. O próprio casaco vem a ser assim uma forma de tentação (aquisição material, vaidade, orgulho), e o diabólico alfaiate é o agente dessa tentação, assim como o escritor ou narrador (não há algo de diabólico na voz da narrativa?) "tenta" o leitor, induzindo-o a uma sucessão de interpretações que mutuamente se anulam.

Esse relacionamento provocativo escritor-leitor, mantido até o fim da narração, projeta uma luz especial sobre a atividade copiadora fundamental de Akáki – o ato de escrever em sua mais pura forma. Não requer muita imaginação (nossos críticos descobrem auto-referencialidade em toda parte) ver no copiar de Akáki um análogo da atividade de escritor. E como o escritor ou letrado proverbialmente absorto, ele é obsedado por sua escrita a ponto de se achar no meio da rua enquanto pensa que está no meio de uma frase. Essa natureza auto-absorta e auto-referencial do ato de escrever de Gógol podia dar a impressão de subentender uma atitude negativa para com o mundo referencial, para com tudo aquilo que não é escrever. Bem parecido com Flaubert, que sonhava compor um "livro sobre nada" e a quem os críticos contemporâneos gostam de ver como um apóstolo da literatura intransitiva, Gógol ansiava pelo recolhimento monacal. Flaubert tinha fixação nas figuras do monge e do santo. Da mesma forma, Gógol explicou numa carta: "Não cabe ao poeta palmilhar um caminho tortuo-

---

3. Ver Anthony Hippisley, "Gogol's 'The Overcoat': A further Interpretation", *Slavic and East European Journal* 20, n. 2 (Summer 1976), pp. 121-129. Hippisley assinala (p. 123) que Gogol, em suas *Meditações sobre a Divina Liturgia*, cita o Salmo 132:9: "Vistam-se de justiça os teus sacerdotes..."
4. A expressão é de Charles Bernheimer em seu belo ensaio "Cloaking the Self: The Literary Space of Gogol's 'Overcoat'", *PMLA* 90, n. 1 (January 1975), pp. 53-61.

so em direção ao mercado do mundo. Como um monge silencioso, o poeta vive no mundo sem a ele pertencer"[5].

Impelido para um extremo lógico, este senso da falácia radical da vida põe em questão a autoridade mundana e conduz a uma atitude desestabilizadora que contesta o princípio de autoridade, uma *gesta* subversiva da qual o verdadeiro herói é o próprio artista. Há realmente algo de demoníaco na voz narrativa de Gógol. Já foi sugerido que o diabo faz uma aparição na figura do alfaiate que tenta Akáki a comprar o capote. Esta caricatura do artista costureiro que literalmente é o criador do casaco, este ex-servo sentado sobre as pernas cruzadas como um pachá turco, tem marcas diabólicas: é um "diabo zarolho" que mora no fim de uma escada escura; tem uma unha do dedão do pé deformada, rija e grossa como uma carapaça de tartaruga; manuseia uma caixa de rapé – mencionada três vezes – da qual foi apagada a cara de um general (o diabo não tem rosto); parece ser cutucado pelo diabo e cobra "só o diabo sabe que preços"[6].

Esse ludismo verbal parece estender-se ao próprio narrador, que desmantela sua narração de maneira verdadeiramente diabólica mediante grotesca hiperbolização, misturas de elementos realistas e parodísticos, súbitos "desvios" do racional para o irracional, e deslocamentos elípticos da trivialidade épica para a fantasia desenfreada. Entregando-se a um jogo de miragens e nevoentas incertezas, o narrador subverte a progressão lógica de sua estória. Em última análise, até o espectro é desacreditado, e voltamos à treva da realidade quotidiana. No texto russo essas mudanças de tom e instabilidades textuais são ainda mais insidiosas, visto que tudo parece tornar-se indistinto no fluxo indiferenciado de parágrafos aparentemente sem fim.

Esse amálgama de descontinuidades arruína qualquer sentido de enredo, mutila a noção de tema e sugere em definitivo que o que é contado é

---

5. Carta a Pogodin, citada por Charles Bernheimer ("Cloaking the Self", *op. cit.*, p. 53) e Donald Fanger, *The Creation of Nikolai Gogol*, Cambridge, Mass., Harvard University Press, 1979, p. 146.
6. Dmitry Chizhevsky, que destaca a presença do Diabo em "O Capote", escreve: "Como alguém familiarizado com a literatura religiosa, como conhecedor e coletor de material folclórico – proveniente de canções e lendas populares –, Gógol tinha notícia, é claro, da tradição cristã e popular que diz que o Diabo não tem rosto." ("About Gogol's 'The Overcoat'", em *Gogol from the Twentieth Century, op. cit.*, p. 320).

outra estória, instilando assim no leitor infindáveis interpretações que não podem ser nem estabilizadas nem contidas. Um pouco disso é o resultado inevitável de uma mímese da incapacidade de articulação, um estilo narrativo que é o substituto imitativo da maneira de Akáki se exprimir, principalmente por meio de preposições, advérbios e "partículas absolutamente desprovidas de sentido". Mas a estratégia de desestabilização e dicção fragmentada também tem um propósito subversivo mais profundo. As falsas conclusões e hesitações revelam a arbitrariedade de qualquer estrutura ficcional, e no fim de contas subvertem toda autoridade autoral. A página final de "O Nariz" representa a crítica do narrador à estória por ele julgada incompreensível e inútil. O autonegador medianeiro é o ficcionalizado narrador identificado em "O Capote" como o "raskazyvaiuchtchyi" – o narrante. E este narrador, que de vez em quando se finge de ignorante ou semi-ignorante (como a voz narrativa de Cervantes a partir da primeira frase de *Dom Quixote*), não sabe em que cidade, em que dia, em que rua se passa a ação – na verdade ele se queixa de perda de memória. Tudo isto, porém, só acentua a possível importância do incognoscível e do indizível, enquanto protege a sagrada privacidade do protagonista. Em "O Capote" o narrador especula desajeitadamente sobre o que Akáki podia ou não podia ter dito para si mesmo enquanto observava um cartaz erótico numa vitrine no bairro elegante de S. Petersburgo. "Mas talvez ele não tenha mesmo dito nada. Pois é impossível perscrutar a mente de uma pessoa" (em russo, literalmente: insinuar-se na alma de uma pessoa).

"O Capote" está assim marcado por sinais conflitantes e enigmáticos, indicando texturas oximorônicas de significados. Inversões sugerem conversões. O que está aparentemente em cima vê-se que de fato está embaixo, enquanto o inverso é igualmente verdade. A criatura insignificante se mostra capaz de sacrifícios heróicos, enquanto o Personagem Importante, poderosamente constituído e com pinta de "bogatir" (herói), é reduzido à estatura humana pelo medo. Por outro lado, quando a desgraça de Akáki é equiparada a um desastre semelhante ao que destrói os czares e outros grandes desta terra, é possível notar que Gógol é irônico a respeito de todas as poses heróicas, de todos os valores heróicos e de todas as figuras heróicas. Quando Akáki veste o novo capote, seu pulso bate com mais firmeza, seu porte parece indicar um recém-descoberto senso de finalidade ("tzel"), seus olhos ganham um brilho audacioso, ele mesmo parece de certo modo ter quase se tornado viril. Mas o capote é também o emblema de falsos valores, de paixão trivial, de um motivo tolo para um colapso humano. Podia-se portanto desejar atribuir uma significação mais profunda a essas interpretações que mutuamente se anulam. Em inglês a palavra *passion* comporta múltipla significação: na acepção corrente denota emoção intensa e até irresistível, especialmente de amor; mas etimologicamente expressa sofrimento. Amor e sofrimento estão naturalmente ligados de maneira grotesca em "O Capote". Se esse amor e esse sofrimento são proporcionais a alguma realidade objetiva a estória não esclarece, o que parece dizer que todo amor é grande qualquer que seja seu objeto, que o amor é todo-poderoso; e, inversamente, que toda paixão pode nos levar à ruína, que quanto mais intensa parece, mais vazia é ela. O estilo de Gógol é em si mesmo um admirável instrumento de ambivalência, engrandecendo trivialidades e portanto trivializando o que, por um momento, podemos ser tentados a considerar importante[7].

O que complica o texto gogoliano para o leitor é não ser ele um caso de simples ambivalência. Não basta exaltar em Gógol o realista compassivo portador de uma mensagem ética ou ver nele um divertido anti-realista às voltas com imagens rebuscadas e reflexos de espelhos deformantes. O fato indiscutível é que Gógol é um escritor protéico cuja propensão para oferecer uma simultaneidade de significados possíveis não concede trégua nem o conforto de uma mensagem unívoca. Se o narrador se faz notar é porque no fim de contas se torna um artista do palco, um ator truanesco macaqueando a incoerência. Leitores inteligentes de Gógol – Boris Eichenbaum, Vladimir Nabokov, Victor Erlich, Charles Bernheimer, Donald Fanger[8] –

---

7. É grande a minha dívida para com Dmitry Chizhevsky, que mostrou como o uso repetido e incongruente do advérbio *daje* (até, mesmo, ainda) interrompe a ordem lógica dos pensamentos, engrandece as ninharias e frustra o leitor fazendo com que o insignificante pareça significativo, e vice-versa. Essa estratégia narrativa é associada por Chizhevsky às oscilações semânticas do texto ("About Gogol's 'Overcoat'", em *Gogol from the Twentieth Century, op. cit.*, pp. 295-322).
8. Boris Eichenbaum, *op. cit.*; Vladimir Nabokov, *Nikolai Gogol*, New York, New Directions, 1944; Victor Erlich, *Gogol*, New Haven, Yale University Press, 1969; Charles Bernheimer, *op. cit.*; Donald Fanger, *op. cit.*

entenderam, em graus variados e com diferentes entonações, que em vez de se entregar a um banquete de idéias aptas a serem levadas a sério, Gógol se deliciou em atos verbais como num jogo – um jogo que implicava a autonomia do estilo narrativo, uma declaração de independência artística e um total esvaziamento de *l'esprit de sérieux*.

Talvez haja uma subjacente pulsão autobiográfica em "O Capote", e a comicidade verbal e as piruetas narrativas estejam contando uma estória em que o irracional se reveste de uma virtude exorcizante e liberadora – tanto quanto as idiossincrasias das *Memórias do Subsolo* de Dostoiévski apresentam um veemente protesto contra a racionalidade espiritualmente amortecedora. O que é certo é que Gógol precisa usar máscara. Acossado pelos monstros nascidos de sua imaginação, temendo ser desmascarado, Gógol a bem dizer desaparece em sua escrita ao se tornar uma multiplicidade de vozes[9].

Mas há um perigo em pintar Gógol como um artista da evasão em luta com seus próprios demônios ao mesmo tempo que luta contra a realidade repressora que deseja negar. Há igualmente o risco de considerável distorção na determinação de críticos formalistas e pós-estruturalistas de arrastar Gógol para o campo da modernidade radical, vendo-o preocupado exclusivamente com atos de fala e pura retoricidade. Multiplicidade de significados não quer dizer ausência de significado. O problema real, como no caso de Flaubert, que se queixava da pletora de temas e da repleção inflacionária de significados, é que a superabundância e a multiplicidade se tornam princípios de indeterminação. O excesso está relacionado com o vazio. Gógol, também, parece dividido entre a inutilidade da experiência e a inutilidade de escrever sobre isso, entre a convicção de que escrever é a única salvação, e, no entanto, que é incapaz de dizer o indizível – ciente em todos os momentos do abismo entre significante e significado.

---

9. Victor Erlich analisou de maneira extremamente convincente o tema da máscara e a tendência de Gógol a "falar com a voz de outrem" no capítulo "The Great Impersonator" de seu *Gogol, op. cit.*, pp. 210-223. O próprio Gógol escreve: "Se alguém tivesse visto os monstros saídos de minha pena, a princípio só para meus propósitos pessoais, certamente teria tremido de horror" (citado por Valery Bryusov em seu ensaio "Burnt to Ashes", reproduzido em *Gogol fron the Twentieth Century, op. cit.*, p. 111).

Nabokov pode ter chegado mais perto do coração da obscura jovialidade de Gógol quando escreveu: "As fendas e buracos negros na textura do estilo de Gógol subentendem brechas na textura da própria vida"[10]. A isto se poderia acrescentar, porém, que o vazio dos intervalos, a ausência terrificante, é também uma ausência / presença: um vazio que pede para ser preenchido pelo ato interpretativo. A dialética da negatividade, tão dependente do modo anti-heróico encarnado por Akáki, desloca a produção de sentido do personagem quase inexistente e do texto indeterminável para o leitor, sobre quem recaem exigências especiais.

---

10. Vladimir Nabokov, *Nikolai Gogol*, op. cit., p. 143.

4

O Homem do Subsolo de Dostoiévski
RETRATO DO PARADOXISTA

"Eu sou um homem doente... Sou um homem rancoroso. Um homem desagradável." O obsessivo e agressivo monólogo do homem do subsolo começa com essas três frases curtas, cuja tríplice natureza sublinha ao mesmo tempo um autoconfinamento solipsista e o vínculo entre uma individualidade específica e uma imagem generalizada. "Eu sou um homem doente... Sou um homem rancoroso. Um homem desagradável" – três afirmações paralelas mas moduladas cuja estrutura interior aposta na separação bem como no liame entre o pronome pessoal *eu* e o substantivo *homem*.

Essas três frases iniciais autodifamatórias e intensamente subjetivas das *Memórias do Subsolo* de Dostoiévski parecem prometer um auto-retrato. Hostil a si mesmo, movido pelo que chama de "histérico desejo de contradições" (II, 1)[1], o homem do subsolo se apresenta, porém, como uma individualidade invulgar e um tipo representativo. Com isto debilita todas as oposições binárias e complica desde o início a própria noção de retrato. Eis aqui o primeiro paradoxo desta novela. Escrita na primeira pessoa, ela nos fala, porém, do *outro*. Este primeiro paradoxo será confirmado pelos movimentos dialéticos da narração, bem como pelo único comentário ex-

---

[1]. Os numerais romanos dentro de parênteses referem-se às partes do livro; os numerais arábicos indicam as seções. Baseei meu estudo sobre o texto russo, mas consultei a excelente tradução de Ralph E. Matlaw, *Notes from Underground*, New York, Dutton, 1960.

terno, atribuído ao editor fictício dessas chamadas "Memórias". Esse breve comentário final define o autor das memórias como um "paradoxista".

O auto-retrato desse amante de paradoxos continua sendo essencialmente depreciativo. O homem do subsolo inicia seu monólogo sob o signo de uma enfermidade, cujo sintoma principal parece ser o prazer mórbido de vivenciar e infligir dor, e faz soar uma dupla nota de indulgência no sofrimento físico e hostilidade aos médicos. O protagonista de Dostoiévski se olha, se julga, se considera com desprezo. Se suas queixas são maldosas é porque ele deseja negar qualquer dignidade a seu sofrimento, mas também provocar um mal-estar, e ensinar que conhecer a si mesmo significa perder todo o amor-próprio.

Esse auto-retrato aviltante é um retrato físico até certo ponto. O homem do subsolo se tem na conta de fraco e insignificante, compara-se com o vigoroso oficial e acha sua própria silhueta desajeitada inteiramente ridícula. Vê-se a si mesmo como um maldoso funcionário subalterno, rangendo os dentes e boca espumando. Vê-se a si mesmo literalmente, pois o homem do subsolo gosta de se mirar num espelho, pintando seu retrato por assim dizer *sur le vif,* ao natural. Põe a língua para fora diante do espelho. No quarto de Liza, a prostituta, vê de súbito refletido num espelho seu próprio rosto pálido, repulsivo, maligno, com os cabelos desgrenhados, e experimenta vívida satisfação por parecer tão revoltante à mulher que ele procura humilhar de todas as maneiras.

Escusa dizer que o retrato físico tende a se tornar também um retrato moral e psicológico; as imagens corporais, em especial as chamadas enfermidades, são na realidade metáforas, como o ranger de dentes e a espuma na boca. O personagem de Dostoiévski se compara a um corcunda, a um anão, a um aleijado – mas isto deve sugerir seus defeitos morais, sua vaidade, sua deformidade psicológica, sua inércia, sua má fé como inveterado *poseur.*

A imagem de uma pose deliberada e a idéia de retrato estão claramente em seu espírito. Ele não só se refere ironicamente à pose de um modelo ideal, tentando dar ao rosto uma expressão tão nobre ("blagorodnoe" – II, 1) quanto possível, como também invoca expressamente o pintor acadêmico N. Gay, imaginando de maneira sarcástica o hipotético retrato do indivíduo respeitável e cheio de si – o tipo mesmo que Sartre iria chamar de salafrário, *salaud* – e a quem Dostoiévski atribui traços físicos e morais que parecem saídos diretamente da nefanda galeria de retratos de *la Nausée*. O homem do subsolo escreve:

> Exigiria respeito. ... Vive-se com tranqüilidade, morre-se solenemente... É o encanto, um verdadeiro encanto! E eu criaria então uma tal pança, armaria um tal queixo triplo, elaboraria um tal nariz de sândalo que todo transeunte diria, olhando para mim: "Este é que é um figurão! Isto é que é verdadeiro e positivo" (I, 26).

Este hipotético retrato-caricatura sublinha unicamente a natureza equívoca do discurso autodescritivo na primeira pessoa do singular. Dostoiévski ridiculariza qualquer simulação da verdade, uma vez que seu protagonista, que cita em francês a famosa frase inicial das *Confissões* de Rousseau ("Je veux montrer à mes semblables un homme dans toute la vérité de la nature [Quero mostrar a meus semelhantes um homem em toda a verdade da natureza]"), ilustra, com seu próprio exemplo, a impossibilidade de não mentir quando a pessoa fala de si mesma. Estamos diante do velho paradoxo de Epimênides. Que crédito devemos dar à sua afirmação de que todos os habitantes de Creta são mentirosos se o indivíduo que faz a afirmação é ele mesmo um cretense? Está em jogo mais do que a verdade ou veracidade. A própria identidade está em questão. O homem do subsolo queixa-se de que não possui nenhuma qualidade definida, queixa-se de que é, afinal de contas, um homem sem qualidades. O russo do original é mais preciso, a palavra "svo'estvo" (I, 6) significa uma identidade específica, constituída de atributos pertencentes exclusivamente a um único indivíduo. O personagem se refere aos sonhos dourados de tal identidade, querendo dizer dessa maneira que tal identidade fixa e sólida é uma ilusão. Sendo isto assim, o retrato singular se torna uma impossibilidade. A identidade específica nos escapa. Quando muito, podemos falar de um retrato múltiplo ou coletivo, no mesmo sentido em que o discurso do homem do subsolo não é realmente um monólogo, nem mesmo um diálogo, mas um polílogo ao longo do qual o personagem se divide e depois se multiplica.

A idéia de um retrato coletivo é sugerida pela imagem do aleijado que aparece no começo e no fim, emoldurando assim as memórias do paradoxista. Se desde o princípio a deformidade física é uma metáfora que simboliza a suscetibilidade patológica do personagem, no fim esta imagem se generaliza e se estende a todos. "Nós todos coxeamos mais ou menos", escreve ele. Mas essa tendência a generalizar aparece muito mais cedo. Está implantada na nota do autor que precede o texto da novela, em que o autor afirma em seu próprio nome que pessoas como o redator dessas "memórias" devem existir na sociedade contemporânea, que ele é de fato um tipo característico, representativo de sua geração, e que esse tipo estava fadado a surgir nesse tempo e lugar. Essa nota determinística se tornará evidentemente irônica por força do discurso subterrâneo, mas estabelece um tom generalizante. De mais a mais, a idéia de um retrato coletivo se explicitará. Dirigindo-se à sua platéia imaginária, o protagonista dá como exemplo um "amigo", acrescentando em seguida: "Mas no fim de contas é vosso amigo também; e de fato de quem, de quem ele não é amigo?" (I, 7). Depois, dando mais um passo, qualifica esse amigo de "pessoa coletiva". Já perto do fim ele se torna ainda mais preciso, usando a expressão "todos nós", sabendo que irritará profundamente seus supostos interlocutores.

Sobre o próprio homem do subsolo, a novela oferece duas definições complementares, uma dada por ele mesmo, a outra enunciada como comentário editorial objetivo. No último parágrafo, o protagonista, já definido como *paradoxista* pela voz editorial, se define como um anti-herói ("antigero'ei"). Os dois termos (anti-herói e paradoxista) estão por assim dizer acoplados. A noção de anti-heroísmo implica a subversão ou ausência/presença do modelo questionado, enquanto paradoxo indica um significado mais profundo escondido por trás de uma incongruência lógica ou negação provocadora. Ambas as noções inspiram um impulso irônico que tem por fim levar a mensagem subterrânea a seu extremo radical. A palavra *paradoxo* significa contraverdade. O ficcionalizado ouvinte antagônico aproxima-se da intencionalidade secreta da mensagem revestida de paradoxo quando observa: "Sem dúvida o senhor quer dizer alguma coisa, mas por temor oculta sua verdadeira intenção". (O equivalente russo de verdadeira intenção é aqui "posle'dnoe slovo": "sua palavra derradeira" – I, 11.) Mas como decifrar a oculta "palavra derradeira"? Os paradoxos do anti-herói são sem dúvida concebidos com vistas a colocar procedimentos indiretos, abordagens oblíquas e mentiras deslavadas a serviço de alguma verdade.

O termo "anti-herói" não é certamente enobrecedor, mas pode-se entender que promete um pouco de verdade, porquanto Dostoiévski o opõe expressamente à idéia de ficção. "Um romance precisa de herói", escreve o homem do subsolo, "e, no caso, foram acumulados *intencionalmente* todos os traços de um anti-herói" (II, 10). A nós nos é dado um auto-retrato negativo, e até devastador: o homem do subsolo se denigre como que de propósito. Odeia-se a si mesmo até em suas lembranças de infância e escola. Descreve-se em seu roupão esfarrapado, humilhado pelo criado Apolón, e evoca com autodepreciadora satisfação suas humilhações, seus acessos de histeria, suas convulsões. Vê-se a si mesmo como insignificante, asqueroso aos olhos dos outros, e imagina – como diz o ditado russo – que não lhe dão mais atenção do que a uma mosca comum.

Mas a própria palavra "herói", no contexto dostoievskiano, está carregada de conotações negativas. Para além das atitudes do *poseur*, ela aponta para a crueldade mental do tipo humano, que, quando humilhado, procura humilhar também. Na presença da prostituta Liza, o homem do subsolo assume assim o papel de "herói". A palavra herói aparece diversas vezes, sempre em sentido derrisório, e sempre com referência ao desejo de dominar e subjugar. O protagonista sonha em ver outros se rojarem a seus pés. O que está em jogo é a questão de *poder*: "Não posso viver sem exercer minha autoridade e tirania sobre alguém", explica ele (II, 9). Além da autoridade e tirania é a própria natureza humana, inclusive a capacidade de amar, que está em questão. "Mesmo nos meus devaneios subterrâneos nunca pude conceber o amor senão como uma luta: começava sempre pelo ódio e terminava pela subjugação moral" (II, 10).

A palavra herói comporta outras conotações negativas para o paradoxista. Indica intransigência, inflexibilidade e o desejo desarrazoado de absoluto. O homem do subsolo observa que não pode ser nem herói nem inseto, dando-nos a entender que sua concepção do herói exclui a dimensão humana – isto é, qualquer estado de imperfeição. "Ser um herói ou chafurdar na lama, não havia meio-termo" (II, 2). Ser um ser humano comum, devemos entender, simplesmente não basta. O paradoxista salta assim sem nenhuma transição de um bombástico sentimento de vitória para a mais desalentada abjeção.

Esta oscilação entre o ideal e a imagem da lama, esta subversão do modelo heróico concebido no plano de um desejo inumano de dominação, caminha de braços dados com a subversão do modelo narrativo. Pois nas *Memórias do Subsolo* de Dostoiévski o lugar da ação não é o mundo exterior concreto e objetivo. Os sinais iniciais não respondem de modo nenhum à tríplice pergunta associada tradicionalmente ao começo de qualquer construção narrativa: quem? quando? onde? Aqui a voz é anônima, e, desde o princípio, o local da ação é a própria consciência. O protagonista não está num subterrâneo; o subterrâneo está nele. Ele mesmo diz que carrega o subterrâneo na alma. O que nos é dado é a encenação mental de um drama internalizado[2]. Tal inversão, juntamente com a incessante flutuação entre aspirações ao ideal e à degradação, situa a prioridade no eixo vertical, metafórico, à custa da narração seqüencial. Esse eixo vertical dominante está intimamente relacionado com os possíveis significados da imagem do subsolo, "podpo'lie".

O âmbito semântico do vocábulo "podpo'lie" é particularmente amplo em razão da natureza dialética de suas conotações positivas e negativas. Em termos negativos, a imagem do subsolo, anunciada tanto pelo título do livro como pelo título da Primeira Parte, pode sugerir um instinto retrátil, o desejo de esconder-se, um refúgio sórdido, uma existência piolhenta, comportamento associal, a repressão do inconsciente, a necessidade patológica de eludir o relacionamento humano normal mediante ignomínia e hostilidade. No limite extremo, a imagem conota morte e sepultamento. Mas o subsolo pode também remeter a resistência corajosa, quer política quer espiritual. E a voz que se escuta vir de baixo podia transmitir uma mensagem subversiva, dissidente, sediciosa, em rebelião contra uma autoridade ou ideologia estabelecida.

Mas há mais: a imagem da morte também funciona como uma imagem de vida. E isto não só porque o que jaz embaixo do chão podia tra-

---

[2]. De acordo com a fórmula notável de Tzvetan Todorov, assistimos à "mise en scène" de uma idéa (Introdução a *Notes d'un souterrain*, Paris, Garnier-Flammarion, 1992, p. 12).

zer à mente a imagem da raiz nutritiva (um emblema radical de origem e fundação), mas porque o subsolo, o lugar de enterro (basta apenas pensar nas catacumbas dos primitivos cristãos), é também concebido como o lugar privilegiado de oração, de uma mensagem espiritual, e de ressurreição. Símbolo ambivalente de repressão e revelação, o subterrâneo é assim ao mesmo tempo uma metáfora de isolamento estéril e de reascensão para a luz, insinuando a vocação de proclamar do abismo uma verdade portentosa.

Essa voz subterrânea, dotada de potencial profético, pertence em primeiro lugar ao gênero confessional. Voltamos ao auto-retrato. O homem do subsolo se diz justo e honesto consigo mesmo e garante escrever só para si. Mas quase ao mesmo tempo observa que o poeta Heine – referindo-se às *Confissões* de Rousseau – afirmou que é impossível dizer a verdade sobre si mesmo. Mas outro modelo, que está a salvo da vaidade, assoma por trás de Rousseau. Este modelo é Santo Agostinho, que escreve debaixo da severa vigilância de Deus. O contraste é expressivo. Ao contrário das asserções de Santo Agostinho, que também vêm de baixo, sob o olhar de uma testemunha inatacável, o monólogo do homem do subsolo é sempre especular, auto-reflexivo, desprovido de qualquer garantia. O contrastante paralelo entre o protagonista dostoievskiano e a figura de Santo Agostinho é sob todos os aspectos irônico, ressaltando uma ausência ou *falta* básica. Mas esse paralelo conflitante permite-nos entrever a intencionalidade latente do discurso paradoxal do homem do subsolo. Santo Agostinho também se pergunta a respeito do destinatário de sua mensagem: "... a quem estou dizendo isto? Não a Ti, Oh meu Deus, mas em Tua presença eu o estou dizendo à minha própria humanidade". Na verdade Santo Agostinho não precisa dizer a Deus, que vê e sabe tudo; à vista de Deus, enganar está fora de cogitação. Agostinho acrescenta estas palavras, o que confirma a ressonância irônica da voz dostoievskiana: "E com que propósito digo isto? Simplesmente que eu e qualquer outro que saiba ler poderá perceber de que profundidade devemos clamar a ti" ("de quam profundo clamandum sit ad te")[3].

3. Saint Augustine, *Confessions*, Book II, 3.

Essa voz que emerge das profundezas supõe assim ao mesmo tempo a idéia de contar mentiras ou dizer a verdade – e isto precisamente na medida em que a testemunha absoluta esteja (ou pareça estar) ausente ou presente. Este paradoxo se estende ao monólogo dialógico do homem do subsolo, que imagina ou inventa o *outro*, mas discute essencialmente consigo mesmo. Ele se dirige a um público que chama de "senhores" ("gospoda"), embora plenamente cônscio de que eles são apenas uma ficção. Se os inventa, é com o fito de se dividir e dispersar. Até as objeções que atribui a seus ouvintes são de sua própria invenção, e a risada deles, que lhe interrompe o fluxo das palavras, é de fato sua própria risada. Ele cinde sua personalidade, tornando-se o outro. (Raskolnikov, em *Crime e Castigo*, carregará esta cisão ou clivagem na etimologia de seu próprio nome.) O homem do subsolo explica que precisa do outro, de seu julgamento, de seu olhar.

Frente a uma narração que simultaneamente revela um autoconfinamento solipsístico e uma carência de alteridade, somos tentados a recorrer a uma análise existencial. Tzvetan Todorov propõe uma típica fórmula existencialista: "O homem do subsolo não existe fora de suas relações com o outro, sem o olhar do outro"[4]. Seria difícil superenfatizar a importância do olhar. Se o homem do subsolo inventa o olhar do outro, é digno de nota que na maioria das vezes ele próprio tenta baixar ou mesmo esconder seus olhos. Informa-nos que nunca foi capaz de olhar as pessoas diretamente no olho. Não só olha para si mesmo com desagrado e até ódio, desprezando em particular o rosto, como teme o olhar do outro da mesma forma que teme o riso escarninho do outro. Ele se dá por visto, e se necessário inventa esse olhar que o fita com asco. Pois mais ainda do que ser visto e julgado teme não ser visto.

Essa necessidade e medo do olho observador instaura no centro dessa obra uma ambivalência trágica ("L'enfer c'est les autres", será a fórmula de Sartre) que corresponde à clivagem psicológica dentro do personagem. E essa clivagem interior se refere por sua vez à relação profunda mas instável entre o ego específico e o ser humano representativo anunciado na nota

---

4. Tzvetan Todorov, Introdução a *Notes d'un souterrain, op. cit.*, p. 27.

do autor na primeira página. Ali está a verdadeira dificuldade de uma obra que opõe e mistura *um* e *todos* ("odi'n" e "vse" [II, 1]) – uma obra em que o penitente é também o juiz, e o denunciante encarna a paródia do que está sendo denunciado. Camus, ao escrever *La chute*, iria recordar esta lição.

A clivagem não é somente estrutural, mas conceptual também. Os acontecimentos descritos na Segunda Parte precedem em cerca de vinte anos o tipo de auto-retrato proposto na Primeira Parte, e esta inversão temporal sublinha a distância entre dois momentos culturais, duas gerações, dois códigos ideológicos – a saber, o idealismo romântico da década de 1840 e o positivismo e determinismo predominantes da década de 1860[5]. Clivagem e inversão que têm muito a ver, como tão bem mostrou Joseph Frank, com a questão central do sofrimento visto como valor purificante, mas também como pretexto para o sadismo moral e espiritual.

Essa duplicidade também se manifesta no nível filosófico, porquanto o anti-herói idiossincrático, que se quer fora da – e em oposição à – norma, é apresentado na primeira página como sendo determinado pelo clima moral e intelectual de seu tempo. Dir-se-ia que o franzino, malévolo e rancoroso funcionário simboliza ao mesmo tempo o princípio do puro capricho, portanto do livre arbítrio, e o determinismo – corporificando em sua pessoa um dos mais antigos dilemas filosóficos: a relação entre liberdade e necessidade.

Aqui passamos para as questões mais amplas. Por meio de um auto-retrato que é na realidade um parodístico retrato coletivo, chegamos a uma crítica séria dos problemas situados no âmago da consciência ocidental: livre arbítrio, consciência, livros e cultura livresca, racionalismo e a idéia de progresso, nostalgia de valores espirituais. O homem do subsolo associa lucidez com sofrimento. A doença, em todos os significados aceitos deste vocábulo, aguça a consciência; mas a própria consciência, ou antes a hipertrofia da consciência, é vista como uma doença. Conforme o pro-

---

5. Veja a excelente análise em Joseph Frank, *Dostoevsky. The Stir of Liberation, 1860-1865*, Princeton, N. J., Princeton University Press, 1986, pp. 331 e ss.

tagonista, uma consciência superdesenvolvida, super-refinada é a aflição característica do homem moderno. Ele está ciente de que sua inteligência é patologicamente desenvolvida, de que ele mesmo é hiperconsciente de seus pensamentos e de suas palavras. Sabe que o efeito é a inércia e até a paralisia. "Assim a consciência", nas palavras de Hamlet, "a todos nos acovarda". Segundo o homem do subsolo, só asnos e mulas são corajosos (II, 1). Mais uma vez, o sintoma individual se estende à coletividade. A mesma página que trata a hiperconsciência como uma enfermidade se refere à cidade de São Petersburgo como um lugar amaldiçoado: um habitat inumano abstrato, premeditado, deliberado e racionalmente planejado.

Num outro contexto, Italo Svevo iria desenvolver esse relacionamento paradoxal entre enfermidade e consciência, insistindo no valor da enfermidade, real ou imaginária, na medida em que ela multiplicava os recursos da consciência e da reflexividade. Mas é sem dúvida Baudelaire, um contemporâneo de Dostoiévski, que proporciona o paralelo mais viável com o homem do subsolo: mesma ironia paralisante, mesma sensação de *ennui,* mesmo exílio interno, mesma autotortura divisiva ("eu sou o ferimento e a faca"; "eu sou a bofetada e a face"), mesma condenação ao riso sardônico diante do espelho sinistro.

E, é claro, a imagem do espelho nos leva de volta à natureza reflexiva do pensamento. Em questão, aqui, está a própria idéia de cultura, a mirar-se no espelho de uma herança que se perpetua mediante a imitação de modelos. O homem do subsolo põe em dúvida uma cultura que projeta uma concepção livresca do mundo. Indiscutivelmente denuncia o mau uso dos livros; mas ao fazê-lo aponta a própria cultura como um problema. O homem moderno é tido como "doentiamente cultivado" (II, 1). A leitura é apresentada como um vício, e o texto está salpicado de referências literárias (a Heine e Rousseau juntam-se Púchkin, Liérmontov, Niekrassov e outros) que funcionam como crítica à mentira romântica e à literariedade autocomplacente.

Há coisa pior: livros e autores são vistos como mediações capazes de sufocar a espontaneidade e autenticidade, propícias à má fé e artificialidade. O comportamento do homem do subsolo com o "outro" é definido por ele como escandalosamente livresco. O efeito é desumanizador, como sua crueldade com Liza mostra claramente. Pois quando seu comportamento para com ela é mais atroz é que é qualificado de livresco, "kni'jnaia" (II, 10). Mas não nos equivoquemos; não nos defrontamos com um caso isolado, excepcional. O homem do subsolo encarna o ponto de enontro problemático entre cultura e natureza, e conclui no fim de seu livro que sem livros estaríamos perdidos, que somos todos "natimortos", nossa chamada cultura sendo de fato uma negação do princípio vital.

A idéia de negação e negatividade aplica-se ao século inteiro, que é considerado negativo ou negativista ("otritsatel'ni" – I, 6). O princípio de negação, está claro, caracterizou tradicionalmente a negação de Deus. Dostoiévski deve ter se lembrado do célebre verso que Goethe põe na boca de Mefistófeles: "Eu sou o espírito que sempre diz não" ("Ich bin der Geist der stets verneint"). Mas o século do homem do subsolo, o século da revolução industrial, é também o século de um compromisso mais *positivo* com a razão e o progresso. Um progresso puramente material, acrescentaria o homem do subsolo, e mesmo isso não é tão indubitável... Pois não é de modo algum evidente que a evoluída criatura humana dos tempos modernos seja de alguma forma menos bárbara do que os chamados bárbaros do passado. O progresso está longe de ser visível, considerando a marcha da história, com seus cada vez mais aperfeiçoados instrumentos de destruição e os rios de sangue que continuam a correr. Quanto ao progresso devido à cultura, observa o homem do subsolo que os assassinos mais requintados têm sido quase sempre os mais civilizados cavalheiros (I, 7).

A crítica de Dostoiévski vai além de questionar a evolução racional da história. É o próprio racionalismo que é visado. Este ataque assume duas formas, um desdém zombeteiro pela fórmula "dois e dois são quatro" e uma hostilidade radical à própria idéia do Palácio de Cristal. A fórmula matemática "dois e dois são quatro" ofende o homem do subsolo a ponto de virar uma obsessão. Ele compara-a a um muro de pedra, a um obstáculo irrompível, um verdadeiro beco sem saída. Emblema do culto cego ao fato positivo, a odiada fórmula matemática se torna a manifestação suprema do espírito que nega tudo que não está sujeito a uma lei científica. A certa altura "dois e dois são quatro" é chamado o começo da morte (I, 9). Morte espiritual, está claro. Na tradição dos *libertins*, a fórmula foi reconhecida como sinal de ateísmo. O Don Juan de Molière, acusado por seu criado Esganarelo de ser um incréu ("mécréant"), é interpelado por ele que lhe pergunta se há qualquer coisa, por exemplo a vida futura, em que acredita. A resposta lapidar de Don Juan é imediata: "Je crois que deux et deux sont quatre" ("Eu creio que dois e dois são quatro").

O homem do subsolo diria que é melhor um crime do que um credo tão negativo. O que o ofende acima de tudo é um chamado sistema de valores baseado no utilitarismo, que para ele significa a ausência de valores e a negação do livre arbítrio. Daí sua rejeição de qualquer sistema determinista que obrigasse um ser humano a obedecer às leis previsíveis de uma tabela de cálculo, a não ser mais do que uma roda de engrenagem, a não ter mais liberdade do que uma tecla de piano ou um registro de órgão. Diríamos hoje que o protagonista do subsolo se rebela contra o pesadelo de um robô humano computadorizado. Aterroriza-o pensar num mundo despojado da opção pelo sofrimento e do exercício da vontade humana. Ao dizer não à utopia materialista propugnada pelos Tchernichévskis deste mundo, ao refutar-lhes o otimismo cego, Dostoiévski também contesta a idéia, ou antes a filosofia – perversa, segundo ele –, da felicidade e do progresso.

É aqui que a metáfora do Palácio de Cristal adquire sua plena significação. Se a fórmula "dois e dois são quatro" se torna uma obsessão, pode-se dizer o mesmo do Palácio de Cristal, entendido como edifício utópico, maligna Torre de Babel, mas também como um constructo arquitetônico protomoderno. Antes de servir de metáfora subterrânea, o Palácio de Cristal existiu de fato arquitetonicamente. Projetado por Sir Joseph Paxton para a Grande Exposição de 1851, era ainda uma atração durante a visita de Dostoiévski a Londres em 1862. As Grandes Exposições – um traço significativo do século XIX – destinavam-se a glorificar a sociedade industrial. O Palácio de Cristal ilustra essa glorificação nos próprios materiais empregados, porquanto foi construído em grande parte de ferro e vidro, bem à maneira dos galpões das grandes estações ferroviárias, essas outras catedrais da modernidade. A metáfora de Dostoiévski evoca um constructo futurista, uma nova e perversa catedral a celebrar a falsa e perniciosa religião do progresso e do materialismo. Diante de tal perversão, a humanidade não pode deixar de estremecer de horror, ainda que não entenda a natureza desse estremecimento. Na mesma página em que evoca a Torre de Babel, o profeta subterrâneo também sustenta que o homem construtor tem um medo instintivo de concluir o edifício que está construindo (I, 9).

Esse medo quase sagrado, como ao pensamento de um sacrilégio, insinua o paradoxo de um tema religioso num contexto do qual Deus está ausente. O paradoxo central dessa obra elusiva poderia ser sua tendência e extrema capacidade para converter negativo em positivo. Dizer não a uma negação implica uma mensagem afirmativa, da mesma forma que na lógica da gramática uma dupla negação se anula. Para corroborar a hipótese de conversão é necessário apenas examinar de perto a enigmática seção 10 da primeira parte, em que a sugestão de outra realidade, a noção de desejos insatisfeitos, e de um ideal elevado estão perceptivelmente articulados.

Ainda mais surpreendentes nesta seção curta são as impressionantes imagens e sentenças bíblicas. "Que minha mão seque se eu carregar um único tijolo para tal edifício." Algumas linhas depois fala-se em deixar cortar a língua; e no começo da seção seguinte o homem se refere à sua ânsia por alguma coisa que não pode encontrar, à sua intensa *sede* como se estivesse num deserto. *Ja'jdat'* ("ter sede de"), no sentido figurado de desejar, é realmente um verbo muito forte. A importância dessa seção da primeira parte, com sua mensagem religiosa implícita, é confirmada pela carta de Dostoiévski de 26 de março de 1864 a seu irmão Mikhail. Ele deplorou a forma em que essa seção apareceu no periódico *Epokha*, e acusou os "porcos censores" de terem suprimido orações inteiras, apagando assim os trechos em que deduzia "a necessidade de fé e Cristo", mas deixando intactos aqueles em que ele parecia escarnecer de tudo e *aparentava* blasfemar[6].

Em apoio desse tema religioso oculto também há evidência interna, em particular o valor especial conferido ao sofrimento. Se a voz narrativa acentua as delícias quase voluptuosas do sofrimento, não o faz só para ofender os ouvintes com sua mórbida predileção, mas porque o sofrimento é literal e metaforicamente entendido como *paixão* no sentido etimoló-

---

6. As partes relevantes desta carta estão reproduzidas na edição que Ralph E. Matlaw organizou das *Notes from Underground, op. cit.*, pp. 194-195.

gico e cristão da palavra (em russo, *stra'st'*). E aqui está o ponto principal: de acordo com o homem do subsolo, sofrer não é sequer pensável no Palácio de Cristal. No fim do livro, em oposição ao que se chama "felicidade barata", sofrer é tido explicitamente como algo enaltecedor.

Não surpreende que a estratégia de mobilidade e inversão irônica elimine a possibilidade de um retrato estável. A própria idéia de apanhar ou fixar os traços salientes e duráveis de uma pessoa – o que se supõe que um retrato faz – é incompatível com uma obra animada pela dinâmica da contradição. Mesmo estendendo ao extremo a subjetividade, *Memórias do Subsolo* oblitera a linha de demarcação entre sujeito e objeto. A oposição binária é cancelada desde a primeira frase. Situando em si mesmo o outro antagônico, o homem do subsolo se torna mais do que o outro: ele se torna *os outros*. Essencialmente irônico em sua instabilidade, o monólogo obsessivo participa por força de sua própria mobilidade num processo que não conhece fim. Esse parece ser o sentido do comentário editorial conclusivo a respeito da ausência de conclusão. "Na verdade", escreve esse editor fictício, "as 'memórias' deste paradoxista não terminam aqui". Ficamos sabendo que ele não poderia resistir a continuá-las, indefinidamente, pode-se presumir.

É uma obra irônica também porque o "paradoxista" personifica aquilo que ele não é. Em sua biografia intelectual, Joseph Frank observa que Dostoiévski leva a lógica do discurso subterrâneo a seu ponto mais extremo, onde a crítica se funde com o objeto da crítica, onde paródia e sátira se tornam indistinguíveis, e o personagem paródico dificulta a percepção do alvo da sátira[7]. "Ver claro" é sem dúvida o problema aqui. Acusado e acusador constituindo uma só pessoa, o homem do subsolo é não só instável mas também opaco. Esta opacidade do discurso subterrâneo é indubitavelmente o segredo de sua eficácia. Dir-se-ia que aqui a universalidade é uma função de uma aparente falta de coerência, da mesma forma que um sentimento de vitória, para além da conversão de negativo em positivo, parece provir do triunfo da irracionalidade. O homem do subsolo parece dizer que o que é mais precioso – nossa dignidade, a liberdade de

---

7. Joseph Frank, *Dostoevsky, op. cit.*, p. 315.

escolher (mesmo o que pode ser prejudicial a nós), nossa vontade individual – só pode ser alcançado por meio do exercício de uma fantasia talvez nociva, em oposição radical a uma visão "razoável" de nós mesmos e do mundo. Essa é também, parece, a mensagem de *Recordações da Casa dos Mortos*, o relato que Dostoiévski fez de sua experiência da prisão na Sibéria, em que os detentos da colônia penal, todos participantes de um pesadelo coletivo, afirmam a dignidade de suas *pessoas* por meio da conduta e das atitudes mais excêntricas. E no entanto o feroz individualismo deles se funde numa experiência coletiva: mesmo os mais pitorescos esboços traçados dessas memórias penitenciárias não equivalem a retratos, e sim a representações de uma consciência coletiva e de uma projeção simbólica da liberdade humana.

O que podemos aprender ou concluir dessa atitude negativa para com o retrato independente e estável? O paradoxo do retrato ou auto-retrato desintegrado ou desintegrador parece corresponder à recusa a expressar ou inventar uma coerência interna, à impossibilidade de conhecer a si mesmo, de se dominar, apesar da obsessão do espelho. Mas será que o homem do subsolo procura de fato se realizar e se conhecer? Poderá ele realmente se conhecer ou reconhecer, quando se conhece e reconhece em *outros*? Um retrato subentende uma certa especificidade, do mesmo modo que um romance tradicional, ou um *roman d'analyse,* pressupõe a importância e até a prioridade de um sujeito central, privilegiado – espressamente um "herói". Segundo Sartre, o escritor moderno deve parar de se regalar com a análise. A razão invocada por Sartre se relaciona com a ideologia política: o espírito de análise causou bastante dano; sua única função agora seria perturbar a consciência revolucionária e isolar os seres humanos[8]. Dostoiévski, um século antes, é revolucionário em outro sentido. O monólogo desvairado de seu anti-herói paradoxista é um discurso múltiplo que elude e desafia um psicologismo estático a fim de beneficiar um movimento que não admite interrupção, que transgride e transcende a noção figurada de uma moldura.

---

8. Jean-Paul Sartre, "Présentation des *Temps Modernes*", em *Situations II*, Paris, Gallimard, 1948, pp. 20-21.

5

"Um Coração Simples" de Flaubert

PATHOS E IRONIA

"Um Coração Simples", tão diferente, no tom, dos romances de Flaubert que projetam os sonhos infinitos de Emma Bovary ou Frédéric Moreau, parece, em vez disso, render homenagem às virtudes da disciplina, do trabalho aturado e do desprendimento personificadas na ingênua e rústica criada Félicité. Mas a simplicidade da protagonista de modo nenhum influencia as estratégias narrativas, que permanecem complicadas e ambivalentes do princípio ao fim.

Duas passagens exemplares ilustram essa ambivalência. A primeira descreve o amado papagaio de Félicité, Loulou, entronizado, morto e empalhado no quartinho da velha serviçal, aquele secreto aposento que a isola tanto quanto a surdez e o minúsculo círculo de suas idéias. Esse tocante e patético espaço pessoal é descrito desta maneira:

> Este lugar, onde ela admitia pouca gente, tinha ao mesmo tempo o aspecto de capela e de bazar, tal a quantidade de objetos religiosos e coisas disparatadas que continha [Cet endroit, où elle admettait peu de monde, avait l'air tout à la fois d'une chapelle et d'un bazar, tant il contenait d'objets religieux et de choses hétéroclites (186)][1].

---

[1]. Os números dentro de parênteses referem-se à edição francesa, *Trois contes*, Classiques Garnier, 1988. Consultei a tradução de Robert Baldick, *Three Tales*, New York, Penguin Books, 1976.

"Capela" e "bazar" são aqui os dois termos complementares e contraditórios. A palavra "bazar", que remete a mercado ou feira, conota metaforicamente uma atmosfera caracterizada por multiplicidade, confusão, desordem, heterogeneidade – noções, todas elas, tendentes a dessacralizar o quarto de Félicité e que são confirmadas pela expressão "choses hétéroclites". A metáfora comercial entra obviamente em conflito com a idéia de "capela", que tende antes a ressaltar a natureza espiritual e mesmo religiosa do espaço privado de Félicité.

Flaubert exige de seu leitor não uma escolha, mas uma leitura simultânea em que os significados sugeridos, longe de se anularem, se encavalam e se misturam. O quarto de Félicité é a medida de sua mente limitada e confusa. Mas a própria ironia, de maneira flaubertiana típica, continua sendo ambivalente na medida em que alveja e atinge aquilo que é seu oposto. Pois a imagem da capela é, por assim dizer, contaminada pela do bazar. O bricabraque religioso (as estampas da Virgem, a pia de água benta feita de caco de coco e outras *bondieuseries*) são inseparáveis do jarro de água, do prato desbeiçado, das medalhas, do chapeuzinho de pelúcia, das flores artificiais e de outras velhas bugigangas que adornam o quarto de Félicité. O cofrinho de conchas que ocupa o lugar de honra sobre a cômoda coberta com um pano "como um altar" parece indicar que nesta perspectiva de depósito de sucata a capela de Félicité é afinal um bazar.

A outra passagem típica que ilustra as técnicas de ambivalência de Flaubert se refere não a uma descrição de lugar mas a uma ação, uma proeza na realidade. Voltando para casa pelos campos, Félicité protege Mme Aubain e seus dois filhos da ameaça de um touro enfurecido atirando punhados de terra nos olhos do animal que avança galopando e mugindo, com risco de ser estripada. Os elementos de tauromaquia, embora de natureza parodística, introduzem uma nota mítica e heróica. O acontecimento foi comentado em Pont-l'Évêque durante muitos anos e assume um caráter lendário. Mas se Flaubert emprega a palavra "heróico" é para sublinhar a inocência de uma personagem totalmente incapaz de conceber a si mesma como tal, inteiramente incapaz até de entender as implicações e a ressonância de tal palavra. Enfrentar um touro enfurecido não é nada demais para uma pessoa como Félicité, criada numa fazenda e familiarizada com animais. Seu feito ou sua ação não supõe nenhum comportamento intencional. Flaubert chega a explicar: "Félicité não se orgulhava nem um pouco do que havia feito, já que não lhe ocorria que houvesse feito nada de heróico."

Pode alguém de fato ser heróico sem se dar conta disso? A ambivalência dessa passagem põe em questão o conceito mesmo de herói ou heroína. Tal como a descrição da capela-bazar, o episódio do touro ao mesmo tempo afirma e subverte a dimensão trágica e espiritual da personagem e, por extensão, a da narrativa – sem que seja possível em qualquer ponto decidir se a subversão ou a afirmação leva a melhor. O que se pode asseverar é que a coragem de Félicité em qualquer momento – até em seu modo de apanhar as agulhas que estavam sobre a mesa de costura após tomar conhecimento da morte do sobrinho – é uma função de sua simplicidade de espírito e de sua integração num sistema literário anti-heróico, ou não-heróico. Com sua voz aguda, seus gestos automáticos, seu rosto imutável, ela é a vítima arquetípica, o alvo da crueldade das circunstâncias e daqueles que a desprezam e exploram. Incapaz de conceptualizar qualquer coisa, embaralhando todas as imagens do volume de geografia ilustrada bem como as da história sagrada, a ininteligência de Félicité condena-a a uma visão quase estritamente literal das coisas – uma literalidade que paradoxalmente também lhe dá acesso a um sentimento quase poético de espanto. Traída, ridicularizada, castigada, violada pela vida e por aqueles que a trituram com seu egoísmo e desdém, ela surge como uma prima distante dos bodes expiatórios de Büchner e Gógol – o soldado Woyzeck e o copista Akáki Akákievitch –, com a vulnerabilidade adicional de ser mulher.

Hegel insinuou que a morte da tragédia e do herói trágico coincidiu com o aparecimento do Escravo como protagonista, o Escravo sendo por natureza incapaz de compreender (e portanto de amar) seu destino. Mas quase não precisamos de teorias históricas ou literárias para perceber que ninguém podia estar mais distante do modelo heróico do que Félicité, a *servante au grand coeur* que é já prefigurada, no pódio da feira agrícola em *Madame Bovary*, pela canhestra e atemorizada silhueta de Catherine Leroux, ilustração viva de meio século de servidão camponesa. A história de Félicité não tem história. Resume-a o próprio Flaubert numa de suas cartas: "A história de um coração simples nada mais é do que o relato de uma vida obscura" ("L'histoire d'un coeur simple est tout bonnement le récit d'une vie obscure")[2]. Simplicidade é neste contexto o equivalente ao mesmo tempo de insignificância, pobreza de espírito, humildade, disposição para amar e servir, inocência em todas as acepções do vocábulo, e de uma devoção que nenhum dissabor ou juízo crítico pode corroer.

A ambivalência está inscrita no título da estória. Na medida em que é uma sinédoque ou, de modo geral, uma metonímia, o título simplesmente substitui o nome da personagem, uma parte do corpo – o coração – representando a totalidade da pessoa. Mas a distorção de uma expressão aparentemente corriqueira – o adjetivo *simple* sendo normalmente associado não a *coeur* mas a *esprit (esprit simple)* – é um primeiro sinal irônico. Por trás da inocência, pureza e bondade natural que o título parece anunciar, pressentem-se atributos menos positivos implícitos na insólita combinação de adjetivo e substantivo: falta de experiência do mundo, simplicidade de espírito, para não mencionarmos debilidade mental.

Mas tudo muda desde o momento em que se suspeita que o título esconde uma metáfora. Neste caso a narrativa tenderia para uma unidade significativa, e *coeur simple* anuncia um tema que, no limite extremo, poderia ser o da santidade. A estória seria ainda acerca de uma criada humilde, mas também acerca de um ideal que a própria personagem não é de modo algum capaz de compreender. Resta ver por que meios e em que condições a metonímia se transforma em metáfora, ou se choca com ela. Pois metonímia e metáfora coexistem num estado de tensão em qualquer texto narrativo. O que distingue a estória de Flaubert é que a tensão entre metonímia e metáfora se torna conflitual, e que esse conflito se torna um tema.

Tudo depende do ponto de vista. No nível da personagem e do desenvolvimento seqüencial da estória, o sistema metonímico parece prevalecer, junto com o reinado da contigüidade e da parataxe. Desde o início Félicité aparece no contexto de uma imensa fatia de tempo. "Durante meio século as mulheres de Pont-l'Évêque invejaram à Mme Aubain sua criada Félicité." Esse meio século da frase de abertura contém uma substituição

---

2. Gustave Flaubert, *Correspondance*, Paris, Conard, 1926-1933, VII, p. 307.

invasiva, quase um passe de mágica: a pessoa de Félicité é apresentada como sendo apenas o pretexto para a inveja coletiva das burguesas de Pont-l'Évêque. O princípio de uma substituição é amplificado na segunda frase, que fornece as razões da inveja das mulheres, a saber a longa lista das atividades domésticas de Félicité: ela cozinha, faz a limpeza da casa, costura; lava e passa a ferro, engorda as aves domésticas, bate manteiga – tudo em troca da quantia absurdamente pequena de cem francos por ano. Em outras palavras, uma lista de serviços caseiros toma o lugar aqui dos atributos de um ser humano. Mais especificamente, Flaubert consegue, explorando o princípio da substituição no nível da retórica narrativa, despojar Félicité de seu ser, reduzindo-a assim a pura ficção.

No nível da personagem, isto é, do ponto de vista de Félicité, que Flaubert sistematicamente dferencia do ponto de vista do narrador, a perspectiva se mantém quase exclusivamente metonímica. Quer se trate de dogma, mapa geográfico, ou livro de gravuras, ela confunde significado e significante, mostrando-se incapaz de distinguir, mesmo da maneira mais rudimentar, sentre símbolo e mera literalidade. Tudo para ela é real e imanente. Félicité desliza de surpresa em surpresa, de perplexidade em perplexidade – um deslizar que Flaubert assume ironicamente e traduz numa estrutura narrativa que sugere temporalidade, não mediante eventos e relações causais, mas sob o aspecto de fluxo, monotonia e repetição.

Lemos no começo de um parágrafo na parte III: "Então os anos se passaram, cada um igual ao anterior..." Mas a frase podia ter aparecido em quase qualquer ponto num texto que, graças a um inventário de rotina, evoca uma temporalidade essencialmente cruel destituída de qualquer proeminência dramática. Nenhum acontecimento exerce influência sobre um tempo que continua inflexivelmente a ser o tempo da reocorrência diária e do retorno das estações. A estória é articulada por expressões como "todas as quintas-feiras", "cada segunda-feira pela manhã", "lá pelo meio-dia", "logo depois", "de vez em quando". Não só cada semana é pontuada pela banalidade não-causal do quotidiano como também a seqüência dos anos nada mais é do que uma sucessão de repetições: Páscoa, a festa da Assunção, o Dia de Todos os Santos – um tempo indiferenciado marcado por acontecimentos domésticos, uma estória fora da História, pode-se dizer. Flaubert parece sentir prazer em sublinhar a natureza anacrônica de um tempo tão raso como os campos e as praias arenosas da Normandia. Se se menciona um 14 de julho ou a Revolução de 1830, é só para expressar a difusa anestesia histórica ou ausência de consciência histórica. O 14 de julho é mencionado ironicamente como data importante só porque foi neste dia que o sobrinho Victor de Félicité se engajou numa viagem de longo curso e ela se sentiu infeliz ao pensar na prolongada ausência do rapaz. Quanto à breve alusão à queda da monarquia borbônica em 1830 pretende-se apenas assinalar a chegada de um novo subprefeito, na verdade aquele mesmo que é responsável pela presença em Pont-l'Évêque do papagaio Loulou.

O passo lento e o simples peso do tempo fazem dessa estória um poema da desolação. "Um Coração Simples" começa com sinais anacrônicos e póstumos, sob o signo da decadência. Mme Aubain é apresentada primeiro na qualidade de viúva moradora de uma casa que cheira um pouco a mofo, o soalho da sala estando num nível mais baixo do que o jardim. A atmosfera tumular é acentuada mais adiante pelas referências a um mundo morto, pelos vestígios de "tempos melhores" e "luxo extinto", e pela descrição da sala de visitas permanentemente fechada com seus móveis cobertos com um pano como se fosse uma mortalha. A velha casa da fazenda, com as vigas do teto carunchosas, também tem um ar de decrepitude. Imagens funéreas preparam desde o início o inventário das mortes que assinalam a estória de Félicité: a morte de Victor e Virginie; a morte de amigos; a morte do Père Colmiche, de M. Bourais, de Mme Aubain; a morte do papagaio e finalmente a morte da própria Félicité – para Mère Simon, que a assiste em sua agonia, um sinal de que ela mesma um dia também teria que passar por isso ("un jour il lui faudrait passer par là").

Não surpreende que esse poema fúnebre seja também um poema da memória e da nostalgia. Dolorosamente Félicité recorda os velhos tempos, do mesmo modo que o próprio Flaubert, na época em que escrevia "Um Coração Simples", se entregava a tristes recordações do passado, revisitando Pont l'Évêque e Honfleur. Flaubert parece na verdade ter dado atenção ao conselho de sua amiga George Sand no sentido de parar de escrever textos irônicos e, em vez disso, coligir e fazer uso literário das emoções íntimas de seu próprio passado, mergulhar nas preciosas memórias armazenadas em seu coração[3]. Deve ter sido sob o influxo dessas gentis admoestações que Flaubert descreveu o tom de sua estória numa carta a Mme Roger des Genettes: "Não é nem um pouco irônico... mas pelo contrário muito sério e muito triste. Quero incitar as pessoas à piedade e às lágrimas"[4]. Em outra carta sua dívida para com George Sand é ainda mais explícita: "Comecei *Um Coração Simples* para ela exclusivamente, e só para lhe dar prazer." Mas aqui intromete-se a ironia do destino. George Sand não iria ler a estória que havia inspirado. "Ela morreu", escreve Flaubert, "quando eu estava no meio do meu trabalho. Isto é o que acontece com todos os nossos sonhos"[5].

Mas será verdade que a narrativa não é "nem um pouco irônica"? O próprio nome de Félicité, a estrutura do relato (que faz a morte de Félicité coincidir com as imagens estivais de luz do sol e riso das crianças), a conclusão do texto que subverte a visão de céus entreabertos ao justapor os verbos *croire* ("acreditar") e *voir* ("ver") em "Elle crut voir, dans les cieux entrouverts, un perroquet gigantesque..." – tudo tende a debilitar uma leitura edificante ou consoladora. "E ao exalar o último suspiro, ela acreditou ver, nos céus entreabertos, um gigantesco papagaio pairando acima de sua cabeça." A provocadora frase final atua como um indício de que a ironia é sempre um incitamento à interpretação, um desafio ao leitor. Mesmo a ironia mais evidente pode ocultar múltiplos significados. Esse é o caso do famoso papagaio de Flaubert. O valor cômico de Loulou não pode ser negado: suas cores variegadas, seu repertório de três frases interminavelmente repetidas, suas incontroláveis gargalhadas, seu jeito de arrancar as penas e de espalhar os excrementos por toda a parte. Depois de sua morte, engenhosamente empalhado pelo taxidermista, mordendo uma noz dourada, entronizado na capela-bazar de Félicité, Loulou surgirá cada vez mais como uma presença icônica e simbólica, enquanto se presta ainda mais obviamente às intenções irônicas de Flaubert.

---

3. Flaubert, *Correspondance, op. cit.*, VII, pp. 295-296; George Sand, *Correspondance*, Paris, Calmann-Lévy, 1892, VI, p. 376.
4. Flaubert, *Correspondance, op. cit.*, VII, p. 307.
5. *Idem*, VIII, p. 65.

Pois Loulou, num nível psicológico, funciona como substituto de afeição humana indisponível. Mas essa patética ironização da vida sentimental desprivilegiada da protagonista denuncia um grão de perversidade da parte do autor. Convém lembrar que em seus extravasamentos de emoção Félicité vê o papagaio "quase como um filho ou um namorado"; ela se inclina sobre ele com gestos maternais ("à la manière des nourrices"); e a intimidade entre os dois quase se torna uma paródia das relações sexuais (Loulou sobe-lhe pelos dedos, bica-lhe os lábios – 184). Namorado e mãe: o modelo incestuoso é por certo de todo incongruente no contexto.

Mas Loulou também funciona como uma presença irônica no nível sócio-satírico, ilustrando os mecanismos repetitivos da linguagem e do discurso social, as tendências miméticas do grupo, psitacose, ou doença infecciosa de papagaio, coletiva. De um modo ou de outro, o papagaio desperta o pior em cada um: o apego aos clichês (todos os papagaios, assim pensam os amigos, devem chamar-se Jacquot), imbecilidade (Fabu ensina-lhe palavrões), crueldade (Paul sopra-lhe em cima a fumaça de seu charuto).

A ironia, é claro, também opera no nível conceptual, em particular com relação a temas religiosos e teológicos. As três frases inexoravelmente repetidas por Loulou lembram o catecismo que Félicité acaba por aprender enquanto ouve as repetidas declamações das crianças, embora o número três possa aludir à Trindade, e as duas primeiras frases totalmente triviais cedem o lugar ao terceiro elemento do repertório do pássaro: "Ave Maria!" A sátira religiosa tende a se tornar mais acerba quando o animal empalhado se converte num ícone / fetiche que Félicité confunde com o Espírito Santo, e que o cura, no fim da estória, aceita para o altar na procissão de Corpus Christi. Flaubert até faz troça do êxtase místico de Félicité ao indicar que o "raio luminoso" que parece brotar diretamente do olho de vidro do papagaio empalhado nada mais é do que o simples reflexo de uma réstea de sol. Assim Loulou é ao mesmo tempo um fetiche místico para a personagem, e para o autor um instrumento de ironia.

A retórica narrativa, mais do que a ordem dos acontecimentos ou a estrutura do enredo, é aqui priorizada, envolvendo e pondo em dúvida a atitude do autor, que permanece enigmática justamente por causa da dissimulação da ironia. Pois o próprio riso é enigmatizado. Quando Bourais, o enfatuado solicitador, cai na risada, imoderadamente divertido com a incapacidade de Félicité de compreender um atlas, o leitor certamente não se sente encorajado a simpatizar com esse riso cruel e vulgar. O que confirma esse descrédito do riso personificado por Bourais (além do mais ele se revela um velhaco) é o fato de Loulou, ao que parece, zombar de sua arrogante hilaridade. Tão logo o papagaio avista o vulto de Bourais começa a rir ("Dès qu'il l'apercevait il commençait à rire, à rire de toutes ses forces" – 182). Sinais cômicos polivalentes em "Um Coração Simples" contribuem para uma estratégia de desestabilização que informa toda a obra de Flaubert. Anos antes, quando brincava com a idéia do "Dictionnaire des idées reçues", ele acalentou o sonho de escrever livros concebidos de tal modo que o leitor não soubesse se ele mesmo era ou não objeto de zombaria ("que le lecteur ne sache pas si on se fou de lui, oui ou non"[6]). A atitude para com a religião continua particularmente indeslindável. Será que "Um Coração Simples" ridiculariza as práticas religiosas, o dogma católico, a fé assentada na ignorância, na idolatria e na superstição? Ou será que revela uma nostalgia latente de uma inocência improvável, de uma simplicidade perdida e irrecuperável? Evidentemente a estória não pode ser lida numa perspectiva única ou num único nível. Ao lado de uma leitura irônica, o texto propõe outras leituras que projetam uma outra luz sobre o destino anti-heróico de Félicité.

Uma leitura "branda" não está portanto excluída; de fato, tal leitura não pode ser evitada. Do começo ao fim o texto está mergulhado numa atmosfera de tristeza, nostalgia, luto, e está também impregnado de uma suave luminosidade e de uma piedosa recordação do passado. Saturado de uma poesia íntima e mesmo intimista, o relato oferece tonalidades elegíacas que se relacionam sem dúvida com a necessidade interior de Flaubert, na época em que escrevia "Um Coração Simples", de revisitar seu próprio passado. Ele se refere em cartas à sua imersão voluntária num "bain de souvenirs"; a ter empreendido aquela peregrinação a Pont-l'Évêque e Honfleur, que o encheu de tristeza poética; a ser assediado pelos ternos fantasmas de Trouville. Félicité terminará encarnando a idéia de ternura.

---

6. *Idem*, I, pp. 678-679.

Lendo-se a si mesmo, Flaubert explica a Mme Roger des Genettes que Félicité é a própria ternura, descrevendo-a coloquialmente como sendo tão "tendre comme du pain frais"[7].

Desde o início a disponibilidade da afeição de Félicité é total e desinteressada, uma capacidade para se doar que quase faz dela uma caricatura do desvelo, orgulho e recato materno. Quando Virginie faz a primeira comunhão, Félicité observa-a: "... com a imaginação que dão as verdadeiras ternuras, pareceu-lhe que ela mesma era aquela criança" ("... avec l'imagination que donnent les vraies tendresses, il lui sembla qu'elle était elle-même cette enfant" – 169). Essa tendência para a abnegação associa-se a uma capacidade de compaixão e dor que às vezes tem um caráter quase animalesco. De vez em quando a dor abre caminho para a comunhão no sofrimento, como quando Félicité acompanha Mme Aubain ao quarto de Virginie, e as duas mulheres, profundamente comovidas, se encontram num estado de veneração diante das relíquias da menina morta: bonecas, arcos, coisas mais íntimas (lenços, vestidos, anáguas) que ainda revelavam a forma e os movimentos do corpo. A cena termina com um abraço e um beijo que, por um momento, igualam a criada e a patroa ("un baiser qui les égalisait" – 180). É sem dúvida uma igualdade ilusória, o que não impede Félicité, quando Mme Aubain morre, de chorá-la "como criados raramente choram seus patrões" (188). No meio do vazio que cada vez mais a rodeia (ausência daqueles a quem ama, surdez e solidão, desaparecimento de objetos familiares, a casa que é colocada à venda), Félicité continua a deter o segredo de transformar vazio em plenitude. Mas uma vez mais a ironia do autor põe tudo em questão. Logo depois da cena emocional e igualadora de comunhão com Mme Aubain, uma simples frase é suficiente para fazer o leitor sorrir do "devotamento canino" e da "veneração religiosa" de Félicité. À estranha proposição é dado de fato o destaque especial de um parágrafo de meia linha: "La bonté de son coeur se développa" ("A bondade de seu coração se desdobrou").

É possível naturalmente – e este constituiria um terceiro nível de interpretação – que estejamos lidando com um símbolo hagiográfico. Félicité

---

7. *Idem*, VII, pp. 295-296 e 307.

continua, por assim dizer, incorruptível; nada a exaspera. Ela tem, sim, momentos de tristeza ao recordar os velhos tempos, e até um momento de verdadeira fraqueza após a brutal chicotada na estrada de Honfleur, quando as mágoas e decepções de sua vida lhe voltam ao espírito, sobem à garganta e quase a sufocam. Mas a inocência e a serenidade caracterizam-na e conduzem-na ao fervor dos sentidos ("sensualité mystique" – 192) do prágrafo final. Félicité morre com um sorriso nos lábios. Esse fervor dos sentidos não está evidentemente despido de seu irônico potencial para leitores que se lembram dos voluptuosos "élancements mystiques" de Emma Bovary em seu leito de morte.

Os temas religiosos são, efetivamente, extensos em "Um Coração Simples". Se Félicité nunca se queixa é porque sua resignação é uma função de sua santa inocência. Sua "simplicidade" lhe dá acesso ao sobrenatural. Uma das frases de Flaubert é explícita: "... pour de pareilles âmes le surnaturel est tout simple" ("... para almas assim o sobrenatural é bastante simples") – 177. Seu quarto – a capela ou o bazar em que a surdez a enclausura – é como uma cela de convento. Albert Thibaudet acertou quando falou do "ritmo religioso e cristão" da estória[8], embora mais uma vez esteja em ação a ironia intertextual. O leitor atento de Flaubert por certo recordará a "rigidez monástica" e a surdez da velha camponesa Catherine Leroux, que em *Madame Bovary* funciona como contraponto ao desejo amoroso de Emma.

Irônicos ou não, os elementos hagiográficos estão indubitavelmente presentes em toda a estória. O estilo assume ocasionalmente um caráter lendário ("Ce jour-là il lui advint un grand bonheur" ["Naquele dia adveio-lhe uma grande felicidade"] – 181). Félicité cuida das vítimas da cólera; protege pessoas perseguidas, cura os doentes, limpa a choça imunda de Père Colmiche, que é atormentado por um tumor horrendo, e troca-lhe a roupa. Nada a enoja; nenhuma tarefa lhe parece demasiado humilde, demasiado servil. Esses elementos hagiográficos são confirmados por contigüidades estruturais, isto é, pela própria seqüência das três estórias que formam *Trois contes*. Esses três contos são evidentemente concebidos sob

---

8. Albert Thibaudet, *Gustave Flaubert*, Paris, Gallimard, 1935, p. 178.

o signo da metáfora central do santo. "Um Coração Simples" pode ser visto como uma introdução – e também um comentário – aos dois outros contos, que, atrozmente regressivos, estão centrados expressamente na pessoa de um santo: a figura medieval de São Juliano Hospitaleiro, e a figura bíblica de São João Batista em "Hérodias".

Se os temas hagiográficos são ao mesmo tempo sérios, parodísticos e desmistificadores, isto se dá porque o conto, dentro de sua estrutura compacta, proporciona acesso a questões que vão muito além do contexto imediato, algumas das quais têm uma ressonância muito pessoal: a nostalgia, por parte do autor, dos valores que sua ironia parece negar; um sentimento de luto por uma fé morta (de acordo com Sartre, o pai de Flaubert matou-a desde o começo); a necessidade de escrever um texto "consolatório", como George Sand aconselhou-o a fazer[9]. Ao evocar uma inocência irrecuperável, Flaubert bem que podia ter se sentido irreparavelmente excluído e despojado. Mas também estão envolvidas questões culturais mais amplas. Uma fé religiosa que se estenda à santidade será ainda possível, ou mesmo concebível, no século XIX materialista? Tal fé terá sido possível algum dia e será a crença na santidade alguma coisa mais do que "simplicidade"? Ainda assim como viver num mundo que não tem mais sequer esperança de fé?

A multiplicidade de significados, e não de modo algum a simplicidade, está no cerne de "Um Coração Simples", cujo sucesso depende de um complexo domínio sobre as técnicas narrativas. Era isto sem dúvida o que Ezra Pound tinha em mente quando numa de suas cartas afirmou um tanto hiperbolicamente que o conto de Flaubert "contém tudo aquilo que qualquer um sabe a respeito da escrita"[10]. Pound não explicou exatamente o que queria dizer, mas pode-se enumerar com facilidade as habilidades técnicas de Flaubert: controle da prosódia e da retórica; deslocamentos de ponto de vista que não comprometem a integridade da voz narrativa; economia interna; articulações irônicas; trocas e interação de tropos (em especial de metonímia e metáfora) que tornam possível (e necessário) ler o texto ao

---

9. *Corresopondance entre George Sand et Gustave Flaubert*, Paris, Calmann-Lévy, 1904, p. 433.
10. Ezra Pound, *Letters*, New York, 1950, p. 89. Citado por Harry Levin, *The Gates of Horn*, New York, Oxford University Press, 1963, p. 292.

mesmo tempo como negação e afirmação de valores. Uma proeza técnica que de modo nenhum impede a elaboração de uma textura extremamente poética: poesia de ambiência, de silêncio e de um passado recuperado.

Mas o desafio real que Flaubert decidiu enfrentar é ainda mais radical. Ele se propôs levar o leitor a penetrar na intimidade ininteligente e ininteligível de um ser humano destituído da capacidade de articular impressões e emoções que, se articuladas, perderiam sua urgência. É bem conhecido o antigo desejo de Flaubert: escrever um livro sobre *nada*, um livro que "se sustentasse" com sua força interna. Recordando as leis matemáticas que presidem às mais sublimes concepções arquitetônicas, ele formulou, numa carta a George Sand, o sonho de descobrir a relação única e necessária entre a precisão da linguagem e a precisão da forma, visando alcançar uma harmonia total que em última instância minimizasse a importância do assunto e do personagem[11].

Sem dúvida "Um Coração Simples" não é um livro sobre nada, e seria fácil relacionar o conto com os temas principais do *bovarismo*: a necessidade de transferir sonhos, a tendência a objetificar o desejo assimilando-o a uma realidade externa (os amantes de Emma ou o papagaio de Félicité), a natureza repetitiva das imagens, a noção recorrente de uma "sensualidade mística". Quanto a escrever um livro sobre *ninguém*, Flaubert parece menos preocupado com a insignificância do personagem do que com o intervalo radical entre o funcionamento do personagem e o funcionamento do texto. Vale dizer que a unidade e a significação do texto não advêm do personagem ficcional, mas das tensões engenhosamente estabelecidas entre o texto e o mundo que ele descreve.

Mas o que significa tal dissolução ou mesmo desaparecimento do protagonista (ou "herói")? Acontece que no exato momento em que iniciou "Um Coração Simples", Flaubert declarou a George Sand que em seus escritos desejava evitar o "Acidental" e o dramático: "Pas de monstres, et pas de héros!"[12] ("Sem monstros, e sem heróis!"). Esta declaração lapidar projeta luz sobre a intencionalidade anti-heróica do projeto literário de

---

11. Flaubert, *Correspondance, op. cit.,* II, pp. 345-346; VII, p. 294.
12. Flaubert-Sand, *Correspondance, op. cit.,* p. 513.

Flaubert. No nível retórico, o que importa para ele é manter simultaneamente um elo e um hiato entre os tropos. No nível da personagem Félicité, tudo parece relacionar-se com a metonímia: heterogeneidade, o resvalar do tempo e das imagens, contigüidade, parataxe, similaridade, confusão em todos os sentidos deste termo. Mas o texto também oferece uma latência metafórica que decorre mais do ato de ler do que da ação representada, e que tende para uma subjacente unidade analógica. Assim a obra mantém do princípio ao fim uma tensão entre a capela e o bazar.

Esta tensão é tanto mais irresolúvel quanto nem a imagem da capela nem a do bazar permanecem estáveis e não são passíveis de ser assimiladas ao princípio da homogeneidade. Essa irresolução conceptual caracteriza em última análise a própria atividade do escritor. Em sua sala de trabalho em Croisset, que ele via como uma cela monástica, Flaubert também gostava de se cercar de objetos variados e bricabraque; também instalou ali um papagaio empalhado. A capela-bazar se deslocou aqui para uma *chambre-écritoire* ou "gueuloir", deslocamento correspondente a um deslocamento mais significativo confirmado por toda a obra de Flaubert. A "des-heroicização" do herói, uma tendência manifesta especialmente desde os "heróis passivos" de *L'Éducation sentimentale*, está relacionada com a noção pessimista e idealista de que a arte, ao mesmo tempo uma forma de retraimento e abnegação, exige um sacrifício heróico. O que está implícito é nada menos que uma noção muito moderna, a noção do heroísmo da arte. Um vínculo cada vez mais estreito toma forma no espírito de Flaubert entre a idéia de santidade e a vocação do artista – um vínculo que também subentende a relação entre o escritor e a insondável monumentalidade de Bêtise, a sacralização da arte baseada no completo entendimento da imperfeição da vida, e na desconsolada consciência de que nem a arte nem o artista jamais estarão à altura do sonho do absoluto. Daí um *bovarismo* literário que vai muito além da estória de Emma Bovary. Pois como Kafka, que iria ser um de seus leitores mais perspicazes, Flaubert conhecia bem demais o desejo insaciável de atingir um ideal que se mantinha fora de alcance, assim como a necessidade de se castigar por seus sonhos ao submeter a uma ironia implacável seu sentimento de uma necessidade profunda.

6

Italo Svevo, ou os Paradoxos do Anti-Herói

A GLÓRIA LITERÁRIA CHEGOU para Italo Svevo em 1925, já tarde em sua vida, e só porque James Joyce havia alertado seus amigos literários parisienses para *A Consciência de Zeno* quando este romance não obteve reconhecimento na Itália. O sólido homem de negócios triestino, então na casa dos sessenta, não podia acreditar que seu velho sonho de fama literária tinha se realizado. Em carta a Valery Larbaud, datada de 15 de setembro de 1928, ele se descreveu como um "menino de sessenta e quatro anos" ("bambino di 64 anni" – I, 764)[1]. O oximoro cabe em toda a sua vida. Pois muito cedo Svevo se preocupou com a velhice, mas nunca deixou de ser surpreendentemente infantil. Enfastiado do mundo mas irresignado, vulnerável, disponível, capaz de se maravilhar, nem o escritor nem o chefe de família podia se levar a sério ou se definir.

Italo Svevo era um "estranho" sob mais de um aspecto. Nascido em Trieste, era súdito austríaco; educado numa escola alemã, esforçou-se por se tornar um escritor italiano, embora seu idioma natal fosse o dialeto triestino, e portanto viu-se condenado a escrever numa língua que não era a sua; imerso desde a infância num *ethos* de pragmatismo comercial, des-

---

[1]. Para citações em italiano usei a *Opera omnia*, Milano, dall'Oglio, 4 vols., 1966-1969. Todos os números de páginas precedidos por um numeral romano referem-se a esta edição. Todas as citações de *Confessions of Zeno* referem-se à tradução de Beryl de Zoete, New York, Vintage Books, 1989.

cobriu em si mesmo uma irresistível vocação artística; sendo judeu, vivia num mundo que o tolerava mas que lhe era essencialmente hostil. Svevo / Schmitz não apenas morava numa cidade mediterrânea às margens do império austro-húngaro, como ainda seu sentimento de marginalidade pessoal lança luz sobre uma configuração peculiar de temas e problemas de sua vida e sua obra: o tratamento irônico de valores burgueses, a que ele permanecia profundamente ligado; o concomitante interesse, não isento de suspeita, pelas teorias psicanalíticas que lhe chegavam diretamente de Viena; a falsa estabilidade da ordem social e moral às vésperas da Primeira Guerra Mundial, assim como as descontinuidades provocadas por esse cataclismo; o estatuto ambivalente de um mundo escanchado sobre as mentalidades austro-húngaras e mediterrâneas; o complexo relacionamento entre o modo confessional, a subversão irônica e a interação de má fé e autenticidade. Sua consciência de si mesmo como judeu assimilado lhe dava equilíbrio, mas sem dissipar – muito pelo contrário – um mal-estar cultural, se não social, que em parte explica sua necessidade e gosto de rodeios, abordagens oblíquas, estratégias ambivalentes, sistemas de transferências e disfarces, e, acima de tudo, paradoxos autoprotetores e auto-reveladores.

Para o historiador cultural, Svevo pode com razão encarnar os paradoxos e as contradições internas de Trieste. Para o historiador da literatura, o problema é um pouco diferente. Pois uma coisa é refletir a mentalidade de um grupo, ser influenciado por seus paradoxos; outra coisa é exacerbar esses paradoxos e estruturá-los tematicamente. Os escritos de Svevo habitualmente exploram os recursos do *Witz*. A sua é a voz que afirma que a bandagem é a parte mais nobre do corpo; que ele, Svevo, tudo vê e nada compreende; que é um perito em fracasso; que o pássaro engaiolado reluta em fugir por medo de ficar lá fora com a porta fechada; que não tem pacto a assinar com Mefisto, receando igualmente envelhecer e viver sua vida outra vez; que a tragédia real é a ausência do trágico; que só o futuro pode desvelar o passado; que a literatura é necessária para combater a opacidade e a insinceridade, mas que a transparência seria letal para a literatura; que escrever é ao mesmo tempo uma doença e a única salvação; que as mentiras terminam por dizer a verdade; que qualquer afirmação se aproxima de sua própria negação.

O paradoxo está no coração de Svevo. O título de seu romance mais célebre, *La coscienza di Zeno*, é como um emblema. Pois Zeno, cujo nome de família é Cosini ("coisinha", "objeto insignificante"), é foneticamente próximo do italiano *zero*, e etimologicamente mais próximo ainda de *zeno*, o estrangeiro ou alienígena. Este último sentido é confirmado pelo comentário de Zeno acerca da última letra do alfabeto, sua própria inicial, quando recorda o fascínio que sentiu pela inicial comum usada pelas quatro filhas de seu futuro sogro: Ada, Augusta, Alberta e Anna. "Eu me chamo Zeno e me sentia como se tivesse de escolher uma esposa proveniente de um país longínquo" (64). Mas acima de tudo o nome de Zeno traz à memória o discípulo de Parmênides que, de acordo com Aristóteles, fundou a dialética, a arte de refutar o adversário adotando como ponto de partida princípios por ele aceitos. Este Zeno é famoso por uma série de paradoxos – a corrida entre Aquiles e a tartaruga, a seta que nunca chega ao alvo –, todos os quais tendem a demonstrar, com base numa hipótese de descontinuidades, a impossibilidade de algum dia se alcançar um objetivo.

Paradoxos espacio-temporais estão assim ligados ao nome que consta do título. Mas o substantivo do título é ainda mais rico em implicações: a palavra *coscienza*, no sentido inglês de *consciousness*, contrapondo-se à noção de *conscience* ou senso moral. Por um lado há a percepção da presença psíquica do indivíduo, que, segundo Svevo, é o *cogito* do animal reflexivo ("Sofro, logo existo") e que impõe uma lembrança firme de uma ferida incurável, a traumática "grande ferida" viva em sua consciência (180; II, 752). E estar cônscio de si mesmo também significa, para Svevo, estar cônscio de sentimentos recalcados e talvez mesmo ter esperança de alcançar o autodomínio. Por outro lado, a consciência do que se passa em nós é precisamente o que torna elusivo, se não impossível, o autodomínio. Pois a *coscienza*, na medida em que signfica boa ou má consciência, implica escrúpulos, dúvidas, remorso, sentimento de culpa e cegueira voluntária; pode conduzir à má fé.

Essa hiperatividade da consciência auto-reflexiva é também o que leva à passividade, e até à paralisia. Recordemos as palavras de Hamlet: "Assim a consciência nos acovarda a todos". Reflexão demasiada nos inibe em face da ação. Zeno se torna uma caricatura de tal inibição: tendo aprendido que pelo menos cinqüenta e cinco músculos entram em atividade cada vez que damos um passo, não pode mais andar sem manquejar. Mas no contexto sveviano, a sensação de paralisia é exacerbada pelo desejo de se sentir puro e inocente, pelo medo do remorso, pela necessidade de se absolver e de ter o que todos os seus personagens de ficção almejam: "la coscienza tranquilla" (III, 40). Daí o constante deslizar de um sentido da palavra *coscienza* para o outro. Daí também a atração de Svevo pelo modo confessional, que, desde o início, continua associado a um sentimento de incapacidade e à prática de álibis, subterfúgios, transferências e meias-verdades.

Para a consciência sveviana, o desejo da verdade continua dialeticamente unido ao medo da verdade. Em seu *Profilo autobiografico* Svevo sustenta que é humano querermos nos iludir ("ingannare se stesso") a respeito da natureza de nosso desejo a fim de reduzirmos a dor do inevitável desengano ("disinganno" – III, 809). Nesse entrelaçamento de verdades e mentiras, a mentira se torna um instrumento da veracidade. Zeno é um tagarela compulsivo, um contador de histórias. Só Augusta, sua maternal e sorridente esposa, compreende desde o início que as ficções ou patranhas habituais de Zeno desnudam seu eu mais profundo justamente porque são inventadas por ele. Suas mentiras, ou antes suas maneiras de mentir, são suas verdades. O romance move-se em vaivém entre justitificativas falazes e as realidades que essas falácias revelam. Uma rede de complacentes mentiras circunda episódios visivelmente triviais: a fuga de Zeno para longe do choro do filho bebê; seu esquecimento das cerimônias pré-nupciais envolvendo Ada; sua falsa indignação diante do adultério de seu cunhado. Em cada caso ele mostra a si mesmo um aspecto essencial de seu caráter, mas só pode alcançar este *insight* por causa da rede protetora de mentiras.

No fundo Zeno está convencido de que a linguagem é imperfeita, que é simultaneamente uma doença, uma necessidade, uma mediação inadequada e um acontecimento trágico ("tragico avvenimento" – 311; II, 877-878), porquanto as palavras não podem ser levadas de volta. Tão logo uma palavra é pronunciada e desferida, não há arrependimento, não há elisão que dê jeito. Atrozmente mutável e inconstante, a linguagem é, além disso, sempre estranha e promotora de estranhamento. Esta sem dúvida é a significação da distância que Zeno vivencia entre seu dialeto triestino e o idioma literário toscano que nunca será seu. A distância é de fato simbólica de todo esforço na busca da expressão verbal – e, mais definidamente, da separação entre a fala corrente, o discurso literário e a incessante mobilidade de nossa consciência. Zeno se queixa de que seu psicanalista, intérprete hostil de sua confissão escrita, não tem noção do que "escrever em italiano significa para nós que falamos dialeto mas nele não sabemos nos expressar por escrito". E acrescenta, elevando seu lamento ao nível de uma verdade geral: "Uma confissão escrita é sempre mentirosa. Mentimos em cada palavra que falamos na língua toscana" (384). Entretanto na mesma página Zeno sustenta que mentir significa inventar ou, melhor ainda, criar.

O paradoxo central do romance é o problema do escrever. Não somente o autor dessa confissão escrita se declara doente como também vê a própria vida como uma doença. Escrever assume um valor curativo, uma significação que é estruturada no prefácio do doutor. Mas precisamente na medida em que a dificuldade de viver leva a uma escrita salvadora, o escritor-paciente termina amando a doença que o conduz à escrita-remédio. O remédio implica assim que a doença admite um potencial não só negatório mas também criativo. A última palavra rabiscada pelo ancião em "La novella del buon vecchio e della bella fanciulla" é a palavra "Nulla" ("nada" – III, 62).

A preferência por doença e literatura (mesmo que isto redunde em malogro) em detrimento da cura é confirmada laconicamente na carta de Svevo a Valerio Jahier: "É um grande homem aquele nosso Freud; mas ainda mais para os romancistas do que para os pacientes" (I, 857). Em outro lugar Svevo admite que veio a sentir aversão, não pelo homem nem pelo pensador Freud, mas pela idéia da psicanálise como terapia. A psicanálise como indagação heurística iria despertar-lhe a curiosidade. Em toda a sua obra há traços de um trauma original, assim como um interesse pelas estruturas expressivas dos sonhos e estratégias de transferências e repetição. O que Svevo detesta na psicanálise não é o impulso teórico mas as pretensões a curas clínicas. Svevo está empenhado demais em proteger sua doença ("proteggere la propria malattia" – III, 688).

O irônico elo entre doença e saúde, bem como a problemática relação entre mentiras e verdades, está no âmago da obra de Svevo. Em outra carta a Valerio Jahier, Svevo pergunta: "Por que havemos de desejar curarnos de nossa doença? Devemos realmente privar a humanidade daquilo que ela tem que é mais precioso?" Lembrando Schopenhauer, Svevo acrescenta que aqueles que têm saúde, ou fingem tê-la, merecem nosso riso condoído (I, 859-860). Um comentário como este projeta luz sobre a equívoca declaração de Zeno que diz que sua diabetes lhe é infinitamente doce ("una grande dolceza") e que ele trata sua doença com carinho (II, 936). O prefácio do doutor, que expõe desde o início uma lição de instabilidade interpretativa, funciona no mesmo contexto paradoxal. Ao estabelecer uma hostilidade não resolvida entre o psicanalista-leitor e o escritor-paciente que interrompeu o tratamento, o prefácio desacredita tanto o doutor como a própria noção de saúde. O livro começa portanto sob o signo de uma recusa a ser curado – recusa que, no fim do romance, é apresentada como a verdadeira cura. A hostilidade à classe médica é sintetizada no nome escatológico do médico que cuida do pai moribundo de Zeno: Coprosich, do grego *kopros*, excremento. A importância dessa hostilidade, porém, vai além do diagnóstico míope do psicanalista que teima em descobrir prova de que o filho desejava a morte do pai. O paradoxo do paciente curado do desejo de ser curado reclama uma explicação diferente.

As palavras paradoxo e anti-herói são casadas. Esta associação certamente não é nova, tendo adquirido prestígio literário nas *Memórias do Subsolo* de Dostoiévski, que começa com o mesmo duplo sinal: hostilidade a médicos e prazenteira aceitação da doença. No fim do livro, o homem do subsolo, definido como um "paradoxista", se autodenomina "anti-herói" ("antigero'ei"). O estilo anti-heróico subentende a presença negativa do modelo ausente ou subvertido, ao passo que o paradoxo recupera significados ocultos por meio de negações ou contradições provocadoras. Dostoiévski leva a contradição a extremos, como o faz com a irracionalidade, pondo sua agressiva negação da idéia de progresso a serviço de uma implícita afirmação de valores espirituais. Para consegui-lo, também solapa, como vimos, a oculta autoridade embutida no modo confessional. Diferentemente da voz de Santo Agostinho, que também fala a partir das profundezas, o monólogo compulsivo do anti-herói de Dostoiévski continua a não merecer confiança. Despojado de uma testemunha absoluta, tal narrador só pode invocar uma falaciosa tradição autobiográfica. E mais: faz tudo para difamar e desacreditar a si mesmo. No caso de Italo Svevo, o tom é menos acerbo, menos estridente, menos oracular, mais gentil – e as apostas não são as mesmas. Mas o princípio da autodifamação também está em ação do princípio ao fim. O velho de "La novella del bon vecchio e della bella fanciulla" não é o único protagonista de Svevo compelido a se mirar num espelho acusador e se ver insignificante e miserável ("misero e piccolo" – III, 48).

A tendência a privar seus protagonistas de toda e qualquer força de caráter é um traço constante da ficção de Svevo. Ele mesmo diz de cada um deles que é "abulico", ou falto de força de vontade. Esta recusa a conceder a seus personagens qualquer condição heróica projeta em suas estórias uma debilitadora auto-ironia ("ironia di se stesso"). O único heroísmo que resta é nos devaneios, e estes inevitavelmente levam a um sentimento de derrota (II, 440; III, 802-809). Constantemente presente em sua própria ausência, o modelo heróico é um sinal de uma entranhada incapacidade. Svevo gosta de evocar a teoria darwiniana da seleção natural, a áspera lei da vida em que os fracos são vencidos e desaparecem. À sua jovem esposa, Livia, ele escreve que o valor de um homem vem não do que ele é, mas "do que logra conquistar". A imagem de Napoleão aparece repetidas vezes e em diversos contextos. Em outra carta a Livia recorda que bem mocinho tinha sonhos de um destino semelhante ao de Napoleão (I, 59, 117). Mas Napoleão é um sinal irônico também: é o modelo impossível e mesmo indesejável. O irmão mais novo de Svevo, Elio, que morreu com apenas vinte e três anos, confidencia em seu diário sua ilimitada admiração pelo irmão mais velho e escritor em formação, de quem decidiu ser testemunha e cronista durante a adolescência de ambos. "Que bom que escrevi sua história!", anotou, acrescentando com humor: "Napoleão não teve nunca um historiador que o admirasse tanto quanto eu admirava Ettore"[2]. A referência napoleônica era certamente significativa

---

2. *Diario di Elio Schmitz*, org. Bruno Maier, Milano, dall'Oglio, 1973, p. 295. Para um estudo mais detalhado do diário do irmão, ver meu Apêndice, "A Testemunha de Svevo".

no contexto de uma sociedade mercantil, orientada para o sucesso e a carreira, que não podia levar o artista a sério.

O diário de Elio Schmitz, espelho testemunhal do futuro romancista, fornece temas recorrentes: insatisfação pessoal, propensão para o desânimo e o fracasso, uma suave melancolia enraizada na convicção de que a felicidade (como a saúde) é impossível, a aceitação da enfermidade porque esta permite ao indivíduo aceitar a passividade e acomodar-se no que ele iria chamar "senilità". Mesmo o pai, que era um opressivo porta-voz do todo-poderoso etos comercial (mas obsedado e até paralisado por preocupações financeiras), é ironicamente qualificado de inepto – um "inetto", justamente o título que Svevo iria escolher para seu primeiro romance. Sem dúvida o que está ausente do diário de Elio Schmitz (para Italo Svevo só chegou com o tempo) é um peculiaríssimo senso do cômico, o característico *Witz* da Mitteleuropa, colorido pelo humor judeu. Esse humor, ao mesmo tempo autodepreciativo e consolador, acompanha a predileção de Svevo pelo tipo de fábula que, em sua sorridente delicadeza, expressa ainda mais cruelmente um sentimento de inadequação, impotência e arraigado pessimismo.

A expressão deste sentimento assume de vez em quando uma aparência truanesca. Svevo imagina ter um filho que também sonha com um destino napoleônico mas que de fato se mostra mais próximo do ridículo papel de Travetti, um personagem secundário saído de uma comédia em dialeto piemontês (I, 59). Svevo reconhece que é desajeitado, indeciso, distraído. Como o Signor Aghios (em "Corto viaggio sentimentale"), que é incapaz de achar seu trem na estação ferroviária, Svevo tem talento verdadeiro para cometer enganos ou avançar na direção errada. A inépcia é, em seu caso, parte de um sistema pessimista, que tende a humanizar e trivializar o sofrimento. Vem à lembrança o comentário de Margherita em *Senilità* quando ela se recusa a tirar a bota que a incomoda: "Um pouco de dor deve haver sempre" ("Già qualche male ci dev'essere sempre" – II, 465). Giovanni em *La rigenerazione* é igualmente resignado: mais cedo ou mais tarde alguma coisa desagradável deve acontecer (IV, 493).

A banalidade dessas afirmações não deve enganar. O pessimismo de Svevo é radical e, por assim dizer, absoluto. Implica uma consciência permanente do tédio da vida e do sofrimento e morte, mas também o medo do lampejo póstumo. "A suprema recordação da vida continua a ser o sofrimento solitário." Esta anotação do diário derrama luz sobre o desejo de esquecimento de Svevo. O apego à memória apenas realça a nostalgia das águas do Lete (III, 817-840).

A lei cruel de sobrevivência mediante luta e violência estende-se para além de generalidades. Em *La rigenerazione* fala-se do náufrago na jangada que se salva canibalizando seu amigo (IV, 454). O verdadeiro horror da vida é mais básico ainda, quase inexprimível. É sugerido no pesadelo kafaesco do final do extraordinário conto "Vino generoso", em que o protagonista se vê condenado sem julgamento por alguma vontade irracional denominada Lei; ele deve ser asfixiado até morrer por uma terrível máquina numa cerimônia chamada "holocausto" – uma sentença atroz da qual ele tenta escapar oferecendo sua filha como substituta. O fundo horror desse pesadelo é ironicamente sublinhado pela observação do homem a respeito de seus filhos, que estão felizes de estar vivos "porque não sabem de nada ainda" ("perchè loro non sanno niente ancora" – III, 74, 76-77).

Mas nesta trágica perspectiva saber não é uma questão de idade. Da mesma forma, a glosadíssima palavra *senilità* não deve ser confundida com deterioração mental. *Senilità* não se refere à patologia da velhice nem à decrepitude precoce, mas a um tipo especial de inércia – "a inércia do sonhador" (I, 122) – que acompanha o sentimento trágico da vida, a meditação incessante sobre a vulnerabilidade humana: uma percepção que só aguça o sofrimento e produz uma vívida sensação de termos perdido aquilo que nunca realmente possuímos.

Envelhecimento e morte, embora um aterrorizante lugar-comum, foi para Svevo uma surpresa constante. Como podia uma coisa tão "séria" como envelhecer acontecer em sua vida insignificante? ele se perguntava. Em outra anotação jocosa, a meditação sobre o tempo é apresentada como "la mia specialità" (III, 835, 838). Mais uma vez o paradoxo estrutura o pensamento de Svevo. Ofendido e transtornado pelo processo de envelhecimento, Svevo, apesar disso, se declara com pressa de envelhecer "Attendo con impazienza d'invecchiare", escreve à sua mulher (I, 164), e em "L'avvenire dei ricordi" (III, 299), lembrando-se de quando era menino, apresenta-se alegremente como "il vecchio" ("o velho"). Mas este humor não deve induzir a erro. Morte e envelhecimento estão ligados a uma meditação sobre o tempo, não apenas porque significam uma finalidade superior, mas também porque são uma presença permanente no ato de viver. A extinção de cada instante ("Tutto a me d'intorno muore giornalmente..." – III, 195) causa uma angústia sem remédio. Para o Signor Aghios a morte é o próprio dado da vida (III, 195); e em *Senilità* Svevo observa que a idéia de morte pode se tornar apaixonante (II, 588). Numa carta a Livia, escrita pouco depois do casamento deles – ela talvez preferisse receber missivas mais joviais –, Svevo relembra-lhe sua obsessão: "Você sabe quanto o pensamento da morte está sempre comigo" (I, 210).

Esta consciência segura do deperecimento faz da inércia um objeto ao mesmo tempo do medo e do desejo. Também explica o impulso autobiográfico: a vontade de fixar na instabilidade da escrita o fracasso permanente chamado vida. Numa anotação de 10 de janeiro de 1906, que traz à baila a natureza erosiva do tempo, Svevo associa especificamente o verbo *fissare* ("fixar") à palavra para autobiografia (III, 822). Mas essa "fixação" literária, oferecendo a esperança de autodomínio, está sujeita ao reinado da mudança contínua. Inversamente, Svevo deixa claro que todo esforço de dar forma e estabilidade ao pensamento por meio do "signo gráfico" é um meio seguro de aprisioná-lo e de inibir seu desenvolvimento (III, 816). O paradoxo estende-se assim à própria escrita. A ambição literária anda de mãos dadas com a convicção de não ter se mostrado à altura de sua vocação, de não ter encontrado sua própria voz, de ser um fracasso, um *fallito*, como escritor (III, 813; I, 76)[3]. Tendo alcançado a idade de quarenta anos, Svevo pretende ter abandonado a literatura, que ele define como "ridícula e prejudicial" (III, 818); mas, na verdade, escrever – tanto quanto o famoso último cigarro de Zeno – é um mau hábito, uma doença para a qual não há cura. "La cura non riuscí", comenta Svevo ironicamente após uma nova recaída na doença chamada literatura (III, 689).

---

3. Sobre esta noção do escritor "fracassado" – o *fallito* – ver Denis Ferraris, "L'invention du raté en littérature", *Chroniques Italiennes*, 13/14 (1988), 99-119.

O verdadeiro paradoxo reside num plano mais profundo ainda e se volta contra si mesmo. Svevo saboreia a doçura da derrota na medida em que aprendeu a transformar a derrota em vitória. "Não há salvação fora da escrita", conclui num dos registros de seu diário ("Insomma fuori della penna non c'è salvezza" – III, 816). Mas a derrota só pode ser convertida em vitória fazendo da coragem da lucidez, baseada no sentimento de uma falta radical, o tema do próprio trabalho. O momento desse *eureka* literário chegou para Svevo no verdor de sua vida. Em 24 de fevereiro de 1881 Elio escreve em seu diário que Ettore, mal completados os dezenove anos, acaba de declarar que encontrou seu verdadeiro tema, o "Defeito Moderno" ("Difetto moderno"). A palavra *difetto* é ainda mais reveladora no contexto: a mesma palavra aparece na oração anterior, referindo-se ali a um defeito físico que parece ter isentado o jovem Svevo do serviço militar[4]. Voltamos ao tema do anti-herói.

Este tema está solidamente implantado na obra de Svevo, mesmo em seu primeiro romance, originariamente intitulado *Un inetto* – um inepto. Seu editor forçou-o a adotar o título banal *Una vita (Uma Vida)*, mas é óbvio que o título original se ajusta mais à estória de Alfonso Nitti, cujo nome (*nix, niente, nihil* – nada, ninguém) comporta uma ressonância negativa. Nitti, que se nutre de devaneios e vagos desejos, acaba se suicidando, convencido de que é inapto para as lutas da vida. Tímido, desajeitado, irresoluto, ineficaz, vulnerável, presa fácil do desalento, e acossado pela falta de coragem, esse jovem bancário, frustrado por sua posição social inferior, sente-se pouco à vontade em sua própria pele e está cônscio de seu papel de anti-herói. Busca refúgio na vã ilusão de ser um escritor, mas logo se dá conta de que é melhor nem tentar. O resultado é um anseio de inação e não-participação, uma vontade de ser apenas um espectador ou, melhor ainda, de se instalar na cômoda sonolência da velhice prematura. Daí também uma sensação da inutilidade da vida, uma quase supersticiosa devoção à sua infância protegida, um não tão secreto desejo de voltar para a mãe, que

---

4. *Diario di Elio Schmitz*, op. cit., p. 244.

lembra a síndrome da derrota no desfecho de *A Educação Sentimental* de Flaubert, quando Frédéric Moreau, inventariando as ruínas de todos os seus sonhos, aspira a regressar ao útero materno e não quer outra coisa senão uma vida sonolenta "na sombra da casa em que nasceu"[5].

A originalidade do primeiro romance de Svevo, *Una vita*, deriva em grande parte de uma intencional e subversiva reescrita – com ênfase no que Svevo chama a "comédia heróica" – de modelos literários que são já antimodelos. Em *A Educação Sentimental* Flaubert havia realizado um romance acerca de um "herói passivo". Svevo, cujo protagonista tem a cabeça abarrotada de recordações livrescas, deve ter se lembrado, quando descreveu as andanças de Nitti pelas ruas de Trieste, da cinzenta e úmida paisagem urbana do romance de Flaubert, recheada de vagabundos, melancolia e encontros casuais. Mas há também o modelo de Stendhal. Como Julien Sorel, Alfonso Nitti penetra num mundo social em que experimenta o ressentimento de se sentir inferior, trata de seduzir a filha do patrão, concebe o amor como estratégia, obriga-se a cometer atos de ousadia que vão contra a sua natureza, dilacera-se entre o desejo de ser o namorado agressivo e o medo da humilhação, enquanto é atormentado pelo temor de ser considerado um vulgar arrivista social. Nitti não possui, é claro, o encanto, o fervor, a energia de Julien Sorel. Nem tem o ímpeto de Rastignac, o herói de *O Pai Goriot* de Balzac. O modelo balzaquiano também é na verdade subvertido. Como Rastignac, Nitti é um jovem provinciano tentando conquistar a cidade grande; como ele, trata de aprender as regras do jogo social e sente vergonha de sua inabilidade. A grande colmeia ("alveare") de Trieste, com sua fome de dinheiro, é um eco da colmeia sussurrante ("ruche bourdonnante") que Rastignac observa do alto do Cemitério do Père Lachaise no fim do romance de Balzac. Mas há uma diferença. Rastignac desafia a cidade grande com suas célebres palavras de enfrentamento ("A nous deux maintenant! [E agora, nós!]"), ao passo que Alfonso Nitti, entrevendo a cidade de dentro de um trem em movimento, resolve fugir (II, 316).

A descrição minuciosa do emprego burocrático de Nitti no banco de-

---

5. Gustave Flaubert, *Sentimental Education*, tr. Robert Baldick, Baltimore, Penguin Classics, 1964, p. 409.

grada mais ainda o modelo do tradicional *Bildungsroman*. É um mundo labiríntico de papelório, circunlóquios, corredores escuros, mesquinhas rivalidades e caricaturas vivas; um mundo cruel e hierárquico, destituído de energia e calor humano. As mesmas características aviltantes afligem o ambiente de baixa classe-média de sua casa de cômodos, um meio de rixas sórdidas, negócios suspeitos e atitudes histriônicas capazes no máximo de parodiar "la commedia eroica" (II, 396).

O clima anti-heróico do segundo romance de Svevo, *Senilità*, é mais complexo e mais sutil. Obra de rigor verdadeiramente clássico, combinando equilíbrio estrutural e descontinuidades psicológicas, este romance – muito admirado por Joyce – é uma obra-prima sobre o tema do auto-engano, juntando temas obsessivos e a realidade mais corriqueira em irônica coexistência. Emilio Brentani, um enfarado jovem esteta que mora com a irmã anêmica, apaixona-se por uma *fille du peuple*, cuja beleza e sexualidade animalescas exercem sobre ele um imediato efeito provocador. Evidentemente ele suspeita que ela foi promíscua com quase todos os homens de Trieste. Ainda assim, embora constantemente surpreendido e ferido pela perversa ingenuidade dela, aceita conviver com mentiras e transigências, em parte porque a abjeção o protege de autêntico envolvimento. Seu ciúme se torna patológico. Sente-se paralisado pelo medo de sofrer e ao mesmo tempo inveja a franca virilidade dos rivais. Pois Emilio é um fraco que vive na expectativa do pior, que procura refúgio na ironia enquanto sonha com um ato decisivo e até violento. Mas a violência é no máximo dirigida contra ele mesmo. Suportando uma raiva impotente, tudo o que pode fazer é morder a própria mão. Devaneios de violência e crime terminam cansando-o. Emilio refugia-se no sono ou em fantasias de algolagnia que lhe permitem acarinhar a própria dor. Uma triturante má fé infiltra-se não só em suas relações com Angiolina, a quem ele ministra gratuitamente lições morais como um pretenso "maestro di virtù" (II, 440), mas também em seus sentimentos de remorso perante a irmã, logo transformados em lamúrias. Esteta indolente até o fim, percebe os efeitos sonoros e as harmonias sinestésicas de Wagner como um convite expedido pelos heróis e os deuses para que se asile em companhia deles num mundo de transfiguração e transcendência (II, 521-522).

Esta vitória imaginária é até certo ponto assumida pelo próprio texto, isto é, no epílogo dos três últimos parágrafos, especialmente amados por James Joyce que os sabia de cor. Pois a memória de Brentani se torna a cena de uma estranha transmutação que mistura a beleza carnal de Angiolina com as qualidades morais da irmã morta. A metamorfoseada Angiolina, contemplada com radiante espiritualidade, finalmente aparece como a figura simbólica de "la donna triste e pensierosa". Todavia a amante, esta Angiolina, que a memória reconfigurou, "pensa e chora" como se o segredo do mundo e de sua própria existência lhe tivesse sido revelado. A distância irônica entre o símbolo lírico e o cenário medíocre não é, porém, incongruente. É sublinhada pelas ambivalências da paisagem triestina, que serve do princípio ao fim do romance de pano de fundo para a amarga história de amor. Essa paisagem, cuja luz é filtrada, escura, lunar, às vezes comportando reverberações de um fogo que se extingue, proporciona um comentário cruel e poético à paixão não-heróica do herói.

Vinte e cinco anos de silêncio transcorreram entre *Senilità* e o principal romance de Svevo, *La coscienza di Zeno* (1923) – vinte e cinco anos pontuados pela rotina do homem de negócios, pela prolongada calamidade da Primeira Guerra Mundial, pela descoberta da psicanálise e pelo feroz ressentimento por sua falta de sucesso como escritor. Desta vez, porém, o sucesso chegou, e a vitória foi inebriante. Mas um sucesso mais significativo inscreve-se na própria textura do romance: o anti-herói sveviano usa o enigmático sorriso do vencedor que permanece fiel a suas fraquezas e suas derrotas.

Do começo ao fim *La coscienza di Zeno* é estruturado ironicamente em função de seus esquemas temporais. Ainda que conte a história de uma vida (infância, a morte do pai, casamento, infidelidades conjugais, atividades profissionais), o tempo não é linear mas internalizado. O romance impõe o tempo obsessivo da repetição e recorrência. Aludindo a um certo período de sua vida, o próprio Zeno fala da mesma cena "que se repetiu *ad infinitum*" (141; II, 718). Se sua infância parece tão importante, é porque o acompanha ao longo de sua vida, e ele continua a ser uma criança pela vida afora. A verdadeira estória se desenrola assim contra a cronologia: o princípio da simultaneidade psicológica contraria e nega o tempo linear da vida cotidiana e da narração convencional. Svevo vê a vida em si como um espaço textual que desmente a natureza seqüencial dos acontecimentos ao pôr em relevo padrões repetitivos. O sonho em que Zeno se vê a si mesmo como um neném tendo um sonho erótico é um bom exemplo. Nesse sonho vê o bebê sonhando com uma bela mulher (sua mãe?) cujos sapatos de verniz, visíveis embaixo da barra da saia, o fascinam, e a quem ele deseja possuir comendo-a aos pedacinhos "desde o vértice até a base" ("al vertice e alla base" – 388-389; II, 930-931). Relendo seu próprio manuscrito confessional (mais atentamente, ao que parece, do que seu psicanalista), Zeno se impressiona com a semelhança entre este sonho e outro descrito dois capítulos antes, em que beija e devora o pescoço da amante com enlouquecida luxúria, infligindo terríveis feridas que não sangram (181: II, 753). Um complexo sistema de transferências (mãe-esposa-amante) está em funcionamento ao longo do livro.

Outro episódio, situado logo no começo, prepara a leitura sincrônica. Na tentativa inicial de Zeno de resgatar o passado, o que surge diante dele é a imagem de uma locomotiva resfolegando numa ladeira íngreme. Ele a princípio pensa que a imagem não tem ligação com seu passado. Entretanto mais tarde, no capítulo sobre a morte do pai, é precisamente a imagem da locomotiva arquejante que se prende, não à lembrança da infância, como Zeno acreditou de início, mas à penosa respiração do pai em seu leito de morte, e portanto a uma inarredável sensação de culpa.

Os diversos esquemas mnêmicos produzem tensões irônicas constituídas de mal-entendidos, hesitações, aproximações e descontinuidades. O tempo lembrado coexiste com o tempo de lembrar, o tempo de escrever, o tempo de ler. Pois Zeno é um leitor muito melhor de seu próprio texto vivido e escrito do que seu desacreditado analista.

A essas tensões temporais Svevo acrescenta a complicação irônica do ponto de vista, quando o desacreditado doutor do prefácio desacredita de antemão o autor do manuscrito, que é por ele acusado de fabricar um monte de mentiras. De fato o narrador não deve merecer confiança; ele é o notório "narrador inconfiável" tão característico do modo confessional ou narração em primeira pessoa. Não sabemos, afinal, se o homem do subsolo de Dostoiévski não se difama de propósito. Terá ele realmente se comportado com Lisa como um boçal? Lisa existirá mesmo? De igual modo, terá o juiz-penitente de Camus em *La chute* visto mesmo uma mulher cair no Sena sem fazer nada para salvá-la? O episódio inteiro talvez seja uma invenção a serviço das intenções agressivas do que o próprio Camus qualifica de "discours orienté". Estamos mais uma vez diante do paradoxo de Epimênides. Que devemos fazer com a declaração de que todos os cretenses são mentirosos se o declarante é ele mesmo um cretense. Nenhuma verificação é viável. Como o analista, podemos apenas nos orientar pelo que Zeno diz – ou, antes, pelo modo como ele o diz. E mesmo que Zeno quisesse contar a verdade, é ele realmente capaz de fazê-lo? Para além de sua dificuldade lingüística (o fosso simbólico entre o idioma literário e o dialeto triestino) existe um problema básico: "Eu me lembro de tudo, mas não compreendo nada", observa Zeno (29; II, 621). Com ainda maior ironia ele se considera "um magnífico observador" mas um "grande ignorante" ("grande ignorante" – 298; II, 855). O que é certo é que Zeno emite sinais constantes a respeito de sua inconfiabilidade: sua má fé, seus silêncios, suas meias-verdades. Ele se denigre, insiste em sua culpa e incompetência, apresenta, com autodirigida ironia, traços típicos do anti-herói: falta de coragem, o hábito de procrastinar e de procurar refúgio no sono, medo de envolvimento emocional, comportamento hipocondríaco. Faz troça da dificuldade que sempre teve de parar uma vez que está em movimento e de se mover quando está em repouso.

Tal humor é em si mesmo um problema. Zeno ama fazer rir às custas de si próprio, exatamente na medida em que teme ser alvo de riso. Todos os escritos de Svevo atestam essa ambivalência do riso. Vendo-se rir num espelho, anota Svevo em "Soggiorno londinese" (III, 685) que o riso nunca revela mas esconde o que se pensa. A máscara do riso na maioria das vezes denuncia o desejo recalcado de um contragolpe ou de vingança. É por temer o riso dos outros que o Signor Aghios se torna o outro que ri.

A humilhação de si mesmo está dialeticamente ligada ao conhecimento do modelo admirado. O anti-herói só pode existir se o modelo heróico continua presente *in absentia*, por preterição. Esta presença-ausência está implícita do começo ao fim de *La coscienza di Zeno*. Para Zeno, deixar de fumar é um passo para chegar a ser perfeitamente viril, tornando-se "l'uomo ideale e forte"; o casamento é a escolha de uma companheira e segunda mãe, que pode inspirá-lo a levar uma vida máscula de luta e vitória (II, 661); a rivalidade sexual corresponde às façanhas de "heróis medievais" que lutavam por damas que eles nunca tinham visto (291; II, 48). Mas os exemplos contrastantes do modelo, aqueles que vencem onde Zeno fracassa, são ainda mais explícitos. Além de Napoleão, César, Don Juan, heróis da história e da literatura, há os heróis da mitologia (Aquiles e sua célebre lança, Hércules e seus trabalhos), mas antes de tudo – e mais ironicamente – a figura de Édipo, que marca a fundamental fissura interpretativa no âmago do romance. Para seu psicanalista, Édipo significa o conhecido complexo diagnosticado por Freud; mas para Zeno, Édipo é o herói de Sófocles. A recusa, por parte de Zeno, do diagnóstico e da terapia indica assim mais do que resistência, desafio, ou cegueira: é um meio de recuperar o sentido do trágico. Zeno expressa seu prazer com o diagnóstico, mas simultaneamente desconstrói a interpretação freudiana a fim de restabelecer a dignidade do sofrimento. Zeno se diz encantado porque o complexo de Édipo eleva-o à "mais alta nobreza" ("più alta nobiltà" – 383; II, 926). O que ele alcança ao estabelecer sua linhagem mitológica é precisamente o orgulho de sua doença e de sua introspecção. Pois o Édipo da tragédia de Sófocles não é tanto a infeliz criatura que matou o pai e casou com a mãe como a consciência voluntariosa que teve a coragem de buscar a verdade e descobrir (e desvendar) a si mesmo.

O romance ressalta o hiato e a instabilidade interpretativos: a interpretação da doença é só o anverso da doença da interpretação. Ao longo do romance signos e conotações comportam múltiplos significados. O último cigarro sugere o último desejo do condenado, mas também a esperada cura de um mau hábito, uma resolução impossível, uma procrastinação que apenas aumenta o desejo e o prazer, uma decisão alcançada de má fé e, sobretudo, uma relação temporal e psicológica entre o *último* e o *primeiro* cigarro – o primeiro representando um desejo de imitar o mundo dos adultos, uma iniciação na virilidade, e até uma rivalidade com o pai, que vem a ser a vítima inconsciente dos furtos do filho. No contexto narrativo esse rito de passagem (o cigarro continuará a atuar como um estimulante erótico) ocorre com a tácita cumplicidade da mãe, cujo sorriso indulgente prenuncia o sorriso da futura esposa. Mas se a metáfora do último cigarro preside a todas as resoluções descumpridas (perpetuando e avivando a culpa do prazer e o prazer da culpa), também funciona no drama criativo do passado reencontrado: fumar o cigarro mais recente ajuda a recriar, e até inventar, o tempo do primeiro cigarro.

Chama-se "fumante em cadeia" alguém que fuma um cigarro após outro. A imagem é duplamente apropriada, porquanto evoca um encadeamento a um hábito assim como uma cadeia de continuidade temporal. De modo análogo, os capítulos do romance de Svevo, arranjados e ligados pela imagem da cadeia de fumo, impõem a concatenação de uma estória – não tanto no sentido de um enredo (ou "nó" a ser desatado por um desenlace), mas sobretudo no sentido de uma cadeia de palavras, uma cadeia falada. Zeno sabe perfeitamente que as palavras são acontecimentos. "É estranho como uma palavra pode lançar uma ponte sobre o tempo", observa ele. "Ela mesma é um acontecimento que está ligado a outros acontecimentos" (325).

A metáfora da cadeia estende-se à estrutura do romance. Os capítulos seguem uns aos outros, unidos pela imagem do cigarro e pela resolução perpetuamente protelada de parar de fumar. O episódio inicial do primeiro cigarro dá lugar a uma série de capítulos cujos títulos sugerem uma progressão cronológica, mas que de fato são todos determinados pela repetição temática: "A Morte de Meu Pai", em que a culpa de ter provavelmente desejado esta morte se combina com a percepção de nunca ser capaz de provar a própria inocência; "A História de Meu Casamento", que fala da busca de um novo pai e da descoberta traumática da rivalidade no amor; "A Mulher e a Amante", onde o adultério revela todo um sistema de transferências e substituições; "Uma Sociedade Comercial", que é na realidade a história de um amor reprimido e de um ciúme corrosivo de seu concunhado, Guido, que acaba se suicidando. O "engano" fundamental de Zeno (ele segue o cortejo errado e assim perde o enterro de Guido) denuncia o sentimento de culpa por seu crime oculto e por uma vitória baseada na morte do rival. O último capítulo, intitulado "Psicanálise", que é de fato um adeus à análise sob o duplo signo da guerra e do sucesso comercial, afirma a vitória material do fraco. Mas pode-se vislumbrar outra vitória na sombra do apocalipse da última página, o apocalipse sem revelação provocado pela superbomba. É uma vitória que lembra o "caniço pensante" de Pascal, ou a de um sorridente Sísifo diante do absurdo chamado vida. Zeno aprendeu que a doença existe como a própria vida existe, que a vida é de fato doença, e que o único meio de eliminar a doença seria acabar com toda a vida. Este sem dúvida é o sentido da surpreendente página final do romance onde Zeno imagina que um explosivo superpoderoso – uma invenção do futuro próximo – será detonado e que "a Terra retornará a seu estado nebuloso, ... livre de parasitos e enfermidades", mas livre também de todas as formas de vida, inclusive humanas.

Voltamos ao invertido tema saúde-doença. Desde as primeiras páginas o anti-herói tinha a intuição de que só a doença levava em conta sentido e dignidade. Desde o início Zeno compreendeu que a análise não era útil à doença, mas que a doença era útil à análise. Observa que "a saúde não pode analisar-se a si mesma" (152), e Zeno sabe que para ele há um liame íntimo entre dor, pensamento e escrita. Dor, explica, é o que o levou a escrever fábulas ditadas pela exasperação. O paradoxo da enfermidade salutar tem sua confirmação na saúde perniciosa encarnada por Augusta e por todos aqueles para quem a idéia de saúde combina com lei, ordem, presunção moral, *esprit de sérieux* e confiança na autoridade. Para Sartre são eles os numerosos reprováveis que negam sua náusea, precisam acreditar em heróis, vivem uma vida de mentiras e recusam-se a enfrentar o fato de que são doentes – isto é, frágeis, mortais, humanos. O anti-herói sveviano converte esta falsa saúde em doença ("la converto in malattia" – II, 725), convicto de que na consciência de sua fraqueza reside sua verdadeira força.

Daí a superioridade essencial de Zeno sobre Guido e todos os outros que acreditam que têm direito inato ao sucesso e que lamentam, assim que os acontecimentos lhes atraiçoam a confiança, que a vida é "dura e injusta". Zeno, que se considera um especialista em fracasso, sabe que a vida não é justa nem injusta, não é bela nem feia, mas é, como ele mesmo o diz, "original" ("la vita non è né brutta né bella ma è originale") – e que essa "originalidade incomparável" da vida situa-a fora de qualquer possível sentido preconcebido. Tal ponto de vista também subentende a corajosa aceitação do inalterável absurdo de um mundo em que o homem, tendo aparecido por acidente, continua a ser um estranho, um intruso ("l'uomo vi è stato messo dentro per errore e ... non vi appartiene" – 312-313; II, 866-867). Svevo chega muito perto aqui de um sentido existencial do trágico, enraizado na coragem do desespero.

O desfecho de *La coscienza di Zeno* permanece enigmático. A catástrofe da superbomba explodindo no centro da terra, ato terrorista por meio do qual o animal humano de óculos destruirá a si mesmo, representa uma hipótese horrível mas também uma ironia suprema, já que essa autodestruição eliminará no mesmo instante todos os micróbios, todos os parasitos, todas as doenças. Zeno / Svevo prefere, em vez disso, aceitar o desconforto de viver, recusando o ponto de vista privilegiado do futuro perfeito, que é um cúmplice da morte; pouco disposto também a jogar suas fichas na posteridade literária, Svevo propõe, com a discrição que lhe é peculiar, um hino, se não à vida, pelo menos à dificuldade de viver. A originalidade ou o absurdo da existência se torna um antídoto contra a venenoso sentimento de imolação. A grande ferida, esta quase heróica *grande ferita*, também sinaliza uma vitória que exibe um sorriso irônico. Pois o sorriso dessa vitória é inseparável da consciência da derrota.

7

O Idiota Schweik, ou em Louvor da Astúcia

O BOM SOLDADO SCHWEIK de Jaroslav Hasek diz "sim" com um sorriso feliz, mas continua teimoso a pensar "não". Estendendo a obediência castrense às raias da zombaria, esse jocoso ordenança dos tempos de guerra, num mundo enlouquecido, mantém-se tipicamente em posição de sentido e "humildemente às ordens" de seus superiores. Schweik desempenha o papel de imbecil com uma habilidade que parodia e denuncia a imbecilidade à sua volta. Alguns dos oficiais menos obtusos desconfiam de que ele os ridiculariza e ordenam-lhe que pare de se fazer de tolo. Mas a um segundo exame concluem que a exagerada brandura do olhar é um sinal mais de debilidade mental do que de insolência. De fato, alguns anos antes da deflagração da Primeira Guerra Mundial, os médicos especialistas do exército austríaco haviam certificado que Schweik era "oligofrênico" e recomendaram que fosse dispensado. Mas isso ocorreu antes que o exército austríaco precisasse de carne para canhão.

Os leitores tchecos do romance satírico de Hasek, que apareceu pouco depois da guerra, logo se familiarizaram com as ilustrações de Joseph Lada[1].

---

1. O romance de Hasek foi publicado ao longo de vários anos (1921-1923). A tradução de Cecil Parrot, Penguin Books, 1973, que é a edição que eu uso, contém uma profusão de ilustrações de Lada, inclusive a página de capa. Os números dentro de parênteses em meu texto se referem às páginas desta edição. As citações em tcheco referem-se a *Osudy Dobrého Vojáka Svejka*, Praha, Ceskoslovenský Spisovatel, 4 vols., 1966.

Lada captou com exatidão o tom e espírito da obra, e suas caricaturas ajudaram a definir a forma final da silhueta de Schweik: o corpo atarracado, as nádegas volumosas, as calças frouxas, o nariz grosso e pontudo, o quepe encarapitado em cima das bochechas gordas e barbudas. Esta figura despreocupada do homem comum de Praga parece vazia de sentido. Desfilando na parada ou abancado diante de sua cerveja, Schweik assemelha-se a uma embrutecida testemunha de cruel estupidez, embora sua linguagem corporal continue enigmática.

O afável e jovial soldado Schweik, na vida civil encarregado de recolher cães vadios nas vias públicas e valente companheiro de carraspanas, não é o que se pode chamar um herói de guerra. A loucura coletiva de uma guerra mundial faz dele uma vítima resignada, mas secretamente resistente, do militarismo austríaco levado ao absurdo. Em seu irônico prefácio, Hasek salienta a condição de anti-herói de Schweik: é ele um "herói modesto, anônimo" que não tem nada em comum com os Napoleões e Alexandres deste mundo. E no entanto a "glória" desse homem insignificante não fenecerá, promete o autor; poderia com o correr do tempo eclipsar a dos grandes atores no palco da história.

Anti-heróico até a medula, Schweik é por indústria e instinto um artista da sobrevivência. Seus pontos fracos são sua força. Simultaneamente canhestro e engenhoso, ele transforma reveses em aventuras. No fim consegue até ser capturado por seu próprio exército. Mas não é nenhum *parvo*. Um humor sombrio matiza e determina suas ações. Recruta reumático, agitando as muletas com entusiamo pseudopatriótico, Schweik obriga a faxineira a empurrá-lo para o centro de alistamento numa cadeira de rodas. Acusado de simular doença, é forçado a se submeter a um regime de enemas, quinino e brometo, que também se destina a arrefecer um chauvinístico ardor guerreiro que beira a paródia. Pois este "simplório" esgrimidor de muletas, que canta hinos marciais e grita *slogans* de guerra nas ruas de Praga, é dissimulado na galhofa. Sua fingida inocência deflete as provocações políticas, assim como suas historietas digressivas – mesmo que sejam sobre doenças infecciosas dos cães novos – servem para despistar e desarmar a vigilância da polícia.

Não é por acaso que a função de Schweik no decurso de toda a guerra é a de ordenança de oficial – um tipo que Hasek caracteriza como propenso menos a feitos heróicos que a salvar a própria pele, envenenando a existência dos seus superiores ao representar o papel secular de "escravo esperto" (162). Sua epopéia militar é totalmente não-heróica. É uma seqüência interminável de constrangimentos, punições, tarefas humilhantes e missões despropositadas. As tribulações de Schweik ilustram as mesquinhas servidões da vida militar, que muitas vezes tornam preferível estar confinado na cadeia da guarnição a executar as obrigações de soldado.

No romance de Hasek o anti-heroísmo não é uma simples questão de tipologia dos personagens. O objetivo não é somente questionar o heroísmo inidividual sublinhando as virtudes da resistência passiva. Está em jogo uma denúncia radical dos valores que, ao longo dos séculos, tornaram possível glorificar a guerra. Essa denúncia não pode ser feita de maneira mais contundente do que pelo chamado "voluntário" que Schweik encontra na cela da cadeia da guarnição de Marianské: "Heróis não existem, só gado para o abate e os açougueiros dos estados-maiores" (300).

O desmascaramento da palavra "herói" pode trazer à mente Voltaire que, no capítulo 2 de *Cândido*, qualifica o campo de batalha de "matadouro heróico" e define os "heróis" búlgaros como carniceiros e estupradores. Mas os 72 "heróis" de Voltaire são pelo menos ativamente violentos. No caso de Hasek, o herói é a vítima indefesa. Ser mutilado ou massacrado é o que define o herói. Para dizê-lo axiomaticamente na perspectiva de Hasek, o herói é aquele que morre em circunstâncias absurdas e horrendas ditas na defesa gloriosa da Pátria.

A desmistificação de *la gloria militar* tem seu lado cômico, exemplificado na história do Tenente Kretschmann, que regressa da Sérvia com uma perna ferida pela chifrada de uma vaca. Hasek regala-se com histórias de natureza escatológica: as inúmeras lavagens estomacais aplicadas em soldados suspeitos de simular doença para escapar do serviço; o martírio do Cadete Biegler, que anseia por uma Medalha de Ouro e que, em vez de tomar parte em ações gloriosas, suporta as afrontas de uma diarréia crônica que o obriga a passar a guerra em privadas onde o som de correntes puxadas e descargas de água é o que o deixa mais perto do fragor das batalhas, das cargas de cavalaria e do troar dos canhões. Durante todo esse tempo o general está preocupado com o regulamento das latrinas do campo e com os horários de "evacuar" (535), como se a vitória da monarquia austro-húngara dependesse da perfeita disciplina defecatória. O ponto importante é que a guerra é uma farsa macabra, excrementícia.

A desvalorização das proezas militares também depende de referências, símiles e metáforas grotescas que estabelecem paralelos incongruentes com grandes vultos da história, da mitologia e da literatura na melhor tradição pseudo-heróica. Os feitos de Napoleão e Alexandre, os trabalhos de Hércules, as aventuras de Ulisses são tópicos óbvios nessa perspectiva pseudo-heróica. Os indivíduos mais insignificantes e as situações mais ridículas pedem comparações perversas. O bom soldado Schweik, voltando de uma de suas aventuras desafortunadas, é comparado ao deus grego do roubo (404); o cabo com os olhos inexpressivos cheios de lágrimas faz lembrar Dante no inferno (333); o capelão militar saindo de seu estupor etílico é equiparado a Gargantua despertando em sua glória priápica (340). Quando Schweik se extravia à procura de sua unidade, Hasek invoca a *Anábase* de Xenofonte. Um longo capítulo intitula-se "*Anábase* de Schweik em Budejovice" – uma alusão clássica duplamente irônica, porquanto a palavra anábase conota ao mesmo tempo marcha e retirada. Fala-se também das legiões de César em marcha para o Norte sem o auxílio de mapas.

No mesmo espírito de derrisão Hasek invoca a *Odisséia*, os "tempos gloriosos" do domínio romano, a ferocidade de Nero, a crueldade dos imperadores anunciando a morte do gladiador ferido. Estes são apenas alguns dos muitos e irrelevantes símiles ou referências, todos os quais, porém, comportam uma significação polêmica. A queda de Cartago, Nínive em ruínas, o soldado artrítico de muletas que parte para a guerra como Mucius Scaevola apesar do braço queimado, Schweik ingerindo doses devastadoras de quinino em pó com serenidade ainda maior do que Sócrates engolindo sua cicuta são imagens que contam uma história.

A história que contam é de horror e ódio da guerra. Assunto e tom não são novos: Hasek conhece seus modelos. Quando faz Schweik cantar "canções guerreiras que inspiram temor respeitoso" (56), nas quais o sangue corre livremente e braços e pernas saem voando no ar, quando se refere às "delícias da guerra" ("vojenských radostí" – 592, 598; III, 147, 152), o leitor reconhece o tipo de inversão lexicográfica que caracteriza as páginas antimilitaristas do *Cândido* de Voltaire. Hasek usa sistematicamente as palavras "glorioso" e "gloriosamente" de maneira depreciativa. "A gloriosa lambida" é o título da terceira parte do romance. O que é novo, porém, neste épico da derrota e da inépcia, é que a atitude e a estratégia de sobrevivência de Schweik, apesar de certas afinidades, não fazem dele um pícaro, ou um Sancho Pança ou um Cândido.

O bom soldado Schweik sabe como evitar armadilhas, como se livrar de situações confusas; ele é o que os franceses chamam um *débrouillard*. Mas sua habilidade não se limita a driblar o sistema. Schweik é essencialmente um subversivo, empenhado numa luta de resistência, muito embora essa resistência adquira uma forma aparentemente passiva. Suas armas combinam falsa deferência, obediência sabotadora e um arsenal retórico de falsas conclusões, digressões e obliquidades. Ele é o malicioso artista de uma lógica feroz, levando a própria lógica ao extremo de seu autodescrédito. Explica que os soldados adoram ser baleados; isso esgota a munição do inimigo. Compraz-se em fazer o papel de adorador imbecil da autoridade. A lei e a ordem devem ser mantidas a todo o custo! "Todo aleijado deve estar em seu posto" (56). A verbosidade é o seu biombo. Táticas verbais evasivas vêm a ser uma estratégia de insolência. Emula e imita até chegar às raias da caricatura, desmontando por dentro a retórica e a ideologia do oficialismo. Os rodeios de seus padrões de conversação (ele tem uma historinha esquisita para cada ocasião) projetam um humor sombrio, acusatório. No fundo Schweik se delicia com coisas proibidas e idéias proibidas – "zakázaný veci" (575).

Sua jovialidade é ao mesmo tempo simulada e espontânea, permitindo-lhe proteger uma independência que não mostra sua verdadeira cara. A liberdade interior, escondida e obstinada, é o que conta. As histórias compridas que ele desfia, os casos e as falsas analogias que expõe em profusão esgotam e desconcertam seus superiores pela abundância das palavras, conquanto ilustrem, por meio do absurdo do discurso, o absurdo da instituição militar e da máquina de guerra. Ele faz uso de amplificações miméticas e da paródia estilística para denunciar a vacuidade e aberração dos *slogans* oficiais. "Deus salve o nosso Imperador Francisco José! Venceremos esta guerra!" "Não quero ouvir falar de paz enquanto não estivermos em Moscou ou Petrogrado." "Eu ... servirei à Sua Majestade Imperial até minha derradeira gota de sangue." (12, 143, 739.)

O exagero dos estereótipos poderia ser atribuído a um instinto de comédia. Hasek pretende, sem dúvida, provocar riso, e seu próprio riso é amiúde grosseiro e escabroso. Mas quando o dono do bar diz ter recolhido o retrato do Imperador Francisco José por causa das sujidades das moscas que o profanavam e é preso por dizer que as moscas "cagaram" em Sua Majestade Imperial, é claro que efeitos cômicos vulgares se transformam em sátira política. Estratagemas satíricos permeiam o romance: justaposições e paralelos acabrunhantes (a sanguinária expedição militar à Galícia é comparada a turismo intelectual e o nome de Humboldt é evocado); trivialização do horrendo e amplificação da trivialidade; incongruidades léxicas que lembram os efeitos lúdicos do estilo de Gógol.

Hasek explora esses estratagemas na intenção de desacreditar as mais veneradas instituições e crenças: os consagrados clichês do patriotismo; a histeria do militarismo genocida disfaçado de dever e honra; a religião usada para santificar atrocidades. Hasek não é apenas irreverente, como quando faz o capelão Katz afirmar que prefere "representar alguém que não existe" (139). A indignação moral é a tônica, quando ele evoca as liturgias da linha de frente, as declarações sanguinárias do capelão antes da chacina concebida em nome de Deus, a glorificação da guerra sob o signo da cruz, a bênção dada pelo arcebispo às baionetas para que penetrem mais fundo na barriga dos inimigos. Esse tipo de retórica inspira o "historiador" oficial do batalhão que, qual um bardo, canta loas aos "heróis" e também cai em êxtase ao pensar numa baioneta afiada perfurando ventres, como se "cortasse manteiga" ("vjéde jako do másla" – 581; III, 136).

A estória do bom soldado Schweik – junto com os romances de Henri Barbusse, Roland Dorgelès e Erich-Maria Remarque – se situa sem dúvida entre os textos antibélicos mais eminentes. Mas só Louis-Ferdinand Céline, em *Viagem ao Fim da Noite*, mostrou a idiotia infernal e o puro horror da guerra sem sequer um traço de glorificação indireta, sem a menor sugestão de redimir as pilhas de carne sangrenta por meio da descoberta da fraternidade viril. O método de Hasek é irremitente e devastador num outro sentido, em grande parte porque não mostra a vida nas trincheiras, e nunca descreve o combate, portanto nunca fornece uma oportunidade para a demonstração de coragem. A abordagem é sempre indireta, mas ele evoca com impiedosa precisão o transporte de gado humano para a carnificina da frente de operações, braços e pernas pendurados em árvores carbonizadas, corpos dilacerados contorcendo-se semimortos e enredados no arame farpado, cheiro de excremento e putrefação enchendo o ar depois da mortandade.

Ao exibir zelo patriótico absurdo, ao exaltar a guerra com macabra despreocupação e louvá-la como coisa muito divertida ("ze je vojna spás" – I, 80), Schweik indica que sua ingenuidade não deve ser tomada ao pé da letra. Sonso e paciente, escondendo a perfídia por trás de um biombo de palavras, esse modesto porta-voz dos desprivilegiados deste mundo intui que o absurdo, para ser denunciado, precisa ser corporificado, que para expô-lo ao riso e desdém nada melhor do que macaqueá-lo escandalosamente[2]. Daí a importância do tom jocoso: a galhofa não é só essencial para a sobrevivência e a sanidade mental; é uma poderosa arma da subversão.

Na época em que os regimes totalitários estavam no zênite, Czeslaw Milosz identificou as táticas ardilosas – defensivas e também ofensivas – que tornavam possível resistir a ideologias tirânicas. Em *A Mente Cativa* aludiu à prática do *ketman* observada na civilização islâmica do Oriente Próximo e da Ásia Central (prática descrita pelo diplomata e escritor francês Arthur de Gobineau)[3]. De acordo com Milosz, os intelectuais dissidentes da Europa moderna aprenderam a adotar esse método, que manda a pessoa ocultar suas verdadeiras convicções "desempenhando" o papel que ela despreza e odeia, fingindo acreditar naquilo que secretamente abomina e combate. A prática do *ketman* valoriza a mentira militante, aguça o espírito, permite que a pessoa se mantenha fiel a suas crenças mais caras num mundo em que o infiel está no poder.

O ponto de encontro entre docilidade simulada e liberdade interior é

---

2. Ver os interessantes comentários de Radko Pytlik em *Jaroslav Hasek et le brave soldat Chvëïk*, tr. Marcel Garreau, Praha, 1983, pp. 25, 33 e 37.
3. Czeslaw Milosz, *The Captive Mind* (1953), New York, Vintage, 1990. O texto de Arthur de Gobineau a que se refere Milosz é *Religions and Philosophies of Central Asia* (1865).

também o lugar em que o anti-heroísmo pode se afirmar como forma de coragem. *Ketman* produz sua própria classe de heróis, que, no íntimo, se vêem como protagonistas de uma resistência, cuja dissidência mascarada se destina a solapar o alicerce do poder. É, porém, um perigoso jogo intelectual, pois a máscara pode colar-se ao rosto.

A originalidade do romance de Hasek tem muito a ver com um "ludismo" sedicioso que não representa nem uma façanha de intelectual nem um pretexto para orgulho elitista. Não há referência à proteção de um santuário privado. Mais instintivo que cerebral, o *ketman* praticado por Schweik funciona em nível popular. Schweik representa uma resistência essencialmente "tcheca" à Áustria e seu espírito militarista. Esse populismo étnico é, além disso, tratado tematicamente. Os oficiais alemães e austríacos, extremamente suspicazes em relação às unidades tchecas (diz-se que 50% dos soldados tchecos são "politicamente suspeitos"), consideram o uso da língua tcheca como o equivalente de um ato subversivo. Hasek comenta em seu próprio nome que o tcheco mediano carrega "no sangue" o desrespeito pelo Imperador (215-216).

A saudação tcheca "Nazdar!" é uma resposta patriótica ao "Heil!" alemão (315). Schweik, compartilhando do desrespeito inato de seus compatriotas pelo Imperador e pela hipérbole patriótica, está cheio de desprezo pela "velha Áustria boboca" (234). Por um lado há o mito da unidade do Império, da grande família de nações, da inabalável solidariedade dos diversos povos sob a Monarquia Austro-Húngara; por outro, um espírito rebelde que brinca com sonhos de traição e deserção. Um dos soldados, que era professor na vida civil, ensina a seus camaradas o que dizer quando alcançam o lado russo, como dizer em russo: "Olá irmãos russos, somos seus irmãos tchecos, não somos austríacos" (392).

A balcanização no centro do Império, os ódios étnicos, as rancorosas disputas entre soldados húngaros e tchecos, o tratamento brutal dispensado à população judia – estes parecem ser traços endêmicos do mundo de Schweik. (Podia-se até mencionar uma extensão do tema judaico: o capelão militar jogador e beberrão chama-se Katz; os altares da frente de combate assim como outros objetos devotos, rosários e imagens santas, são fornecidos pela firma judia Moritz Mahler de Viena.) Mas este não é o ponto principal. O que conta é a capacidade de indignação do autor, a voz pessoal que se faz ouvir e que, a pretexto de divertir o leitor com as façanhas e maldades risíveis de Schweik, estigmatiza as instituições e também a natureza humana corrompida pelo poder e pela autoridade. Não é por acaso que Schweik se envolve no comércio de cães roubados. Meditando sobre o destino de Max, o *pinscher* roubado que ele agenciou para seu tenente, Schweik conclui filosoficamente: "Afinal, pensando bem, todo soldado também é roubado de sua casa" (190).

A verdade não é confortável. Dirigindo-se diretamente ao leitor, Hasek investe contra todos os "porcos" ("svináci") hipócritas que se ofendem com a linguagem crua que diz a verdade, embora sejam eles mesmos peritos em torpezas. As coisas como realmente são podem não ser agradáveis, mas disfarçar e enfeitar a realidade é profundamente imoral. A vida não é uma escola de boas maneiras para moças finas (214). Por trás dos padrões de discurso realista e do bom senso popular não é difícil notar atitudes políticas revolucionárias. Às vezes tais pontos de vista se explicitam. No capítulo sobre a "anábase" de Schweik, Hasek observa que o horizonte amarelo e negro (cores da bandeira austríaca) começa a ser toldado pelas "nuvens da revolução" (280). Há premonições de motim coletivo. Batalhões inteiros já se bandearam para os russos e uma conclamação à deserção em grupo oculta-se quase como uma mensagem no fundo do texto de Hasek. A atmosfera pesada de pré-tempestade parece anunciar insurreição. O soldado "voluntário", que não mede as palavras quando fala de como tudo fede a podridão no exército, profetiza o despertar político do povo e a revolta das massas.

Nessa atmosfera sombria, premonitória de maiores sublevações, a perspectiva permanece restrita ao horizonte do "homem insignificante". Longe de ser ingênua, esta perspectiva é fundamentalmente irônica, no sentido de que *eirôneia*, uma inadequação ou ignorância fingida, é a arte de dissimular e minimizar a fim de revelar[4]. O segredo de Schweik reside em que sua força decorre de sua aparente fraqueza. De vez em quando sua energia transparece, como quando ele expulsa um intruso com a destreza de um

---

[4]. Para uma boa análise deste aspecto da ironia, ver Harald Weinrich, *Linguistik der Lüge*, Heidelberg, Verlag Lambert Schneider, 1966.

leão de chácara, ou vigorosamente traz seu superior bêbado de volta para o alojamento. Mas ainda que ele seja sempre resistente, e se mostre decisivo quando as circunstâncias o exigem, as suas forças e vitórias são tipicamente secretas e ocultas. Schweik usa um disfarce e nunca é observado desde dentro. A cara rechonchuda se mantém serena. Sua provisão de historietas protege-lhe a equanimidade. Não só é ele popular no sentido de ser benquisto como também outros personagens do romance vêem nele um tipo já lendário. "Então é você o famoso Schweik", diz o comandante do comboio militar (335).

Em última análise Schweik representa mais do que o homem da rua tcheco. Ele se torna o símbolo das pessoas comuns sob qualquer regime repressivo e totalitário. Resistente passivo não-heróico, possui as virtudes essenciais, inclusive coragem. Malicioso, mas profundamente honesto e leal, avesso a ser o joguete de qualquer um, mas capaz de assumir suas responsabilidades, Schweik sabe que não está só nem é único. Seus camaradas – inclusive os cozinheiros do exército – gostam dele. Mas essa figura "popular" (popular em todas as acepções da palavra) é também um agitador e um perturbador, inquietando espíritos e abalando convicções. Nesta condição, o papel de Schweik como contestador de valores e convenções associa-se, inesperadamente, ao dos intelectuais, embora de maneira mais oculta, menos vulnerável e talvez mais eficaz. Num mundo de censura, toda escrita é suspeita, e leitura e pensamento independentes são considerados formas de rebelião. O desprezo agressivo do cabo pelo soldado que tinha sido editor de um jornal atesta uma hostilidade mais profunda. Ele reage de modo caracteristicamente sanguinário ao saber que o editor de um jornal político foi executado na Morávia. "Bem feito para esses editores. Eles só fazem instigar o povo" (338). As execuções por enforcamento ou por pelotões de fuzilamento viraram moda de fato.

Heróis intelectuais realmente não aparecem no romance de Hasek – pelo menos de modo direto ou explícito. Por temperamento e discrição, Hasek preferiu traduzir seus temas políticos e intelectuais no registro do anti-heroísmo, utilizando como figura exemplar um conscrito oficialmente qualificado de "idiota". Mas se de fato o livro de Hasek é em louvor da astúcia, então esse louvor não deve se limitar a Schweik. Seria difícil separar ou distinguir o bom soldado de seu autor.

8

MAX FRISCH
A CORAGEM DO FRACASSO

O SEGUNDO DIÁRIO OU CADERNO de rascunhos de Max Frisch, *Tagebuch 1966-1971*, termina com a imagem de uma coluna grossa e curta que aparece incongruentemente solitária no alpendre de sua casa de campo suíça, onde ele toma café à noite. A origem dessa peça é desconhecida, sua presença inexplicável. É uma coluna despretensiosa, feita não de mármore mas de granito áspero, sem nada de festivo ou nobre. É tão curta que se pode tocar em seu capitel, e muito feia: barriguda e deformada. Esta coluna cômica, diz Frisch, é ao mesmo tempo comovente e familiar; ninguém hesita em esvaziar o cachimbo de encontro a ela. Mas sua presença plebéia é não só tranqüilizadora mas também vagamente significativa, até poética. Ela resistiu à passagem dos séculos, não orgulhosamente mas com serena coragem. Levanta-se como um símbolo de força e sobrevivência, o perfil robusto desenhado contra o crepúsculo e a primeira estrela vespertina. O último parágrafo do caderno de rascunhos joga de forma equívoca com imagens de patética realidade, solidez e até laivos de transcendência.

Os dois cadernos publicados de Frisch (o outro, anterior, é *Tagebuch, 1946-1949*), embebidos ambos nas realidades históricas e políticas da época, reiteradamente entregam-se a ambivalências desse tipo. Ao visitar as devastadas cidades alemãs logo depois da guerra, Frisch reage de maneira tipicamente hostil às idéias do "heróico". Mas há também nostalgia do tom heróico. Numa cena que se pode considerar emblemática, ele descreve acrobatas trabalhando em trapézios e cordas muito acima das ruínas de Frankfurt. Suas proezas arrojadas culminam num "passeio da morte" sobre uma corda amarrada na torre da catedral, enquanto os poderosos holofotes projetam uma iluminação fantasmagórica sobre os destroços da cidade. O que impressiona Frisch não é tanto o suspense e drama de uma atuação que apela para seu instinto teatral quanto a corte gratuita feita à morte – que ele descreve (tendo visitado recentemente os campos de extermínio nazistas) como "boa morte", isto é, uma morte individual, uma "morte pessoal" escolhida livremente, ao contrário do aniquilamento que aguardava as vítimas do *Lager*. Em palavras as mais eficazes Frisch fala da morte "brincalhona" ("spielerische Tod") e qualifica-a de "morte humana". Implícita está a idéia secular de dignidade mediante o livre arbítrio. Algumas páginas antes encontra-se de fato esta frase lacônica: "A dignidade humana, me parece, reside na liberdade de escolha" (*Tg.* I, 146, 227)[1].

A liberdade associada a uma morte escolhida – noção essencialmente heróica – vem expressa mais distintamente nas muitas páginas do segundo caderno de rascunhos (*Tagebuch 1966-1971*) dedicadas à idéia de suicídio. Rebelando-se contra a decrepitude e as devastações da idade, Frisch imagina uma sociedade da cicuta significativamente denominada Associação da Morte Voluntária (Vereinigung Freitod) (*Tg.* II, 96 e ss.). Mas os desejos e

---

1. Salvo indicação diferente, os números dentro de parênteses referem-se às seguintes traduções inglesas: *Sketchbook 1946-1949*, tr. Geoffrey Skelton, New York, Harcourt Brace Jovanovich, 1977; *Sketchbook 1966-1971*, tr. Geoffrey Skelton, New York, Harcourt Brace Jovanovich, 1974 (designados como *Sk.* 1 e *Sk.* 2). O original alemão *Tagebuch 1946-1949*, Frankfurt, Suhrkamp Taschenbuch, 1985 (1950) e *Tagebuch 1966-1971*, Frankfurt, Suhrkamp Taschenbuch, 1979 (1972), são designados como *Tg.* 1 e *Tg.* 2.
As seguintes edições alemãs foram utilizadas para outros textos: *Die Chinesische Mauer*, Frankfurt, Suhrkamp, 1964; *Don Juan oder Die Liebe zur Geometrie*, Frankfurt, Suhrkamp, 1968 (1952); *Der Mensch erscheint im Holozän*, Frankfurt, Suhrkamp Taschenbuch, 1981 (1979). Numerais precedidos pela letra G. referem-se a estas edições alemães: *Homo faber*, Frankfurt, Suhrkamp Taschenbuch, 1977 (1957); *Mein Name sei Gantenbein*, Frankfurt, Suhrkamp Taschenbch, 1975 (1964); *Montauk*, Suhrkamp Taschenbuch, 1981 (1975); *Stiller*, Frankfurt, Fischer Bücherei, 1965 (1954).
As edições em língua inglesa utilizadas são as seguintes: *Gantenbein*, tr. Michael Bullock, New York, Harcourt Brace Jovanovich, 1982; *Homo faber*, tr. Michael Bullock, New York, Harcourt Brace Jovanovich, 1987; *I'm Not Stiller*, tr. Michael Bullock, New York, Vintage Books.

temas heróicos estiveram presentes desde o início; eles informam seus instintos dramatúrgicos. Frisch, o homem de teatro, compreendeu ainda melhor do que o Bispo em seu *Don Juan ou o Amor à Geometria* que todos nós necessitamos de figuras que ousem fazer no palco o que só podemos sonhar em fazer na vida. Queremos testemunhar o exercício de uma vontade humana; esperamos que os heróis na literatura tomem decisões que façam o jogo do destino, embora suspeitemos que um destino determinante é uma ilusão e que a vida é decepcionantemente destituída de um princípio ordenador. Frisch, que está resolvido a participar de uma moderna dramaturgia da frustração, reconhece o peso opressivo da herança clássica: a dramaturgia do destino e da peripécia. Ao contrário de seu *homo faber*, que afirma não ligar para os mitos heróicos da antiguidade, Frisch está agudamente cônscio dos heróis da tradição épica e trágica que exercem sua vontade e se comprazem em seu apetite pela catástrofe.

Figuras trágicas e míticas são presenças metafóricas em sua obra: Édipo, Agamemnon, Odisseu, Perséfone, as Erínias. A tensão entre verdade e ilusão heróica está expressa, segundo Frisch, no conflito entre Dom Quixote, a vítima gloriosa, e o mundo que dele escarnece. Afirmar que Cervantes termina dizendo sim ao mundo-como-é não desmente que nós todos amamos o erro do cavaleiro. Mas a implicação é que o herói se descobre aliado à inverdade, que a ilusão heróica precisa ser denunciada, e mais do que nunca em nossos tempos. A perspectiva do herói é necessariamente póstuma. Visando a transcendência ou eternidade, ele não se engaja no presente, por mais dramática que seja sua ação. Em algumas páginas interessantes acerca de Brecht, Frisch opõe expressamente o compromisso com o heróico no além ("Jenseits") a uma relação com o aqui e agora ("Diesseits") – *Tg. I*, 254.

A atitude anti-heróica, como no caso de Georg Büchner, tem óbvias implicações éticas e políticas que se evidenciam nitidamente em *A Muralha Chinesa* (*Die Chinesische Mauer*, 1947), peça que investe contra a perigosa paixão pelos heróis em nossa era de destruição em massa. A despeito de sua crítica infatigável aos valores "suíços" de cautela, interesse pessoal e practicidade, Frisch tende a usar a palavra *Held* ("herói") como termo negativo. *A Muralha Chinesa* assinala que os "heróis" causaram bastante dano pelos séculos afora ao transformarem a história num vasto cemitério, que é chegada a hora de livrar o mundo de conquistadores responsáveis pela chacina massiva, que a época de heróis e tiranos está terminada. A filha do Imperador caçoa dos valores e da conversa tola de seu pai a respeito de vitória. O que importa para ela não é o culto do herói e sim a sobrevivência humana. Ela sabe que há mais coragem na fidelidade à vida, que o que é mais difícil é ser um autêntico ser humano. Mas para cada filha do imperador que fala sem rodeios há as Cleópatras deste mundo que "acreditam no vencedor" e estão sempre prontas a amar homens que "fazem história" (G., 92).

Não surpreende que enquanto desinflava a imagem dos Napoleões da história Frisch também escreveu uma peça irônica a respeito de outro tipo de conquistador, o lendário Don Juan, sublinhando incongruentemente não sua busca das mulheres mas seu ardente desejo de aventuras intelectuais e espirituais. O título mesmo da peça – *Don Juan ou o Amor à Geometria* (*Don Juan oder Die Liebe zur Geometrie*, 1952) – subverte o modelo e a lenda. O pai de Don Juan se queixa de que o filho não se interessa por mulheres, que gasta o tempo no bordel jogando xadrez, que não se dedica às artes viris. Embora tenha lutado em Córdoba contra os árabes, Don Juan despreza os feitos marciais. Pelo que lhe diz respeito, heróis são no máximo bons para pilhar e para incendiar bibliotecas. Seu amor à geometria e ao xadrez deixa-o mais perto de ser um herói intelectual. Para o intelectual, explica Frisch no pós-escrito, o mundo existe para ser questionado. O Don Juan de Frisch ama de fato bem mais as idéias do que as mulheres; anseia por um ideal, e chega até a se entreter com a idéia de uma existência monástica. O que importa para ele é a procura de uma vida interior, a coragem de descobrir ou criar sua própria autenticidade. O paradoxo é que ele mantém uma relação narcisista com seu ego, mas não pode se levar a sério, consciente que está de representar um papel. A metateatralidade da obra sublinha as tensões que Frish estabelece entre Ser e Jogo ("Sein" e "Spiel" – G. 99). Em tal contexto lúdico, o conceito heróico é evidentemente instável. O risco assumido está mais próximo do puro espetáculo do que de um confronto autoglorificador com o destino. Voltamos à metáfora do acrobata.

Com o tempo, a postura não-heróica tornou-se mais pronunciada. Está no cerne do último romance de Frisch, *O Homem Surge no Holoceno* (*Der Mensch erscheint im Holozän*, 1969), que relata a progressiva senilidade de um personagem em narração na terceira pessoa, mas como se vivenciada interiormente. Herr Geiser, um viúvo aposentado de setenta e quatro anos que mora numa aldeia de Ticino, assiste à sua decrepitude física e mental, enquanto à sua volta tempestades e deslizamentos de terra proporcionam um pano de fundo que é um simulacro do dilúvio. O cenário metafórico é o de um período geológico de criação, erosão, mutação e extinção sucessivas de espécies. Numa atmosfera beckettiana de falsas conclusões e inúteis fragmentos de informação enciclopédica que lembram algumas das páginas mais devastadoras do *Bouvard e Pécuchet* de Flaubert, a mente em desintegração do velho procede ao inventário de si mesma enquanto pouco a pouco ele perde o senso do tempo e da realidade. A consciência está aqui ligada, de maneira ainda mais cruel do que no livro de Svevo, à ruína e derrota. Alusões "heróicas" parecem especialmente irônicas na aldeia nada heróica de Ticino. A lenda de Hércules conduzindo todo um povo para o outro lado dos Alpes, dragões míticos, imagens apocalípticas, sonhos de fuga aventurosa e liberdade apenas salientam a ineficácia da resistência às afrontas do tempo e da mudança.

Apesar das descrições poéticas de paisagem, neve e bruma, o romance do Holoceno é talvez o menos atraente dos livros de Frisch, se bem que seja intensamente revelador de seus temores e obsessões fundamentais. De maneira não-ficcional e mais pessoal, os dois cadernos de rascunhos são naturalmente mais explícitos. A consciência política de Frisch, sua capacidade de indignação, o vigor de seu entusiasmo pelos direitos humanos, sua sensibilidade para o hiato entre cultura e moral não dissipam dúvidas e incertezas pessoais subjacentes. Repetidas vezes ele alude ao isolamento do artista, a suas próprias atitudes ambivalentes para com a moral e a violência. Interrogando-se na forma de questionários não-respondidos dirigidos a ele mesmo, trai sua inquietude e frustração. Suspeitoso de sua relação intelectual com a realidade, anseia por uma relação imediata com a vida. Inveja o que julga ser a alegre, desembaraçada, destemida presença física dos trabalhadores italianos que vê a caminho da praia (*Sk*. I, 80).

Também ele amaria amar a vida. Caracteristicamente, é na proximidade dos túmulos etruscos que seu ficcional Gantenbein experimenta o maior prazer em viver.

Tal júbilo é sumamente dependente da fraqueza e do medo. A arte para Frisch é não só uma luta contra o medo mas também um hino a ele. "A gente canta de medo", afirmou numa palestra de 1958 sobre a vocação do escritor. Num registro de 1949 do diário, aos trinta e muitos anos, observou enfático que nenhum de nós até agora conheceu a morte, só o medo da morte – "Todesangst" (*Tg.* I, 369). Esse medo onipresente acompanha a percepção intensa, agridoce de todas as formas de evanescência.

Quanto a isto, seu livro autobiográfico *Montauk* é mais revelador. Na superfície descreve a aventura amorosa de fim-de-semana do escritor envelhecido com uma jovem jornalista. Oscilando entre a narrativa novelística em terceira pessoa e o tom autobiográfico ou de diário em primeira pessoa, *Montauk* conta uma fuga em direção à imediatez do presente. Num nível mais profundo, é o relato de como é tarde já para entrar no jogo. Sob o ardor superficial da ternura e do apego outonal à vida há um sentimento encoberto de fraqueza e malogro, uma dificuldade essencial em aceitar ou tolerar a si mesmo, uma percepção da própria superfluidade. Chegou o momento, crê Frisch, não só de falar da – mas também de enfrentar a – morte. O medo da morte e o reconhecimento da derrota informam esse livro comovente, que pode ser lido como o terceiro diário publicado de Frisch.

Mas essa preocupação com morte e frustração assume um valor positivo. Numa anotação crucial de seu *Tagebuch 1946-1949* Frisch refere-se ao tédio eterno dos deuses gregos, que estão a salvo da ameaça de qualquer senso de finitude. A consciência de nossa mortalidade é vista portanto como uma dádiva preciosa, uma "köstliches Geschenk" (*Tg.* I, 306). Frisch dá um passo adiante. Entendendo desde o início que medo e coragem andam de mãos dadas, escreve sobre "medo corajoso" ("tapfere Angst" – *Tg.* I, 10), e numa das páginas mais notáveis do primeiro *Tagebuch* define a vida em função do medo. "Não há vida sem medo" não é apenas uma constatação factual, mas também uma precondição. É a *Angst* que, num sentido quase pascaliano, faz da consciência um atributo tão inconfundivelmente humano e a fonte de nossa dignidade.

Não espanta que o pessimismo de Frisch seja ambivalente. Teria preferido, diz ele, não ter nascido. Mas por outro lado há a prazenteira aceitação da vida que ele não desejou, e mesmo a repetida tentação de cantar uma canção de louvor. As últimas palavras do romance *Gantenbein* são: "Leben gefällt mir" ("A vida me agrada"). E no *Montauk*, que é explicitamente pessoal, lemos em maiúsculas: "ESTAR NO MUNDO. ESTAR NA LUZ" (*G.*, 103). De resto, Frisch nunca se subtraiu ao primitivo impulso de cantar não tanto o excepcional e heróico, quanto a experiência humana corrente: "unsere Welt zu dichten" (*Tg.* I, 198).

A coragem de ver a própria fraqueza e traduzi-la em força é vista amiúde como um nobre atributo. Isto pode explicar por que ambos os cadernos de rascunhos contêm numerosas peças curtas ficcionais que delineiam figurações do anti-herói. Um projeto bastante minucioso de um filme a ser intitulado *Harlequin* alegoriza o efeito corruptor do poder e a natureza desumanizadora do ódio e do medo num cenário burlesco de feira. Uma paródia de Dostoiévski, sob o irônico cabeçalho de "Glück" ("Felicidade"), propõe o ressurgimento do homem do subsolo na Suíça do século XX, acentuando fortemente a autodilacerante complacência do personagem com sua própria repulsividade, absurdez e abjeção ("Niedigkreit" – *Tg.* II, 357 e ss.).

Numa veia mais caricatural, Frisch concebeu a figura de Kabusch – um avatar do parvo eternamente ineficaz e vitimizado. Esse Kabusch, aparecendo sob vários disfarces sociais e profissionais num cenário suíço, sempre deixa passar as oportunidades, é sempre o alvo das piadas, sempre faz tudo errado. Supérfluo, mas de certo modo necessário ao grupo, tal Kabusch, segundo Frisch, teria de ser inventado se não existisse. Quando um Kabusch desaparece, é preciso encontrar outro (*Tg.* II, 277 e ss.).

Às vezes essas silhuetas anti-heróicas incluem tipos bem-sucedidos como o quase calvo cirurgião/amante de "Rascunho de uma Desgraça", que, numa excursão com a namorada, é impelido para o estúpido acidente de carro que matou sua companheira. Da mesma forma, uma seção chamada "Estática" esboça a figura acanhada, escrupulosa e abnegada de um patético professor de mecânica numa escola de arquitetura, figura oprimida por incurável inabilidade e traspassada de culpa indeterminada.

Essas projeções ficcionais não são meras digressões ou intercalações. Relacionam-se com preocupações pessoais, com um sentimento não tão vago de inadequação e mesmo culpa concernente ao ofício e à vocação de escritor. Pois qual é o mandato do escritor? parece perguntar Frisch. Com o decorrer do tempo Frisch dá a impressão de estar cada vez mais cônscio de que a linguagem implica uma separação fatal da realidade cambiante e representa um sistema de mediação que nos condena a estereótipos e preconceitos. O paradoxo da linguagem consiste em que ela não só deixa de dizer a "verdade" (a imediatez sendo sempre atraiçoada) como também, sabedora de seu próprio vazio ("Leere"), está comprometida com exprimir o inexprimível[2]. Reveladoramente, a página que expõe este paradoxo da linguagem como separação e falsidade também alude à Torre de Babel (*Tg.* I, 194-195). O resultado é um desafio trágico. "Grita-se em virtude do terror da solidão numa selva de coisas indizíveis", confidenciou Frisch numa palestra proferida em Zurique em 1958[3].

A consciência da linguagem como separação e negatividade acompanha outro desconforto que Frisch descreve nos cadernos de rascunhos e nos escritos ficcionais: a preocupação com o efeito nefasto da produção de imagem. A tão repetida palavra *Bildnis* (imagem, efígie, retrato), surge significativamente na mesma página que associa a Torre de Babel com a mendacidade e o poder distanciador da linguagem. A produção de imagem é vista como essencialmente hostil ao mistério da vida e do amor, que deve permanecer "inapreensível" ("unfassbar" – *Tg.* I, 27), levando assim Frisch a invocar a proibição mosaica que pareceria questionar a própria representação artística.

A ansiedade acerca da linguagem e da produção de imagem relaciona-se em última análise com o mistério do eu e o problema da identidade. Projeta luz sobre a dialética do silêncio e da linguagem, tão importante

---

2. Para uma explanação adicional da noção frischiana de linguagem como fazio, ver o interessante ensaio de Werner Stauffacher "Sprache und Geheimnis. Über die letzten Romane von Max Frisch", em *Materialen zu Max Frisch "Stiller"*, org. Walter Schmitz, Frankfurt, Suhrkamp, 2 vols., 1978, I, pp. 53-68.
3. "Öffentlichkeit als Partner", em *Forderungen des Tages*, org. Walter Schmitz, Frankfurt, Suhrkamp, 1983, p. 300.

em toda a obra de Frisch, sobretudo em seu romance *Stiller*. O desejo de se comunicar com o inexprimível está na raiz de um dos enunciados mais paradoxais daquele romance: "Possuímos a linguagem para nos tornarmos mudos. Aquele que está calado não é mudo. Aquele que está calado não tem sequer uma vaga idéia de quem ele não é" (291). Esse potencial auto-indagador, mais autocriador do que autodescritivo, da linguagem deve ser entendido à luz das duas epígrafes do romance, extraídas de Kierkegaard, que tratam da dificuldade de escolher a si mesmo. Tal escolha é difícil porque colide com a definitiva impossibilidade de se tornar outro.

O duplo projeto paradoxal parece supor impulsos mutuamente excludentes: chegar ao "eu" e, num tom mais brincalhão, construir ou mesmo inventar esse eu mais imaginativo como se fosse outro. Essa aventura autocriadora explicaria por que o vulto de Montaigne se agiganta mais sobre a obra de Frisch do que mesmo o de Kierkegaard. Em seu segundo caderno de rascunhos Frisch cita uma passagem do ensaio de Montaigne "Sobre a Experiência" que descreve o envelhecimento como um processo de transformação e elusividade. "Assim eu me dissolvo e me escapulo de mim mesmo" (*Tg.* II, 75). O amplamente autobiográfico *Montauk* coloca-se ainda mais flagrantemente sob o signo de Montaigne. As observações preliminares endereçadas ao leitor terminam com uma invocação que inclui a data que Montaigne dá em seu próprio prefácio aos *Ensaios*: "Mitt Gott denn, zu Montaigne, am ersten März 1580". A ligação estreita de sujeito e objeto em *Montauk* é ilustrada pela constante alternância de narrativa em primeira e terceira pessoa – a forma Ich e a forma Er sobre as quais Frisch especulou no diário (*Tg.* II, 308-309). Ver o eu como um papel a representar, ou vivenciar, não é só parte de uma empresa autodecifradora ("escrever é ler o próprio eu" – *Tg.* I, 19) e de um jogo construtivo que sublinha o processo de ficcionalização; sugere também a dimensão filosófica da busca de identidade. Atraído para a noção de *homo ludens*, Frisch expressou a crença de que o "jogo" ("Spiel"), num sentido especulativo bem como dramatúrgico, representa uma forma superior de existência[4] –

---

4. Ver a entrevista de 1971 citada em Rolf Kieser, *Max Frisch, Das literarische Tagebuch*, Frauenfeld e Stutgart, Huber, 1975, pp. 121-122.

crença que ele situou numa perspectiva existencial no posfácio de sua peça *Don Juan*, onde fez a distinção entre Jogo e Ser ("Spiel"e "Sein").

Uma conexão liga de certo modo Montaigne, Kierkegaard e Huizinga, o autor de um livro célebre que deu livre curso à noção de *homo ludens*. Essa rede mental aparentemente incongruente empresta significação particular a *Gantenbein*, um dos textos mais experimentais de Frisch, em que ele rivaliza efetivamente com alguns dos mais ousados praticantes do *nouveau roman*. O romance, cujo título completo é o hipotético *Que Gantenbein Seja o Meu Nome* (*Mein Name sei Gantenbein*), tem no seu centro um personagem que, numa forma suprema de psicodrama, finge ser cego. A metáfora da cegueira opera em diversos níveis. O amor cega a pessoa, como diz o ditado; e Gantenbein, até certo ponto, protege a felicidade de seu casamento, pois nada realmente fica escondido dele, e ele não precisa ter ciúme. De fato, tem a vista perfeita, deleitando-se numa visão genuína de tudo. Mas atrás da metáfora oculta-se uma amarga significação política. O mundo precisa de pessoas que se calem a respeito do que vêem ou sabem.

Naturalmente o ciúme não é tão fácil de evitar ou reprimir. O próprio Frisch parece obsedado pela lembrança e pela dor dele. Referindo-se a Otelo, tece alguns comentários em seu caderno de rascunhos sobre o medo de sentir a própria inferioridade, sobre o horror de imaginar aquilo que talvez nunca tenha acontecido (*Sk*. I, 270-272). Ao mesmo tempo a experiência do ciúme proporciona um liame com o processo de ficcionalização, exacerbando a inventividade. "Estou ávido de traição" ("Ich lechze nach Verrat" – G. 244), diz Gantenbein. O psicodrama, nesta perspectiva, torna-se distintamente não-heróico; o centro de interesse está na não-ocorrência, naquilo que literalmente não aconteceu. *Gantenbein* está marcado do princípio ao fim pela fórmula "Eu imagino..." ("Ich stelle mir vor..."), fórmula que sugere um espetáculo imaginário.

O conceito de não-ocorrência, ou não-estória, aproxima-se do desejo declarado de Flaubert de escrever um livro "sobre nada" ("un livre sur rien"), um livro que chegasse à significação exclusivamente por meio de estrutura e estilo. Há menção em *Gantenbein* a um tipo de filme "que não tem estória alguma", em que o único acontecimento é o "movimento" da própria câmera (173). Paradoxalmente a ausência de uma estória específica implica na multiplicação de estórias. O prêmio é outorgado à invenção – "Erfindung". "O que você está nos contando é um monte de invenções", queixa-se um dos personagens, e Gantenbein concorda. Aventuras de estórias substituem estórias de aventuras. O cadáver anônimo flutuando à deriva "sem uma estória" no fim do romance significa um adeus à narrativa tradicional em favor de um processo narrativo de enigmatização a exigir o psicodrama bem como a encorajadora credulidade de um ouvinte como a cocote em *Gantenbein* ou o guarda da prisão em *Stiller*. O que está em jogo é a necessidade de estórias.

Prisão e linguagem estão no cerne do importante romance de Frisch, *Stiller*. A estória começa numa cadeia suíça onde o escultor Anatol Stiller está ocupado escrevendo um relato das circunstâncias que o trouxeram para um cenário tão pouco heróico. A linguagem é, todavia, ao mesmo tempo logocêntrica e incapaz de conduzir a qualquer coisa salvo o silêncio e a negatividade. Stiller descobre que não há palavras para a realidade de seu auto-estranhamento. Como era de prever, o romance deixou consternados muitos de seus leitores suíços.

A cela limpa e bem iluminada da prisão suíça, onde Stiller se obstina em negar que é Stiller, é como um símbolo do país do prisioneiro. A prisão suíça totalmente funcional, "humana", modelo de higiene e respeitabilidade, não fornece aparentemente motivo algum para indignação – nem mesmo as tradicionais teias de aranha ou o bolor nas paredes. Não é nenhuma Bastilha a ser tomada de assalto! A denúncia é mais lesiva porque a asseada inculpabilidade e a "inocência suíça" são encaradas como o oposto da liberdade autêntica e da ousadia espiritual. A cela é um sinal não só da natureza opressiva e enclausurada da sociedade moderna, mas também de uma dedicação coletiva à falsa liberdade, que não é monopólio da Suíça. Se toda a Suíça se assemelha a uma prisão para Stiller é porque ilustra a indiferença mais ampla pela problemática da liberdade, uma desalentada satisfação e letargia da alma.

Uma leitura sociopolítica do romance é não só inevitável como também enganosa. A crítica à sociedade rapidamente enevera por uma busca de salvação pessoal. O ímpeto redentor é preparado pelas epígrafes de Kierkegaard, pelo primitivo temor de repetição ("Wiederholung"), pelo impulso ascético de igualar a necessidade à livre escolha, pela dificuldade de escolher a si mesmo, pelo sonho monástico fundindo-se com o tema da prisão. O egocentrismo e a logocentricidade são obstáculos óbvios ao processo de salvação. Talvez seja por isto que os dispositivos estruturais e retóricos do romance servem de maneira tão consistente às estratégias disjuntivas e descentralizadoras, tendendo não tanto a dissolver os supostos vínculos entre a palavra e o mundo, quanto a impugnar uma logocentricidade simbolizada pelo estatuto de prisioneiro. Sonhos de fuga correspondem a ânsias de se tornar o *outro*. A condenação ao cárcere interior redunda num desejo de metamorfose. Essa esperança de uma transformação libertadora pode a princípio parecer que é uma tentativa de romper com o solipsismo esterilizante. A recusa a ser enquadrado numa dada identidade pode ser interpretada como uma pulsão heróica, uma forma de coragem existencial. Mas esse pretenso heroísmo logo degenera na extravagância da falsa liberdade. Por fim Stiller passa a compreender que a esperança de escapar é sua verdadeira prisão.

O preso em sua cela escreve e fala compulsivamente de si mesmo, mas esse eu é radicalmente questionado. Embora cultive projetos egoístas, Stiller se recusa a reconhecer sua identidade. Procurado pela polícia suíça depois de abandonar sua mulher e desaparecer, esse Odisseu degradado é preso, após regressar à sua cidade natal, portando um suspeito passaporte americano que exibe o nome simbolicamente inexpressivo de White. Também Odisseu, a certa altura, dizia não ter nome.

O vulto de Odisseu impregna o romance de Frisch, como o faz o tema odisséico da volta para casa. Stiller-White, abandonando e depois retornando à sua Julika-Penélope, traz à memória o modelo daquele que foi também um astuto contador de estórias, um mestre de disfarces. Só o fato de haver um *modelo* dessa estatura estraga tudo. De fato, a presença de modelos é percebida de princípio a fim como uma realidade opressiva, uma ameaça a reações autênticas. A fixação no "modelo" nos condena à inautenticidade.

A tirania dos modelos está em função da tirania maior da imitação. "Vivemos numa época de reprodução", observa Stiller. "Somos telespectadores, teleouvintes, teleconhecedores" – todos por procuração (151-152). Mesmo a nossa chamada vida interior, ao que parece, é de segunda mão. O escritor, em sua privacidade celular, é talvez quem sabe disso de maneira mais aguda. Como realmente, ele se pergunta, deverá provar que não conhece o ciúme por intermédio de Proust, a Espanha por intermédio de Hemingway, a busca labiríntica por intermédio de Kafka? Uma dupla indagação oculta-se por trás desta perplexidade. É possível a experiência não mediatizada? É ela desejável? Enredada é a natureza mesma da representação artística – mímese – e sua traição potencial da vida. Pois a forma artística fixa e aprisiona o fluxo da vida, negando a mobilidade e o vir-a-ser.

A cela da prisão de Stiller não é a única imagem de encarceramento do romance. Quase todos os ambientes assumem características carcerárias – toda a Suíça ou o atravancado porão de um navio, o Bowery de Nova York, um apertado quarto de hotel, ou o sanatório semelhante ao de *A Momtanha Mágica* onde Julika, a mulher tuberculosa de Stiller, jaz embrulhada em lençóis na sua cadeia-varanda. O tema da prisão envolve o romance, estendendo-se – para além das localidades – aos estados psicológicos: o desconforto de estar dentro da própria pele, a ânsia de se evadir do grupo étnico ou racial a que se pertence, o desejo de eludir à condenação à prisão do eu. Amor e casamento são percebidos como formas particularmente impiedosas de aprisionamento, servidões que condenam os parceiros, incapazes de salvar ou mesmo alcançar um ao outro, a viverem atrás de seus muros pessoais ou, como duas pessoas acorrentadas, cada uma asfixiando a outra com possessividade assassina. O impulso artístico, que podia ser julgado liberador ou sublimador, apenas intensifica a negação. Escrever prende. Significativamente, Stiller não é apenas um contador de estórias, mas um escultor profissional – um *Bildhauer*, um talhador de iamgens – trnsmutando a realidade viva na rigidez da pedra.

A produção de imagens, profissão de Stiller, é assim apresentada como a prisão da arte, um princípio de repressão e morte. A figura de Penélope, numa das historietas carregadas de símbolos, é transformada pelo narrador na figura mitológica de Níobe, a mulher metamorfoseada por Apolo e Artêmis numa imagem de pedra. O processo de produção de imagens, inclusive as imagens mentais que impomos àqueles que dizemos amar, é visto como um pecado contra a vida, uma forma de encarceramento psicológico e espiritual.

As conotações religiosas são inevitáveis. Um jovem seminarista católico, também paciente tuberculoso do santório, explica a Julika que é um sinal de não-amor e morte espiritual formar uma imagem do outro. A referência última é ao Segundo Mandamento: "Não farás para ti imagem de escultura..." Reveladoramente, quando Stiller, atormentado pela culpa, traduz num pesadelo sua consciência de ser o assassino de sua mulher, imagina uma cena de crucificação em que, sob a vigilância de soldados alemães, prega uma fotografia de Julika numa árvore com tachas.

Os temas de prisão correspondem a formas de aniquilamento da vida – especificamente à produção de imagem, interpessoal ou estética. Mas paredes confinadoras, literais e simbólicas, também galvanizam a imaginação e servem à visão. "Me sento em minha cela, olho para a parede e vejo o México." De dentro de sua casa prisão Stiller de fato vê mais longe e mais fundo, nas próprias entranhas da terra, assim como nos recessos de sua psique. Num extraordinário episódio omitido na edição americana em brochura, Stiller conta ao ingênuo carcereiro sua descoberta e perigosa descida ao que se revelou ser o interior das Cavernas de Carlsbad no Novo México. A omissão é imperdoável, uma vez que o próprio Frisch se refere a essa caverna como sendo um "arsenal de metáforas" subterrâneo (G. 125). A caverna em que os dois amigos exploradores são capturados se torna o cenário mítico de uma proeza de fuga trágica. É comparada ao Hades de Orfeu, ao labirinto de Ariadne, ao pesadelo de um conto de fadas. Durante essa viagem ao fim da noite, a realidade corrente aparece invertida; a primeira grande caverna lembra a nave da igreja de Notre Dame. Mas também proporciona um paralelo à existência e aos problemas do protagonista escultor, com suas formas inumanas de pedra e a cilada em que caem os dois amigos – o par simbólico –, culminando no assassinato de um pelo outro.

O encarceramento está assim numa relação paradoxal com os modelos míticos e heróicos. A nostalgia do heróico revela-se uma forma de fuga, e a procura do heróico uma ilusão, assim como a fuga ou esperança de fuga só evidencia um sentimento de falsa liberdade. O que Stiller chega a compreender, contra o imaginário pano de fundo heróico que ele evoca em sua cela metafórica, é sua própria nartureza essencialmente não-heróica. Melhor ainda: ele chega a perceber na verdade humana não-heróica um valor fundamental. A descoberta requer coragem, honestidade e tempo. A dolorosa lembrança do que Stiller chama sua "derrota espanhola" leva-o a reviver indefinidamente a intensa humilhação daquele momento durante a Guerra Civil Espanhola em que deixou de se mostrar à altura de suas expectativas heróicas. Sua incapacidade de disparar uma arma num momento crítico torna-se para ele o símbolo obsedante de sua insuficiência e não-virilidade. É preciso uma mulher para questionar suas pretensões heróicas. Sibylle, ouvindo-o culpar-se acabrunhado de ser um fracasso ("Versager"), não pode entender por que deve ele resolver se sentir envergonhado de ser como é. Afinal, quem lhe pediu que fosse um combatente ou um guerreiro, que fosse o que não é? Ela põe a questão em termos mais gerais: "Por que vocês homens sempre tentam ser tão grandiosos?" (224). A implícita crítica feminina aos atributos ditos viris mais uma vez sublinha o perigo dos modelos. Também sugere o valor das virtudes não-heróicas.

Esses valores por sua vez militam contra conceitos e poses heróicas. No fundo parecem harmonizar-se com temas religiosos latentes: aprendizado da humildade, rendição a uma autoridade superior, disposição de sair da prisão do ego como pessoa insignificante e impotente, renúncia à orgulhosa pretensão de ser o salvador de si mesmo. O orgulho, heróica ou teologicamente concebido, parece ser o alvo. A certa altura Stiller e seu rival/amigo, o promotor público Rolf, ao analisarem as excessivas exigências que fazemos a nós mesmos, aludem ao conhecido verso do *Fausto* de Goethe: "Aquele que eu amo almeja o impossível" ("Den liebe ich, der Unmögliches begehrt"). Concordam que esse verso "ominoso" só podia ter sido proferido por uma figura demoníaca (282; G. 243).

A busca pessoal de Stiller transcende sua crítica à sociedade moderna. Graças à problemática da liberdade, o herói não-heróico alcança um novo nível de consciência, se não uma revelação. Stiller fustiga seus concidadãos por não se darem conta de que a liberdade é um *problema*. Outros escritores, Stendhal por exemplo, mostraram que entre diversas ordens de liberdade existem incompatibilidades profundas. A liberdade entendida em termos políticos facilmente colide com uma idéia de liberdade interior. Mas ninguém correlacionou de maneira mais sugestiva do que Frisch a liberdade da vida interior com uma espécie de silêncio. Este silêncio está inscrito no nome de Stiller, em seu mutismo, sua gagueira, seu definitivo afastamento do mundo e da palavra. Stiller tem plena consciência de que as quatro paredes de seu ateliê de artista são uma clausura que protege a existência de um "ermitão". Perseguindo na prisão um sonho de liberdade monástica, pouco a pouco aprende a valorizar a prisão da vida interior e a querer alcançar o quieto centro do ego. A aceitação voluntária da prisão corresponde ao entendimento de que a necessidade pode ser escolhida livremente. Daí a prece pela não-evasão, o reconhecimento de que fuga não é liberdade.

A auto-aceitação não-heróica e a aceitação do fracasso em *Stiller* representam um sentimento mais profundo de volta para casa do que parece a princípio implícito no tema de Odisseu. Há traços de narcisismo que adquirem uma dimensão espiritual, se não religiosa. Um dos personagens salienta que a recomendação de amarmos o próximo como a nós mesmos subentende que devemos amar a nós mesmos como fomos criados. Tal aceitação do eu significa aceitar e até amar a prisão da individualidade. Aceitar a si mesmo, dizem-nos, requer a mais vital das forças da vida – "die höchste Lebenskraft" (G. 243). E mais: só esta aceitação de si mesmo pode libertar. Muitos dos relatos minuciosos do romance, inclusive o episódio indiscutivelmente estranho, ocorrido em Gênova, do traje vermelho cor de carne que Rolf veste como símbolo de humilhação permanente, têm um potencial religioso.

O próprio Stiller está perfeitamente cônscio de um desejo monástico latente. Quem não teve vontade de se tornar monge? ele se pergunta (150). Menos explícita, ainda que não menos evidente, é a perspectiva hagiográfica do que se podia definir como santidade negativa. Nesta perspectiva é ao menos conveniente que o afastamento definitivo do mundo por parte de Stiller seja explicado por uma testemunha-escriba, o promotor público Rolf, que imagina que seu amigo agora mudo, o autor das notas da prisão, está disposto a fornecer uma continuação intitulada "Notas em Liberdade". Mas Stiller continua mudo[5].

Esta impressão de incompletude é um sinal de que Stiller, um construto ficcional tipicamente descentrado, depende de leitura ágil e imaginativa. Friedrich Dürrenmatt observou argutamente que o romance de Frisch não poderia ser lido ou entendido sem a participação lúdica do leitor[6]. As ironias de um livro em que o advogado de defesa do protagonista é indiferente a ele, ao passo que o promotor público se revela um amigo compreensivo, pressupõe de fato um leitor putativo ou oculto capaz de entrever uma outra forma de coragem por trás dos modos gastos, desacreditados de heroísmo e santidade. Em *A Peste* de Camus, publicado só alguns anos antes, um dos protagonistas perguntava se era possível ser santo sem Deus. A resposta do narrador, como veremos no próximo capítulo, foi que ele não aspirava a ser nem herói nem santo, que sentia mais afinidade com os derrotados do que com santos e heróis, que o que lhe interessava era ser um ser humano – uma tarefa talvez mais espinhosa. Julgado em tais termos, o próprio Stiller poderia ter concordado que sua vida tinha sido um fracasso. Mas tal fracasso – é dado ao leitor compreender – contém um significado e uma promessa. Que uma imagem mais ampla do humano está em experiência surge muito clara do título do romance subseqüente de Frisch.

O título desse romance, *Homo faber*, aponta para um fracasso de outro tipo. Distingue-se nitidamente do *homo sapiens*, a espécie biológica de primatas capazes não só de razão mas também de conhecimento e sabedoria. Difere ainda da noção de *homo ludens* – homem brincalhão / especulativo, artístico. Na melhor das hipóteses o *homo faber* sugere uma capacidade humana parcial, especializada, tecnológica. Uma vez mais a

---

5. As conotações do tema da prisão em *Stiller* foram originalmente expostas, num contexto diferente, em meu artigo "Frisch, Cheever, the Prison Cell", *Rivista di Letterature Moderne e Comparate* XL, n. 1 (1987), 59-64.
6. Friedrich Dürrenmatt, "'Stiller', Roman von Max Frisch", em *Materialen zu Max Frisch, "Stiller"*, op. cit., I, p. 81. Afirma Dürrenmatt que o leitor precisa "entrar no jogo". O substantivo estimulante para esse tipo de participação é *Mitmachen*.

técnica narrativa de Frisch indica a escrita como uma compulsão. Depois de sete "caderno de notas" de Frisch, temos em *Homo faber* dois relatórios retrospectivos ou maços de notas também destinadas a ser lidas por um leitor dentro do texto. Em qualquer caso, a estória é contada por um inconfiável narrador em primeira pessoa; mas em *Homo faber* as instabilidades e ironias da narração retrospectiva põem em relevo um senso de inevitabilidade ou destino. Alusões clássicas a Édipo, à *Oréstia*, às Erínias, a Deméter e Perséfone sublinham mais ainda a impressão de ironia trágica.

O tema obsessivo da viagem assume aqui características regressivas quando Walter Faber, o pragmático engenheiro da Unesco, se vê inesperadamente impelido, primeiro para a selva guatemalteca e uma confrontação com a cena primitiva, depois para a Itália e a Grécia, e um retorno à antiguidade clássica e ao mundo dos mitos. O que se parece com uma série de eventos casuais vem a ser uma inevitável jornada em busca das origens, um retorno às fontes da natureza e da cultura. No caminho Faber depara com várias figurações da morte e do nada que o ajudam a descobrir ou recuperar seu verdadeiro ser e um significativo sentimento do mistério da vida.

Os estratagemas narrativos em *Homo faber* podem a princípio parecer menos complexos do que em *Stiller*. Mas o modo como Frisch emprega a narração em primeira pessoa, com sua embutida inconfiabilidade ironicamente colorida pela presença de uma leitora oculta (Hanna, a mãe ofendida), dá mais ênfase à ironia especificamente trágica inerente aos presságios retrospectivos, e com habilidade opõe o aparentemente acidental a uma consciência cada vez maior das tramas do destino. O enfoque racional ou tecnológico que Faber tem da vida leva-o a interpretar eventos e coincidências excepcionais à luz da lei da probabilidade, como acaso ou contingência, como ocorrências a serem tranqüilizadoramente explicadas no plano estatístico. Ele jamais admitiria, nos primeiros estágios pelo menos, que uma necessidade superior pudesse estar em ação, e que essa bizarra sucessão de coincidências representa, em vez disso, as rigorosas concatenações de um destino que o induz ao incesto com sua filha Sabeth, cuja existência nunca lhe tinha sido revelada, e por cuja morte ele deverá finalmente se julgar responsável.

O tema do incesto, a proibição secular, lembra inevitavelmente o mundo da tragédia grega. Em particular nos reporta à história de Édipo, cujo mito evidencia, entre outras coisas, o paradoxo da percepção e cegueira. É óbvio que Frisch decidiu explorar os recursos da mitologia grega. Hanna quando menina sonhou em viajar pelo mundo como Antígona, conduzindo um velho cego. Há alusões a outras figuras: as Erínias vingativamente perseguindo o culpado, Agamemnon assassinado por sua mulher Clitemnestra, a vívida recordação de ter ele sacrificado Ifigênia, filha de ambos. A metáfora da cegueira ocorre com freqüência no relato de Faber. Ele se sente "como um cego"; Hanna o vê "completamente cego". A referência mítica se torna quase explícita quando Faber, horrorizado com o que agora sabe, ansiando pela autodestruição, chega a pensar em cegar-se. "Sentei-me no carro-restaurante pensando. Por que não apanhar estes dois garfos, segurá-los verticalmente em minhas mãos e deixar cair a cabeça para me livrar dos meus olhos?" (203).

Quando Walter Faber e Sabeth, tendo se conhecido num transatlântico, partem para sua "lua-de-mel", que os leva de Paris até à Grécia, ele a princípio não sabe que ela é a filha de Hanna, a mulher com quem quase se casou há vinte anos, e muito menos que é o pai dela. Durante a viagem pela Provença, pela Toscana e a região de Roma, museus e sítios arqueológicos são evocações da antiguidade mitológica. Embora se diga insensível ("cego", como afirma) à arte e ignorante em mitologia, Faber, apesar disso, se impressiona com sarcófagos etruscos, com um relevo representando o nascimento de Vênus tendo ao lado um belo flaustista, e acima de tudo com a cabeça em pedra de uma Erínia adormecida que, a uma certa luz, parece perturbadoramente desperta e verdadeiramente feroz. Mas a referência clássica mais reveladora, prova indubitável de que sua autoproclamada cegueira é apenas parcial, acontece depois do "regresso ao lar" na Grécia, quando toda a verdade está prestes a se tornar conhecida. Ao tomar banho no apartamento de Hanna, Faber é fustigado pelo vago temor – sem dúvida recordação da vingança de Clitemnestra – de que Hanna entre no banheiro e o mate pelas costas com um machado (141).

O conhecimento que Hanna possui da mitologia não chega a surpreender; ela é uma arqueóloga traquejada e trabalha num instituto arqueológico. O mundo de deuses, mitos e destino lhe é familiar como parte de seu trabalho. Ela se sente em casa, por assim dizer, com Édipo, a Esfinge e as Erínias. Mas as vingativas Erínias desempenham um papel mais pessoal e ameaçador em sua vida. Pois Hanna também sente o peso de sua própria culpa. Afinal, ela escondeu de Faber a verdade sobre sua condição de pai. Pior ainda é a forma particular de soberbia que a caracteriza, visto que transgrediu uma lei natural ao desejar ter um filho sem pai, um filho que pertencesse exclusivamente a ela. Esta possessividade aparece como um protesto fundamental contra todos os homens, contra a própria presença do elemento masculino no mundo. Para não ter filhos do homem com quem afinal se casa (um velho amigo de Faber!), ela chegara ao extremo de se esterilizar.

A história de Hanna ilustra, em seus próprios termos, um conflito sexual básico. O homem se tem, como ela explica, na conta de "senhor do mundo"; a mulher se vê forçada, ainda que inutilmente, a aprender a "linguagem do senhor" (144). Este ressentimento feminino vai além do problema das relações interpessoais. Hanna acredita que se Deus é masculino, a mulher é "o proletário da Criação"; é reprimida, deserdada, explorada. As fontes de sua ira são profundas. Há a lembrança do tempo em que, quando criança, atracou-se com o irmão, foi derrubada e jurou nunca amar um homem. Sua ira não era de fato com o irmão, e sim com Deus, que fez as meninas mais fracas do que os meninos. Chegou até a fundar um clube secreto de mocinhas dedicado a abolir Jeová! (192-193).

A história de Hanna tem um referente mitológico implícito. Ela mesma não pode ignorar a lenda da deusa grega da Terra, Deméter, adorada como deusa mãe, e sua filha, Perséfone, também conhecida como Cória, a donzela que foi raptada e feita rainha dos Infernos pelo deus Hades, enquanto Deméter, cheia de pesar e indignação materna, tornou estéril a Terra[7].

No nível literal do romance a racionalidade compulsiva de Faber faz dele um personagem limitado, raso, singularmente não-heróico. O apego

---

7. Para um tratamento esclarecedor desse tema mitológico no romance de Frisch, ver Ronda L. Blair, "'Homo faber' 'Homo ludens', and the Demeter-Kore motif", *Germanic Review* 56 (1981): 140-150. Reproduzido em tradução em *Frisch's Homo faber*, ed. Walter Schmitz, Frankfurt, Suhrkamp, 1983, pp. 142-170.

a máquinas e aparelhos (barbeadores elétricos, máquinas de escrever, carros, turbinas, robôs, câmeras cinematográficas) determina sua concepção de vida a tal ponto que as metáforas tecnológicas matizam suas percepções. Ao ajudar Sabeth a descer uma escada de mão na casa das máquinas do navio, compara o contato daqueles ancas rijas e gráceis ao do volante de seu Studebaker. O seu é um caso de visão entravada: a câmera cinematográfica torna-se uma substituta da realidade. Mas esta cegueira voluntária é também o sintoma de um orgulho que assume clara forma antropocêntrica, misógina e "ocidental" hegemônica. Faber é aterrorizado pelo companheiro francês de viagem na selva que não pára de falar do declínio da raça branca. O próprio Faber está convencido não apenas de que uma profissão tecnológica é uma "profissão masculina" e a ciência um "monopólio masculino", mas também de que o homem-engenheiro pode e deve ser o "senhor da natureza". Sua formação suíça o faz rejeitar a idéia alemã de uma "raça superior"; mas ele se aproxima do inadmissível pelo modo como elogia a idéia de controle populacional e chega mesmo ao extremo de afirmar que o homem deve arrancar a procriação da mão de Deus (78, 108-109, 137).

Todo um mundo de valores e significados está fechado para Faber. Sua falta de interesse por sonhos, folclore, literatura, história da arte; sua falta de imaginação e sua indiferença por mitos e demônios (ele só tem conhecimento do demônio de Maxwell, assim denominado em homenagem ao célebre físico britânico) – tudo isto é sintomático de uma ausência mais vasta de curiosidade cuja pior característica é a indiferença pelo *outro*, trate-se de mulheres ou "nativos". Desprezo e medo distinguem sua atitude para com o que considera primitivo. Seu horror às forças elementares é impressionante. O encontro com o lodo da selva é para ele uma experiência traumática. Reveladoramente compara o lamaçal da decomposição fecunda a poças de "sangue menstrual", e mais tarde se lembra do francês ter dito que a morte e a terra são ambas femininas ("[L]a mort est femme ... la terre est femme" – 69-70), associação que prenuncia o tema de Deméter.

A crítica negativa à ideologia tecnológica é adequadamente formulada por uma mulher. Hanna diz a Faber que ele perdeu um relacionamento espontâneo, direto com a realidade, que a "desmundanidade" do tecnólogo é a competência negativa para organizar o mundo de tal maneira que se prescinde de vivenciá-lo. Resume tudo no enunciado um tanto enigmático segundo o qual os tecnólogos tentam "viver sem morte" (178-179). O que está implícito no enunciado é que Faber, regendo-se pelo tempo dos relógios e horários, não entende nem a natureza qualitativa da temporalidade, nem o valor da vida tornada preciosa por uma percepção da vulnerabilidade e da morte.

Hanna pressente de forma aguda o que o leitor chega a compreender, isto é, que o relato de Faber é produzido de má fé. Ele mais de uma vez sustenta não ter sabido, ter sido surpreendido pelos acontecimentos, quando desde o princípio fica claro que ele suspeitava, mas falsificou e justificou o injustificável. A inconfiável narrativa na primeira pessoa do singular é um recurso particularmente útil, já que permite a Frisch projetar uma consciência a um só tempo auto-enganadora e auto-reveladora.

A má fé de Faber como o homem "tecnológico", que se quer indiferente ao mistério e à mitologia, ganha especial relevo na cena do banheiro no apartamento de Hanna, quando ele de maneira tão dramática evoca a lembrança da morte de Agamemnon. Mas ser auto-enganador também significa ser parcialmente consciente. Por ironia, é o auto-engano que torna possível o momento revelador. E a revelação pode redundar em conversão, mesmo que venha tarde demais.

Tal conversão e conseqüente nova visão são preparadas em *Homo faber* pela experiência anterior, abaladora, da aterrissagem forçada e do confronto com a selva. A natureza parece vingar-se da tecnologia arrogante quando Faber enfrenta o lodo elementar, o calor inumano, os abutres, o fedor de fertilidade e oximorônica "decomposição florescente" (51). A proliferação aparentemente insensata de vida e morte ofende-o, como se a capacidade da selva de tragar tudo significasse a derrota da cultura ocidenal e a rendição ante o nada. Ao longo de toda a trajetória do romance ele encontra figurações da morte: a sua própria máscara mortuária no banheiro do aeroporto de Houston, o riso de caveira do Professor O., doente terminal, o túmulo perto da Via Appia, o sepulcro de Caecilia Metella na Campagna romana, seu intenso desejo de não-ser.

A verdadeira conversão acontece mais tarde no romance, após a morte acidental de Sabeth, quando Faber, voltando de uma segunda visita à selva, passa alguns dias em Havana. Este episódio cubano culmina numa revelação; também provoca uma transformação e uma resolução. A revelação tem a ver com a súbita percepção da beleza luminosa da população autóctone: o andar gracioso, a pele voluptuosa, as ancas provocantes, a sexualidade animalesca. O que Faber sente é mais do que desejo erótico: é antes uma espécie de luxúria metafísica enraizada em seu senso de inadequação. Seu fiasco sexual em Cuba apenas intensifica um novo apetite de intimidade com o mundo. Faber descobre o júbilo epifânico de estar aqui e agora, e pela primeira vez se flagra no ato de cantar louvores à vida (191, 210).

A metamorfose psicológica e o anseio de mais profunda harmonia com o mundo físico são tipificados pela recém-adquirida verve metafórica de Faber. Com Sabeth ele jogava um pingue-pongue verbal que consistia em inventar metáforas para descrever a paisagem; mas sempre perdia a competição. Agora continua a praticar o jogo de metáforas sozinho e se torna bom nisso; e essa percepção metafórica da realidade, pan-harmônica em sua natureza, está estreitamente associada à nova resolução de Faber, a que ele mesmo alude em termos concisos, poéticos:

Minha resolução de viver de outro modo.
Minha alegria. (182)

A lição e a resolução levam o romance à sua conclusão, completando o círculo. Quando voa de volta para Atenas, desta vez não como o cego que era quando saiu de Nova York no meio de uma tempestade, Faber faz voto de não voar nunca mais. Seu desejo agora é andar na Terra, sentir o cheiro do feno e da resina dos pinheiros, "apossar-se da Terra" (206). A ânsia é do *hic et nunc* de um abraço apertado na vida, da celebração de grandiosas núpcias capazes de o ajudar a afugentar o tempo sob cujo domínio viveu até ali. Esta concepção epifânica da vida aproxima Faber de uma visão quase religiosa: a experiência da "eternidade no instante" (210).

Voltamos à dimensão mítica do livro. É um "retorno" de fato: o tempo cíclico e recorrente do mito, sustentando a esperança de salvamento, renovação e sobrevivência, levanta-se em oposição ao tempo linear, orientado para o progresso, que é o tempo de obsolescência e substituição do *homo faber*[8]. A rejeição definitiva, por parte de Faber, do que ele próprio qualifica de "American way of life" deve ser interpretada sob esta luz. A denúncia desse estilo de vida "linear" deve ser lida não como uma condenação política, mas como uma condenação psicológica e moral da moderna sociedade ocidental, e também como uma forma de autodenúncia. O patético "povo da Coca-Cola", os expansivos apaixonados por engenhocas e consumidores de vitaminas que se exibem com seus copos de uísque e largos sorrisos em coquetéis e se vêem como protetores do mundo tornam-se o emblema de nosso mundo tecnológico e sua obsessiva idéia de eficiência e pseudojuvenilidade, seus cadáveres cosmetizados, seu otimismo enceguecedor estendido "como um tapete de neon diante da noite e da morte" (185-186).

Faber parece finalmente concordar com o jovem companheiro de viagem na selva que não parava de tagarelar a respeito do declínio do homem tecnológico ocidental. Esta noção de queda do alto de uma sensação de plenitude e realidade não-fragmentada provavelmente explica o reiterado apelo do romance à mitologia. Hanna, que vive em contato profissional diário com as figuras do mito, esclarece que seu trabalho arqueológico significa remendar fragmentos. "Eu colo os cacos do passado" (144). A imagem faz sentido no nível literal. Mas é também um símbolo de uma tentativa mais fundamental de resgatar formas e valores do desgaste do tempo e da destruição – luta tipicamente moderna pela sobrevivência espiritual resumida num verso memorável de *A Terra Estéril* de T. S. Eliot: "Com estes fragmentos escorei minhas ruínas".

A questão da modernidade é central para a obra de Frisch, embora ele a exponha de maneira menos estridente e teoricamente menos provocadora do que alguns de seus contemporâneos. Em todos os seus textos ele

---

8. Sobre esta oposição entre tempo cíclico e tempo linear na consciência moderna, ver o valiosíssimo *The Myth of the Eternal Return* de Mircea Eliade, tr. W. R. Trask, New York, Pantheon, 1954. Reimpresso, Princeton, Princeton University Press, 1971.

postula um vazio que pede para ser preenchido, uma negatividade que sinaliza a necessidade de uma plenitude ausente. No centro há a consciência da fragmentação e descontinuidade. Apesar do alcance e do fluxo da prosa de Frisch, pode-se justificadamente falar de uma estética do fragmento. Em algumas páginas notáveis do primeiro caderno de rascunhos Frisch expôs de fato uma breve teoria da modernidade baseada na preferência pelo fragmento e pelo esboço. Argumentou que uma civilização tardia como a nossa, desconfiada da esterilidade de formas fechadas, deposita confiança, em vez disso, em abertura, impulso e na dissolução de formas herdadas (*Sk.* I, 82).

O uso da forma do diário, com seu indicativo presente movediço, não está limitado aos cadernos de rascunhos. Também na sua ficção Frisch explora com freqüência os recursos estilísticos e temáticos do diário e do caderno de notas que lhe permitem sublinhar o elusivo, o transformacional, o multifacetado. Daí a significação especial da figura de Hermes aparecer na forma de material de preleção no centro de *Gantenbein*. Pois Hermes, como o trecho explica, é uma figura de "múltiplos significados" – uma "vieldeutige Gestalt": deus de ladrões, trapaceiros e comerciantes, famoso por sua solércia e esperteza, Hermes é o feliz portador de boa sorte e boas oportunidades, mas também um desencaminhador (literalmente, sedutor, "Irreführer"), um guia silencioso de sonhos e mensageiro dos deuses, assim como o invisível arauto da morte. Mais polivalente que ambivalente, a figura de Hermes, como é evocada em *Gantenbein*, corresponde no nível mitológico à idéia do *homo ludens* e participa da galhofeira subversão dos mitos[9].

Essa galhofa não é frívola. A dimensão não-heróica, estritamente humana, requer coragem especial. Já em *A Muralha Chinesa* Frisch pregou o fim dos "heróis", que estão sempre do lado da violência e das mentiras. A tarefa realmente corajosa era resistir às seduções de vitórias arrasadoras e sanguinárias a fim de se tornar o que é mais difícil: um ser humano. Mais uma vez nos lembramos da recusa do Dr. Rieux, em *A Peste* de

---

9. Werner Stauffacher fala da destruição sistemática de mitos em *Stiller* ("Sprache und Geheimnis" em *Materialen zu Max Frisch "Stiller"*, *op. cit.*, I, 59.

Camus, a tomar o partido de heróis e santos; de seu discreto mas orgulhoso desejo de ser menos e mais: "être un homme". Como isto soa diferente da soberba afirmação de Malraux de que a verdadeira pátria do homem é onde se acumulam as nuvens mais escuras. Frisch, como Camus, prefere ser mais modesto: "Nossa pátria é a humanidade" – "unsere Heimat ist der Mensch" (*Tg.* I, 150).

9

A Voz de Camus

NEM SANTO NEM HERÓI

PRIORIDADES

NA EMPESTEADA CIDADE DE ORAN – uma cidade sem árvores, sem alma que simbolicamente volta as costas à beleza do mar – um personagem de nome Tarrou expressa a opinião de que a única questão realmente importante em nossa época é como ser santo sem Deus. Tarrou, que parece de algum modo prenunciado pelo Dr. Rieux, pode de fato ser um personagem mais importante em *A Peste* do que em geral se admite. Ao contrário de Rieux, que está comprometido sem ilusões com uma luta em grande parte desesperada contra a peste, Tarrou alimenta aspirações a uma pureza impossível. A essa nostalgia do absoluto Rieux responde com uma exigência mais modesta mas talvez mais ambiciosa. Heroísmo e santidade, diz ele, não o atraem. "O que me interessa é ser um homem" ("Ce qui m'intéresse c'est d'être un homme")[1].

Embora discordem nesse ponto crucial, os dois amigos são aliados numa batalha comum. Podia-se até dizer que Tarrou é o *alter ego* de Rieux no sentido de que Tarrou faz ouvir uma voz que não será silenciada. Ocor-

---

1. Albert Camus, *The Plague*, New York, Vintage, 1991, p. 255. (*La peste*, Folio, Paris, Gallimard, 1995, p. 230.)

rendo pouco antes de um simbólico banho à luz das estrelas, o diálogo dos dois a respeito de santidade e humanidade pode muito bem refletir o debate interno de Camus em torno do tema do compromisso moral. Precisamente na época em que escrevia *A Peste* Camus referiu-se em seus cadernos de notas à santidade negativa, "um heroísmo sem Deus". Mas pouco depois observou que era indiferente à grandeza, que sempre achou "bastante difícil ser homem" – quase as palavras de Rieux. A ambivalência de Camus exprime seu duradouro desejo de circunscrever as modernas formas de coragem. O "moderno heroísmo" é uma expressão do maior destaque em *O Mito de Sísifo*[2].

Muito se poderia dizer sobre o mito de Sísifo no pensamento de Camus. Rei lendário de Corinto, Sísifo é condenado nos infernos a empurrar uma pedra imensa para o alto de um monte; tão logo ela alcança o cume rola para baixo e tem de ser empurrada de novo. Para Camus, o incessante labor de Sísifo se torna o emblema da condição humana; mas agrada-lhe imaginar que Sísifo encontra orgulho e felicidade nesse destino extenuante. Lúcido, aceita as regras aparentemente absurdas de um jogo ao qual não deu seu consentimento e recusa-se a trapacear. Aceitação e submissão não são, porém, a mesma coisa. A lição de Sísifo consiste em que o absurdo pode adquirir significação se se participa do jogo num espírito de orgulhosa revolta. *L'Homme révolté* é mais do que o título de um livro polêmico; é uma noção difundida na obra de Camus.

O tema da lucidez corajosa permeia os primeiros escritos de Camus. Já em *Noces* o autor, aos vinte e cinco anos, exaltou a lucidez trágica em face da morte. Desde o início viu na rejeição de esperança e consolo a condição da grandeza humana. O desprezo por mentir e trapacear quando a mente luta com uma realidade além da compreensão marca o livro ainda mais antigo *L'envers et l'endroit*. "Odeio trapaça. A coragem máxima consiste em manter os olhos bem abertos para a luz da vida e também para a morte"[3].

---

2. Camus, *Carnets II*, Patis, Gallimard, 1964, pp. 31 e 172. *Le mythe de Sisyphe*, Gallimard, Collection Idées, 1963, p. 165.
3. *Noces*, Paris, Gallimard, 1950, pp. 41, 48 e 80. *L'envers et l'endroit*, Paris, Gallimard, 1958, p. 125.

Mas mesmo a coragem é desacreditada, ou pelo menos posta numa perspectiva ambígua. Simplemente não é uma prioridade. Em seus cadernos de notas Camus qualifica o culto ocidental da coragem de "repugnante"[4]. É revelador que em *A Peste* o narrador paradoxalmente propõe como verdadeiro herói de sua crônica a figura comovedoramente risível e insignificante de Grand. O próprio nome é irônico, levado como é por um funcionário público humilde e ligeiramente patético "que nada tinha de herói"[5]. Seu sonho é escrever um romance, mas não consegue ir além da primeira frase. No desejo de compor uma frase inicial perfeita não pára de escrevê-la e reescrevê-la com a mesma determinação de Sísifo.

O que realmente importa na suposta elevação de Grand ao posto de herói – além de reconhecer a bondade de seu coração ao alistar-se nos esquadrões sanitários – é rebaixar o heroísmo de sua tradicional posição preeminente. O primeiro lugar não vai para o ideal heróico, mas para o que Rieux chama, um pouco vagamente, "a exigência generosa de felicidade" ("l'exigence généreuse du bonheur"). Pois até em tempos de crise como a peste – talvez especialmente em tempos de crise – não há nada de vergonhoso, segundo Rieux, em "preferir a felicidade". É significativo que esta apologia da felicidade seja dirigida a ninguém mais senão Rambert, o homem que combateu como voluntário na Guerra Civil Espanhola e chegou à conclusão de que a bravura, em si mesma, é fria e homicida. "Não creio em heroísmo": a sóbria declaração de Rambert surge não como uma negação da possibilidade de coragem, mas antes como um meio de situar a bravura abaixo de valores mais ensolarados[6].

NADA DE ARMISTÍCIO

Dizer que a paixão de Camus pelo sol nutre seu senso de revolta não é passar do limite. A revolta é dirigida contra uma ordem de coisas que por falta de uma palavra melhor Dr. Rieux chama "criação", a saber, as condições de existência que inevitavelmente compreendem sofrimento e mor-

---

4. *Carnets II*, op. cit., p. 87.
5. *The Plague*, op. cit., p. 133.
6. *Idem*, pp. 137-138, 162 e 209. (*La peste*, op. cit., p. 129.)

te. É esta revolta que inspira a luta do doutor "contra a criação como ele a encontrou". Mas tal revolta permanece ambivalente. A natureza deve ser combatida. "O que é natural é o micróbio." Todos os valores positivos – saúde, integridade, ética – são, como Tarrou explica, produto da vontade humana. Mas a "natureza", se não supre valores, é uma fonte de beleza na obra de Camus. Voltar as costas à forma perfeita da baía e à beleza do mar é um tipo de morte espiritual. Os habitantes de Oran se mostram portanto desligados, pelo menos no início do romance, da paisagem estupenda, dos montes luminosos, do inigualável contorno litorâneo[7].

A carga simbólica do romance é inconfundível desde os primeiros sinais. O título indica uma doença contagiosa, epidêmica. Por sua própria natureza, a peste é um tormento coletivo, pressupondo reações coletivas e reclamando medidas coletivas. As pestes famosas da história (mentalmente Rieux repassa os horrores registrados) sugerem calamidades não só naturais mas também produzidas pelo homem como as guerras. Referências bíblicas vêm igualmente à memória. Menção específica é feita à peste no Egito, o flagelo de Deus que humilhou o orgulhoso faraó no conhecido episódio do Êxodo. E isto por sua vez leva a considerações religiosas e filosóficas que estão no cerne do debate que opõe o médico e o sacerdote.

Se o título do romance é ricamente simbólico, a epígrafe de Defoe centrada na imagem da prisão parece anunciar uma estrutura alegórica. Leitores contemporâneos acharam difícil resistir a uma leitura tópica. A situação de Oran podia ser facilmente interpretada como uma representação da França sob a ocupação alemã. Alegoria e simbolismo entram assim num relacionamento complexo, às vezes incômodo – desconforto que parece ter perturbado Camus quando observou em seus cadernos de notas que *A Peste* era efetivamente um "panfleto"[8].

Os elementos chave da curta frase inicial do romance confirmam esse complexo relacionamento entre símbolo e alegoria. "Os curiosos acontecimentos descritos nesta crônica ocorreram em 194 – em Oran." A indicação temporal identifica com transparência o período da guerra e da

---

7. *The Plague, op. cit.*, pp. 6, 127 e 253.
8. *Carnets II, op. cit.*, p. 175.

Ocupação. Por outro lado, a cidade de Oran, que não fica na França metropolitana, representa o dia-a-dia de qualquer comunidade "moderna". É um lugar negativo, simbolicamente sem passarinhos, sem árvores ou jardins, sem quaisquer indícios de valores imateriais. Já a palavra "crônica", com sua sugestão de imediatez histórica, anuncia o tom de um testemunho modesto, anônimo de sucessos coletivos, bem como a importância moral de testemunhar e recordar.

Camus escolheu para seu personagem central, primeira testemunha e principal cronista a figura de um clínico devotado a seus pacientes e a suas rotinas diárias. A lição implícita não é só a de dedicação a uma profissão, a um *métier*, mas ao que Camus chama o "métier d'homme" – expressão difícil de traduzir, pois *métier* significa profissão, ofício, meio de vida, trabalho, ocupação, mas também perícia e experiência. Exercer o "métier d'homme" é portanto ser um ser humano plenamente envolvido. Tal envolvimento é parte do aprendizado de solidariedade, de "fazer parte daqui", de aceitar um destino coletivo.

A lição mais vívida, porém, é a do exílio, noção central para o pensamento de Camus. Pois exílio, como se torna claro em *A Peste*, não é tanto um estado existencial quanto uma percepção potencialmente redentora de um vazio interno a ser preenchido: uma nostalgia, ou saudade de alguma coisa há muito perdida e em grande parte esquecida, bem como um impulso para avançar.

O resultado é uma coragem inútil na imagem de Sísifo. Dr. Rieux sabe, ai de nós, que nenhuma vitória jamais pode ser duradoura, que a luta contra a peste sob todas as suas formas, ainda que necessária, significa uma frustração que nunca tem fim. Mas esta não é uma razão para baixar a guarda. O bacilo mortal pode estar aqui para sempre, ou reaparecer quando menos se espera. Daí a necessidade de permanente vigilância. Não pode haver armistício na insurreição contra o sofrimento. O banho dos dois amigos à meia-noite simboliza uma diversão feliz, uma folga longe da peste; mas é uma felicidade que não esquece nada. E depois daquele momento privilegiado de descanso, depois daquela idílica intimidade com o tépido mar de outono e a abóbada celeste, ambos sabem que devem voltar à luta.

No âmago desta vontade de lutar há lembranças e o dever de testemunhar. As palavras testemunha/testemunho e testemunhar aparecem quatro vezes em rápida sucessão no começo do capítulo final, no momento preciso em que a peste parece ter desaparecido ou recuado, e o narrador-testemunha está aterrorizado com a irresponsável felicidade de uma população inteira pronta a esquecer e até negar os horrores recentes. Essa negação traz mais uma vez à memória as recentes calamidades históricas e políticas, inclusive as câmaras de gás dos campos de concentração e extermínio. Referindo-se à espessa fumaça que sai dos fornos em que foram queimados os corpos das vítimas da peste, Rieux assinala a vergonha do silêncio e olvido.

Esse mitigado senso trágico do testemunho é talvez o que separa da maneira mais eloqüente a mensagem de Camus da retórica do testemunho heróico na obra de André Malraux. Mas há pontos em comum. A referência de Camus às vítimas da peste aguardando sua vez em manietada impotência faz lembrar os prisioneiros políticos feridos, no final de *La condition humaine* de Malraux, esperando a vez de serem torturados e executados. O título de Malraux sugere uma ascendência comum numa das famosas imagens de prisão com que Pascal descreve a condição humana.

> Imaginemos um grupo de homens acorrentados, todos condenados à morte; alguns deles são a cada dia chacinados à vista dos outros; os remanescentes vêem sua própria condição na de seus companheiros, e entreolhando-se com pesar e desespero aguardam sua vez. Esta é uma imagem da condição humana[9].

Mas as afinidades dos dois escritores em torno da imagem pascaliana da condição humana devem ser postas em perspectiva. Camus pode admirar Malraux, mas sua obra pode também ser vista como uma reação. Desde a juventude Camus tomou consciência da presença intelectual de Malraux. O tom e as idéias de Malraux, mesmo quando inspirados por temas de desespero, "são sempre tonificantes", observou Camus em *O Mito de Sísifo*. Entretanto, desde *Noces* Camus rejeitou o que chama de "filosofia amarga", a lição heróica de *grandeur*: Malraux – e isto sem

---

9. Pascal, *Pensées*, Baltimore, Penguin, 1968, p. 165.

dúvida indispôs Camus – cultivou uma literatura de situações extremas, mostrou-se como um mestre de contrastes dramáticos e imagens grandiosas, e falou, conforme suas próprias palavras, "a linguagem obscura e impetuosa dos profetas modernos"[10].

O Escândalo da Morte

Bem à maneira do Dr. Rieux em *A Peste*, Camus desconfia da grandiloqüência oracular, preferindo em todos os níveis esvaziar imagens e mitos glorificadores. Comenta em seus cadernos de notas que a figura de Don Juan, por exemplo, não é mais concebível nas condições contemporâneas: "Nem pecado nem heroísmo" parecem possíveis[11]. Quanto à liberdade e criatividade do artista moderno, estão ligadas a uma metáfora anti-heróica que Camus explica admiravelmente no ensaio "O Artista e Seu Tempo". A força do escritor em nossa época consiste, diz ele, em ser o oposto absoluto de Alexandre, o conquistador que cortou o nó górdio com sua espada. O artista é definido como um "contre-Alexandre" que, em vez de dividi-lo, dá novamente o nó górdio da civilização[12]. Tal nó ou laço é compatível com a vocação de modéstia e honestidade do artista, com sua recusa a se glorificar. O discurso de Camus ao aceitar o Prêmio Nobel insiste igualmente nas responsabilidades do artista, bem como nos limites e limitações do papel do artista na sociedade, na necessidade de escrupulosa honestidade.

A dedicação à verdade é sublinhada no começo de *A Peste* quando Rieux se recusa a dar uma entrevista a um jornalista parisiense porque este não pode lhe dar plena garantia de que nada será ocultado. Segundo Rieux, o testemunho só é válido se é dado sem reservas ("sans réserves")[13]. Essa preocupação com a verdade nua e crua deixa pouco espaço para atitudes heróicas, e isto porque a tragédia é uma realidade diária, e não excepcio-

---

10. *Le mythe de Sisyphe, op. cit.*, p. 181. *Noces, op. cit.*, p. 15. André Malraux, *Saturne*, Paris, La Galérie de la Pléiade, 1950, p. 113.
11. *Carnets III*, Paris, Gallimard, 1989, p. 277.
12. "L'artiste et son temps", em *Albert Camus*, org. Germanine Brée, New York, Dell, p. 204.
13. *The Plague, op. cit.*, p. 12. (*La peste, op. cit.*, p. 19.)

nal, exigindo não gestos ou feitos adequados a ocasiões grandiosas, mas a implacável e singela coragem de viver. Que tal noção de coragem não-heróica não é uma abstração, mas uma intuição bastante precoce, torna-se evidente no manuscrito autobiográfico de Camus publicado postumamente, *O Primeiro Homem*, que evoca sua infância em Argel.

Como outras crianças, ele tinha sonhos de heroísmo e glória. Na biblioteca pública devorava romances de capa e espada para satisfazer o que chama de "gosto por heroísmo e fanfarronada". Mas estes eram livros, e o verdadeiro aprendizado de vida de Camus não era livresco. Sua aversão à violência, por exemplo, parece remontar a uma briga de socos na infância, quando acertou o olho de um colega de turma e percebeu que "derrotar um homem é tão amargo como ser derrotado". Associou essa experiência um tanto corriqueira de briga na escola à revelação de que "guerra não presta"[14].

Esta consciência precoce da hediondez da guerra adquire especial pungência porque os anos de infância e escola de Camus foram vividos à sombra de uma recente guerra mundial. Na perspectiva argelina, essa guerra foi sem exagero uma calamidade absurda, mandando grandes contingentes para lutar e morrer em defesa de um país distante, ao norte – país que supostamente deviam amar como sua "terra natal", mas que de fato era para quase todos eles apenas uma palavra abstrata, *patrie*. O pai de Camus foi ferido mortalmente na batalha do Marne, deixando órfão seu filho de um ano. Toda a infância de Camus foi abalada por imagens de guerra e morte. Ele recordou com extrema exatidão como junto com seus amigos brincava nos jardins do Lar dos Veteranos Inválidos, onde a mãe de um dos colegas de escola era chefe das lavadeiras. A presença de veteranos aleijados, homens que haviam perdido um ou vários membros na guerra, dava um toque confrangedor aos jogos infantis e à fragrância inebriante da vegetação.

Até o professor da escola primária de Camus, que se tornou para ele um pai substituto, era um veterano que lia em voz alta para a turma passagens comoventes do romance de guerra de Roland Dorgelès, *Cruzes de*

---

14. Camus, *The First Man*, New York, Knopf, 1995, pp. 155 e 244.

Madeira. Quando Monsieur Germain notou que o pequeno Albert, sentado na primeira fila, fitava-o com o rosto banhado em lágrimas, soluçando incontrolavelmente, isto criou entre professor e aluno um vínculo para toda a vida.

"Quem lhe ensinou tudo isto?", perguntam ao Dr. Rieux em *A Peste*. A resposta vem incontinenti: "la misère" ("a miséria")[15]. Esta resposta tem uma ressonância pessoal. Pobreza e presságios de morte estavam no cerne do aprendizado de vida de Camus. Quando adolescente, cuspiu sangue; mais tarde teve sucessivos acessos de tuberculose. No prefácio à sua primeira coletânea de ensaios, *L'Envers et l'endroit*, ele explica que foi poupado do duplo perigo do ressentimento e do convencimento porque suas raízes estavam num mundo de pobreza e pura luz do sol. Bem cedo havia compreendido o amargor não só da guerra mas também da história, que deserdava e oprimia. O senso moral de Camus reagia simultaneamente à natureza calamitosa da história e à percepção de que um destino coletivo lança dúvida sobre a possibilidade de salvação pessoal. Mas ele também sabia que o "destino coletivo", com suas óbvias ameaças ao indivíduo, pode ser outra forma de tirania exercida em nome da história. A mensagem central de seu discurso de 1957 ao receber o Prêmio Nobel é que o escritor serve não àqueles que fazem história, mas àqueles que a ela estão sujeitos. Uma crença fundamental na liberdade humana contraria a "engajada" ferocidade de alguns de seus camaradas intelectuais. É justo dizer que Camus nunca se desviou da afirmação que fez em *Noces*: "O mundo acaba sempre superando a história"[16].

No entanto Camus não se rende ao otimismo ingênuo. Seu apetite de vida continua fundado no que entende ser o escândalo da morte. Perda e recuperação estão no âmago de sua mitologia pessoal; elas iluminam a noção de exílio a que ele tantas vezes retorna. Sua trágica percepção foi formulada com certa grandiloqüência juvenil em *L'Envers et l'endroit*: "Não há amor à vida sem o desespero de viver". Em seus últimos cadernos de notas ele chega a explicar que não pode existir verdade humana

---

15. *The Plague, op. cit.*, p. 1229.
16. *Noces, op. cit.*, p. 45.

fora da lúcida aceitação da morte, sem, além disso, nenhuma esperança de vida futura. A lucidez substitui a fé. Já nas *Noces* sensorialmente pagãs Camus sustentava que esta desconsolada perspicácia era em si mesma um ato de fé[17].

O horror à morte, na experiência de Camus, engendra o desejo apaixonado de viver. Este desejo é exacerbado pela consciência irônica da indiferença da natureza pelo sofrimento humano. Mas ao contrário de Alfred de Vigny, que, em seu famoso poema "La maison du berger", denunciou a surdez da Natureza aos gritos humanos, Camus expõe o ponto de vista paradoxal de que o desespero explica a alegria. A natureza dialética dessa ligação avulta em várias declarações segundo as quais a idéia de felicidade depende da consciência da miséria. A verdade de nossa condição é amarga. Mas uma parte essencial desta verdade é que toda negação contém em germe uma floração de afirmações ("une floraison de 'oui'")[18].

A lúcida aceitação do inevitável torna-se um ato de fé precisamente porque não há transcendência na ordem de coisas camusiana. O corpo humano está inevitavelmente sujeito ao envelhecimento, à doença, à deterioração. Mas esse corpo é nossa "única verdade"[19], compelindo-nos a amar o imperfeito e o finito. Sobre este assunto Camus pode tornar-se lírico e polêmico, exaltando como "sagrada" a carne que os cristãos foram instruídos a encarar com desdém. Contrariando o que chama de séculos de "perversão cristã", Camus prega não a redenção mas a convalescença. A mensagem pascaliana de fragilidade humana pode comovê-lo; mas o temor e o tremor que se destinam a conduzir a Deus não logram convertê-lo[20].

O horizonte carnal de Camus está resumido na resposta sucinta de Koliayev à devota Grã-Duquesa em *Les justes*: "Todos os meus compromissos são nesta terra". Em outro lugar o autor fala diretamente: "Todo o meu reino é deste mundo". O mesmo apego a este mundo se faz presente na resposta de Meursault, quando pouco antes de sua execução em *O*

---

17. *Carnets III, op. cit.*, p. 21. *Noces, op. cit.*, p. 48.
18. *Noces, op. cit.*, p. 98.
19. *Le mythe de Sisyphe, op. cit.*, p. 118.
20. "Je suis de ceux que Pascal bouleverse et ne convertit pas." (*Carnets III, op. cit.*, p. 177.)

Estrangeiro, o capelão do presídio lhe pergunta como imagina a vida no outro mundo: "Uma vida em que eu possa relembrar esta daqui"[21].

A atitude básica é ao mesmo tempo irreligiosa e anti-religiosa. Do romance autobiográfico póstumo *O Primeiro Homem* depreende-se que a religião não tinha espaço na família de Camus, que lá nunca se falou em Deus. Mas Camus revela não apenas indiferença mas franca hostilidade ao que considera como imposturas e ilusões fomentadas pela religião. A coragem sisifiana é a rejeição do mundo sem sentido dos deuses[22].

A repercussão mais profunda, decididamente antimetafísica, não está porém destituída de um registro poético e até espiritual. Camus gosta de imaginar uma ordem divina "sem imortalidade humana". Lembra que Odisseu repele a oferta de imortalidade que lhe faz Calipso e vê nesta fidelidade à morada humana a significação fundamental da *Odisséia*[23]. Na Argélia, onde cresceu, como em Delfos, que visitou, vivenciou a "angústia do sagrado", um sentimento de pavor sagrado em face da eternidade[24]. Mas suas mais intensas emoções líricas continuam relacionadas com a sensação do aqui e com sua preferência pelo finito. Uma frase em *Noces* talvez capte melhor uma ressonância que é lírica e espiritual por omissão: "O mundo é belo, e fora dele não pode haver salvação"[25].

Exílio: O Vazio no Centro

Apesar da natureza deliberadamente discreta, quase sempre incolor de sua prosa (em parte por causa disso), a ficção de Camus, exemplificada por *O Estrangeiro* e *A Peste*, está saturada de instantes poéticos que são evanescentes e prolongados, como aragens que realçam a intencional uniformidade do tom e proporcionam sugestões de alguma outra realidade. O contraste entre a estudada neutralidade do estilo narrativo e essas fugazes evocações líricas é especialmente digno de nota em *O Estrangeiro*.

---

21. *Les justes*, em *Théâtre, Récits, Nouvelles*, Paris, Gallimard, 1962, p. 375. *L'envers et l'endroit, op. cit.*, p. 123. *L'étranger*, Poche, 1957, p. 175.
22. *Le mythe de Sisyphe, op. cit.*, pp. 88 e 119.
23. *Carnets II, op. cit.*, pp. 21-22.
24. *The First Man, op. cit.*, p. 318. (*Le premier homme*, Paris, Gallimard, 1994, p. 318.)
25. *Noces, op. cit.*, p. 96.

Meursault, o narrador, se mostra muitas vezes sensível aos morros, ao mar, à beleza melancólica das horas noturnas. Reage às cores da terra, à luz cambiante, à graciosidade de uma fileira de ciprestes, aos odores do verão, aos sons corriqueiros da cidade.

Esta disposição poética não chega a surpreender em razão das muitas evocações de paisagens em textos mais antigos de Camus como *L'Envers et l'endroit*, *Noces* e até o filosoficamente ambicioso *Le mythe de Sisyphe*. É ainda mais evidente em seus escritos pessoais – seus cadernos de notas e *Le premier homme*. Camus tira grande proveito de seu fervor pelo mar, da luz sobre as oliveiras na Itália, da recordação de enseadas espelhantes, do orvalho matinal sobre as ruínas de Tipasa. Sua percepção fundamentalmente sensorial estende-se a jogos infantis, a formas do corpo humano, à beleza dos esportes.

A mistura camusiana de apagada banalidade, perturbadora (mas também tranqüilizadora) regularidade e esporádica expansividade lírica explica em grande parte o resultado extraordinário de *A Peste*. Esgotado pela luta diária contra a epidemia, Dr. Rieux encontra renovada confiança e energia no ruído da cidade trazido pela brisa amena, nos roncos ásperos que à noite chegam de navios distantes no porto, no movimento despreocupado das multidões na rua, nos sons rotineiros de uma oficina da vizinhança.

A mescla de existência monótona, miséria e percepção aguda da beleza é ainda mais impressionante nas transparentes páginas autobiográficas de *O Primeiro Homem*. As evocações de Argel e da Argélia são vívidas e sugestivas: efêmeros crepúsculos, a passagem das estações, a partida das andorinhas, as ravinas trescalantes de aromas, os dias de verão em que o calor deixa sem cor o céu. Os distritos apinhados de Argel são vigorosamente descritos com suas ruas estreitas cheias de arcadas, os vendedores ambulantes e seus tabuleiros, as barracas de comida, os misturados grupos religiosos e étnicos.

No manuscrito de *O Primeiro Homem* Camus anotou que queria que este livro ficasse "pejado de coisas e carne". Contato humano, amizade, solidariedade – estas são palavras e conceitos que contêm um significado concreto para ele. Uma das passagens memoráveis de *A Peste* descreve o banho de mar noturno proposto por Tarrou a Rieux "por amizade". De cima dos rochedos os dois mergulham nas águas enluaradas que sobem e descem junto ao cais. Enquanto nadam lado a lado no mesmo ritmo no mar tépido, vivem uma comunhão sensorial, e também uma trégua longe da peste. Ambos consideram absurdo viver só na e para a peste, indicando que é uma insensatez viver só na e para a história. Há outros valores. Mas estes valores existem porque a peste e a história não podem ser negadas. A sensação de felicidade e liberdade experimentada pelos dois amigos durante o banho depende de fato da presença da peste e da necessidade que têm de combatê-la.

No entanto o compromisso com a luta e o subjacente senso de dever moral permanecem decididamente não-heróicos. O tom dos primeiros escritos é sensualista, se não hedonista. Camus deixou claro para si mesmo desde o início que não estava à procura de uma dura filosofia da "grandeza". Em *Noces*, seu canto nupcial do à-vontade humano numa natureza indiferente ao sofrimento humano, declarou sua postura anti-heróica e também antimetafísica. Comentando sua própria atitude ambígua de amor e rebelião, concluiu: "Neste magnífico templo abandonado pelos deuses, todos os meus ídolos têm pés de barro"[26].

Não admira que imagens do deserto permeiem suas obras. Elas se destacam na coletânea de estórias reveladoramente intitulada *O Exílio e o Reino*. O professor de "O Hóspede" sente verdadeira exaltação ao contemplar o vasto espaço deserto que ele passou a amar. A protagonista de "A Mulher Adúltera" rende-se às seduções eróticas do vento do deserto, das balouçantes palmeiras do oásis, do horizonte sem fim, e vivencia a noite no deserto como uma irresistível realização sensual. Seus desejos errantes agem como um sinal de que alguma coisa fundamental se perdeu ou foi esquecida.

Esta é a significação simbólica de exílio revelada em *A Peste*. Pois exílio não é só uma separação literal do próprio lar ou do ser amado, nem uma compreensível sensação de aprisionamento na cidade sitiada. É a consciência cada vez mais aguçada de uma falta, uma ausência, um vazio no centro da vida pessoal. Em *O Mito de Sísifo* Camus afirmou aforisti-

---

26. *Idem*, pp. 15 e 101.

camente que a perspectiva intelectual de um indivíduo era basicamente sua nostalgia, que o verdadeiro exílio seria a perda da memória da própria casa – perda que ao mesmo tempo priva a pessoa de qualquer esperança de uma terra prometida[27].

A idéia dessa nostalgia purificadora (no sentido original de *nostos* = volta para casa) dá a razão do valor metafórico da Grécia nos escritos de Camus. A digressão aparentemente irrelevante sobre a Grécia em *A Queda*, com a evocação dos contornos bem definidos do arquipélago, as águas cintilantes, as ilhas inumeráveis aparecendo no horizonte, pretende sugerir um mundo jubiloso de pureza e inocência que contrasta com o insípido cenário holandês. O narrador observa que a Grécia se deixa levar para algum lugar dentro dele, "na borda de [sua] memória"[28]. Esta metáfora internalizada corresponde claramente à própria paisagem interior simbólica de Camus. Seus cadernos de notas contêm muitas referências à sua nostalgia grega. Como a idéia grega do trágico lhe parece essencialmente arraigada na evidência da beleza, ele sustenta que o mundo em que mais se sente em casa é o dos mitos gregos. A certa altura o pensamento do exílio redentor está expressamente associado à navegação sobre águas gregas e à vivência da visão de ilhas cobertas de flores e colunas como um "segundo nascimento"[29].

Virtude Satânica

Tal compromisso com a inocência pode surpreender os leitores que aprenderam a vincular o nome de Camus ao *establishment* intelectual parisiense dos anos do pós-guerra, e em particular aos dogmas do existencialismo literário. Esses dogmas são melhor exemplificados pelos pontos de vista de Jean-Paul Sartre sobre a função do escritor. Camus subscreveu sem dúvida alguns deles: que o escritor deve abraçar sua própria época, que escreve no presente e para o presente, que sua missão é revelar o mundo e suas injustiças, que cada palavra e cada silêncio têm repercus-

---

27. *Le mythe de Sisyphe*, op. cit., pp. 18 e 70.
28. *The Fall*, New York, Vintage, 1991, p. 97.
29. *Carnets II*, op. cit., pp. 240 e 317. *Carnets III*, op. cit., p. 171.

sões. Onde os dois não concordaram inteiramente e por fim se chocaram foi no tocante à asserção sartriana de que ninguém é inocente e que a obrigação primordial do escritor é dar à sociedade uma má consciência[30].

Se não substancialmente antiintelectual, Camus se tornou cada vez mais desconfiado dos intelectuais como grupo, associando-os com a cena parisiense que conhecia muito bem, mas onde sempre se sentiu como um intruso. As polêmicas parisienses, das quais se tornou uma vítima após a publicação de O Homem Revoltado, lhe desagradavam. Chamou Paris de "selva", sustentando que preferia indivíduos engajados à noção de "literatura engajada" que, sob o pavilhão militante do existencialismo, preconizava uma visão redutora dos seres humanos como subordinados exclusivamente à história[31].

Comentários inteiramente negativos a respeito dos intelectuais ocorrem com freqüência nos textos de Camus da década de 1950. Num discurso pronunciado na Itália afirmou que muitos intelectuais europeus estavam "desgostosos de si mesmos"[32]. Os alvos principais, porém, eram os intelectuais de Paris, notadamente Sartre e seus epígonos, que acusava de má fé, hipocrisia, intransigência e falta de compaixão por trás da máscara de combate à injustiça social. Num lacônico registro de um de seus cadernos de notas Camus censura Sartre por ser pessoal e intelectualmente "desleal". O título mesmo da peça de Camus, Les justes, sugere sua antipatia pelos politicamente hipócritas que estão sempre dispostos a condenar. Outro registro, embaixo do cabeçalho "Existencialismo", é ainda mais mordaz: "Quando eles se acusam, podemos ter certeza de que é sempre para denunciar outros. Juízes penitentes"[33].

O tema principal de A Queda, a profundamente irônica e talvez maior obra de ficção de Camus, é facilmente reconhecível. O narrador-protagonista, um ex-advogado que se apresenta justamente como um juiz-penitente, é um conversador compulsivo e refalsado que enreda seu silencioso interlocutor num monólogo interminável, embora não sem propósito. A

---

30. Ver em particular Jean-Paul Sartre, *Situations 2*, Paris, Gallimard, 1948, pp. 12-13 e 246-250.
31. *Carnets III*, op. cit., p. 63. *Carnets II*, op. cit., p. 180.
32. "L'artiste et son temps", em *Albert Camus*, op. cit., p. 188.
33. *Carnets III*, op. cit., pp. 63 e 147.

narração em primeira pessoa, que lembra a técnica de Dostoiévski em *Memórias do Subsolo*, põe em cena um narrador inconfiável que ainda por cima admite que é difícil "desenredar o verdadeiro do falso" no que está dizendo (119)[34]. Como no caso do homem do subsolo de Dostoiévski, a natureza confessional do discurso de *A Queda* se mantém problemática e agressiva o tempo todo. O próprio objetivo de uma confissão, supostamente ditada pela sinceridade e humildade, é solapado nessa narração. O narrador insinua um intuito ulterior. Suas palavras têm uma finalidade ("mon discours est orienté" – 131), diz ele; e essa finalidade ou estratégia, como o leitor conclui, é criar cúmplices, disseminar vergonha e culpa como uma doença mortal.

O título serve como um alerta. A "queda" refere-se em parte ao estado profissional decaído do advogado, à sua derrocada do apogeu do sucesso parisiense, a seu exílio voluntário no bairro judeu de Amsterdã. Também anuncia o episódio da queda-suicídio da jovem do alto de uma ponte de Paris. Mas é impossível não ouvir no título uma ressonância mais profunda, a saber, a lembrança de uma história mais antiga a respeito de uma queda original com perda da inocência. E esta história mais antiga não é somente o drama de uma queda, mas também a urdidura de uma tentação consumada por um arquitentador e arqui-sedutor.

Não é só a retórica do porta-voz de Camus que é aliciadora e insinuante desde o princípio; a substância de seu discurso é sedutora também. Pode alguém deixar de simpatizar com ele quando ele surpreendentemente revela suas fraquezas demasiado humanas, ou denuncia os horrores da história contemporânea, e em especial o crime do silêncio em face da deportação nazista de famílias judias?

Outros sinais antecipados, além do título, ajudam a pôr em perspectiva o simulacro de confissão do porta-voz. Advogado por formação e exercício profissional, orgulhoso de seus talentos teatrais no foro, é um mestre de retórica que sabe usar a linguagem como disfarce e como arma, se necessário a serviço de uma causa má. Não se fala do advogado do diabo? Longe de crer em justiça, na presunção de inocência e na defesa dos inde-

---

34. Números dentro de parênteses referem-se a números de páginas em *The Fall*, op. cit.

fesos, o cínico advogado-protagonista de Camus apregoa um credo diabólico baseado na negação radical da inocência e na certeza da culpa. "Cada ser humano dá testemunho do crime de todos os outros: esta é minha fé e minha esperança" (110). O emprego perverso das palavras "fé" e "esperança", que são habitualmente associadas a crenças religiosas, sublinha a perversidade adicional de sua pretensa vocação de "juiz-penitente". Uma coisa é um juiz descobrir sua própria culpa e inabilitação para julgar; outra bem diferente é simular arrependimento a fim de julgar e condenar todo o mundo. A inversão implícita dos termos (juiz-penitente / penitente-juiz) revela a profundidade da perversão do personagem.

A afirmação blasfema segundo a qual até Cristo era culpado e sabia disso (não foi ele responsável pelo massacre dos Inocentes?) está diretamente ligada à escolha irônica do nome do narrador: Jean-Baptiste Clamence. Jean-Baptiste traz à lembrança o profeta que anunciou e batizou Cristo; Clamence alude à voz do mesmo profeta clamando no deserto – "vox clamantis in deserto"[35]. Mas o Jean-Baptiste Clamence do romance, como ele mesmo diz, é um "falso profeta", vagando na moderna terra estéril (117, 147).

Essa terra estéril – um deserto de pedras, águas estagnadas e névoas úmidas – assume o aspecto simbólico do inferno contemporâneo. Como Clamence indica a seu ouvinte, os canais concêntricos de Amsterdã se assemelham aos círculos do inferno de Dante. Instalado no sórdido bar "Mexico City" que atende a marinheiros e personagens escusos de todas as nacionalidades, Clamence se diz à espera de viajantes abandonados nos últimos e mais baixos círculos. A imagem não deixa dúvida quanto à associação implícita com a figura de Satã.

O elo narrador-diabo é mais tarde confirmado por um bom número de detalhes: referências a um resplendor perdido, riso satânico, exílio, orgulho desmedido, o poder de escravizar milhões de súditos, "os anjos maus" no meio dos quais ele está entronizado, sonhos de brincar de Deus. Posto no contexto ideológico dos anos 1950, o tema do diabo desenvolvido em *A Queda* relaciona-se estreitamente com a aversão de Camus pela arrogân-

---

35. Ver Mateus 3:3.

cia moralizante de intelectuais que exploram a noção de culpa coletiva como estratégia de poder e autoglorifidcação.

Até certo ponto Camus pode ter incluído autocriticamente a si mesmo (ou seu eu anterior) entre os intelectuais que condena, aumentando assim a complexidade dos temas confessionais do romance. Mas sem dúvida tomou distância nitidamente ao denunciar a imoralidade radical de pontificar e moralizar quando estas atitudes constituem uma negação da bondade e do amor. Clamence alude com amargura ao virtuoso satanismo de seus "ilustres contemporâneos" que sobem ao púlpito e amaldiçoam a humanidade (134, 137). Falando em seu próprio nome, Camus deixou pouca dúvida quanto a quem de fato ele tinha em mente. Numa entrevista dada à *Gazette de Lausanne*, admitiu abertamente sua aversão aos "escritores modernos, entre eles os existencialistas ateus, que negaram a existência de Deus mas retiveram a idéia de pecado original"[36].

A reação hostil de Camus lança luz sobre a estranha estória de violência e mutilação originalmente intitulada "Um Espírito Confuso", publicada mais tarde sob o título mais contundente de "O Renegado". É uma parábola da aberração intelectual e moral na forma do alucinatório monólogo interior de um missionário desgostoso de si mesmo que resolve converter a cruel "cidade de sal" e que, atraído pela crueldade, se submete reverente a seus algozes. Alegoria do masoquismo moral e hino ao mal, "O Renegado", graças a seus ritmos encantatórios e suas enceguecedoras imagens de dor, fala da autotraição do intelectual à procura do absoluto[37].

Entre a Vítima e o Verdugo

A desconfiança de Camus acerca de toda e qualquer postura moral doutrinária chega a extremos. Seu asco pela grandiloqüência de princípios leva-o a deplorar "a loucura da virtude" e sua destrutividade. "A moralidade mata" anotou ele, peremptório, explicando em outra anotação o contexto político de sua repulsa. "Renunciei a um ponto de vista moral.

---

36. Citado em Jean Onimus, *Camus*, Paris, Desclée de Brouwer, 1965, pp. 88-89.
37. Para uma análise mais minuciosa de "The Renegade", ver Victor Brombert, *The Intellectual Hero*, Philadelphia, Lippincott, 1961, pp. 227-231.

A moralidade conduz à abstração e à injustiça. Gera fanatismo e cegueira. Quem é virtuoso deve decepar cabeças"[38]. O Terror político continua sendo um perigo permanente.

Camus produziu pouco a pouco uma refutação ao absolutismo de todas as abstrações. Mesmo antes das polêmicas da década de 1950 diagnosticou a arrogância do que se podia qualificar de complexo de Atlas dos modernos intelectuais, entre os quais naquela época ele ainda se incluía. "Tomamos sobre os nossos ombros a miséria do mundo inteiro", escreveu, aduzindo que haveria um preço alto a pagar por esse orgulho[39]. O mal se torna sinônimo de abstração, na forma de um teorema. "Demonstração. Que a abstração é o mal." Este mal da abstração suporta a responsabilidade por guerras, tortura, violência. As atitudes heróicas dos profissionais da *littérature engagée* acabaram levando Camus a quase desejar aquilo que ele sempre havia rechaçado: uma literatura da indiferença. Se tal literatura da indiferença não era compatível com o temperamento de Camus, é verdade sem dúvida que ele se viu cada vez mais tentado por uma ética da abstenção.

Era difícil afirmar – como ele o faz em "L'artiste et son temps" – que o artista deve entrar na arena e falar por aqueles que são mudos, mas ao mesmo tempo suspirar pela "divina liberdade" que se espalha pela música de Mozart. Mais significativamente ainda, Camus evoca o pensador chinês Lao-Tsu como exemplo do "filósofo da indiferença"[40]. Camus gosta de pensar que a arte sempre comporta recusa e consentimento. O equilíbrio, porém, não é uma questão fácil. Exasperado pelas pressões contraditórias de temas complexos, Camus às vezes se expõe – como durante a guerra da Argélia – à acusação de ter se rendido ao imperativo moral dúbio da abstenção.

A reticência moral de Camus não deve ser atribuída a fraqueza ou indiferença. Está enraizada numa repugnância visceral pela violência que assume uma forma extrema em sua reação à pena capital. A execução de um ser humano em nome da justiça é um tema traumatizante em *O Es-*

---

38. *Carnets II*, op. cit., pp. 250 e 254. *Carnets III*, op. cit., p. 269.
39. *Carnets II*, op. cit., p. 209.
40. "L'artiste et son temps", em *Albert Camus*, op. cit., pp. 186-187.

trangeiro, assim como em *A Peste*, unindo aquele em particular ao romance pioneiro de Victor Hugo O *Último Dia de um Condenado*. Juízes tendem a ser tratados severamente na obra de Camus. O Sr. Othon simpatiza com o ponto de vista de que a peste é um merecido castigo coletivo. Quando a peste atinge a própria família de Othon, Tarrou observa tristemente que qualquer um gostaria de ajudá-lo, acrescentando com infinita amargura: "Mas como se pode ajudar um juiz?" (242)[41]. É verdade que Tarrou tem motivos pessoais. Seu pai era juiz, e Tarrou se rebelou contra ele quando, adolescente, ouviu-o no tribunal exigir a sentença de morte para um desgraçado em nome da justiça e da sociedade. Como explica Tarrou, algum instinto elementar arrastou-o para o lado da vítima de assassinato legalizado (248).

Os cadernos de notas contêm uma historinha curiosa que projeta luz sobre o roubo, em *A Queda*, do retábulo de van Eyck conhecido como *Os Últimos Juízes*. Numa breve anotação Camus registra o relato do padre que confessou ter roubado o retábulo porque não suportava ver nenhum juiz nas proximidades do Cordeiro Místico[42]. A historinha oferece uma rejeição implícita da posição extremada de Tarrou, de sua busca utópica de uma pureza impossível. Pois Camus sabia que não pode haver luta moral sem sujar as mãos. A ambivalência de Camus espelha-se no laço de amizade entre Rieux e Tarrou. Este morre, vítima da peste que ajudou a combater, e Rieux fica para pranteá-lo, consciente de que esta morte simboliza um frustração inevitável.

Podia-se na verdade falar de um "complexo de Tarrou". Se a figura de Rambert corresponde à mensagem de solidariedade, a de Tarrou se relaciona com o duradouro sonho camusiano de pureza e revolta, e com a recusa a se tornar de algum modo um cúmplice da peste. Tarrou diz isso de maneira muito simples quando anuncia sua decisão de não tomar parte em nada que, direta ou indiretamente, por bons ou maus motivos, redunde na morte de alguém. E acrescenta, estendendo esse credo do objetor de consciência à própria história: "Sei que não tenho lugar no mundo de

---

41. Números dentro de parênteses daqui por diante se referem a páginas em *The Plague, op. cit.*
42. *Carnets III, op. cit.*, p. 189.

hoje; ao me recusar em definitivo a matar, condenei-me a um exílio que não terminará nunca. Deixo a outros fazer história..." (253).

Nada exprime de maneira mais intensa a orgulhosa mas desconfortável visão que Camus tem de si mesmo como alguém cada vez mais comprimido entre a vítima e o verdugo. Novamente os cadernos de notas contêm uma lúcida avaliação: "Estamos num mundo onde se deve escolher entre ser uma vítima ou um verdugo, e nada mais". Mas pode-se mesmo escolher? E por que não há "nada mais"? A verdade é que a voz não-heróica da própria moderação se torna uma vítima. Testemunhas da liberdade de pensamento destinam-se a ser perseguidas. Mas essas testemunhas, instigadas por escrúpulos morais, não abandonam a luta, muito embora saibam que não podem prevalecer. Pelos séculos afora o sacrifício de Sócrates é reencenado incessantemente[43].

É em torno do tema da fraqueza corajosa da testemunha que podemos perceber a voz pessoal de Camus. Voz que pode ser ouvida com especial clareza em O Primeiro Homem, que descreve a infância do jovem Albert entre os pobres e ignorantes de um dos bairros dos deserdados de Argel. O próprio Camus escreve que nunca se "recuperou" dessa infância, sugerindo que para se chegar a compreender seu caráter e seus valores deve-se voltar ao cenário inicial de privações onde localiza seus vínculos mais significativos. Em seus cadernos de notas admite nunca ter tido uma visão clara de si mesmo, queixando-se da confusão e até da "anarquia" de sua constituição pessoal[44]. O Primeiro Homem representa uma peregrinação à sua juventude num esforço de se ver mais claramente, com todas as suas contradições. O que aparece é a fidelidade de Camus à Argélia de sua infância e adolescência, bem como sua afeição profunda à mãe analfabeta e quase inteiramente surda, que ele reverenciava com um amor sem palavras. Camus nunca se desvencilhou do que segundo sua descrição é o mundo caloroso e inocente dos pobres.

O testemunho de O Primeiro Homem aponta não tanto para a "anarquia" temperamental quanto para as tensões internas de um *homo duplex*.

---

43. *Carnets II, op. cit.*, pp. 141-142.
44. *Idem*, p. 303.

Camus descobre em si mesmo uma personalidade dividida ou ambivalente. Há a figura pública parisiense, o autor de peças e romances conhecidos, o ex-editor de *Combat* – jornal clandestino da resistência durante a Ocupação. Mas há também o outro Camus, que se sente mais à vontade num mundo de areia e vento, um mundo de vastos espaços abertos. "O Mediterrâneo separa dois mundos em mim"[45]. A divisão é psicológica e moral também. Por um lado, um feroz apetite de vida, obscuros entusiasmos e uma percepção poética das coisas; pelo outro, um gosto pelas causas perdidas e a disposição para a coragem.

A solidariedade com o mundo dos artesãos, o respeito pela dignidade silenciosa do trabalho, dar voz aos que não têm voz – estes são temas subjacentes. Camus sempre se sentia distante dos ideólogos parisienses que apenas teorizavam sobre o proletariado. Mas o investimento pessoal mais profundo em *O Primeiro Homem* encontra-se em outra parte, principalmente na busca de sua identidade que está implícita no título. A busca de identidade está associada à procura do pai desaparecido, um "estranho morto", como escreveu Camus. Tentou imaginar esse pai desconhecido que morreu logo nos primeiros meses da Grande Guerra, deixando-o órfão quando era um bebê. Ao visitar o túmulo do pai num cemitério militar quarenta anos depois, ocorreu-lhe descobrir que era então mais velho do que era seu pai quando foi atingido pelos estilhaços de uma granada perto do Marne. Só um elo parecia existir entre ele mesmo e esse estranho morto. Quando menino ficou para sempre impressionado com a história da experiência que o pai viveu ao presenciar uma execução pública e sair de lá tomado de horror e náusea. No mais o legado do pai era um vazio.

Mas esse vazio, essa autoridade ausente, é o que fez da autocriação uma necessidade. Daí a metáfora do "primeiro homem". A noção da pessoa que se fez a si mesma confere ao título do livro sua plena significação. O "primeiro homem" é o jovem Albert Camus, obrigado a se criar sozinho, sem a orientação e autoridade de um pai, sem uma tradição transmitida. Como Camus explica, teve de elaborar seus próprios valores morais e "criar sua própria herança"[46].

---

45. *The First Man, op. cit.*, p. 196.
46. *Idem*, p. 278.

Em nenhum outro texto a voz de Camus é mais pessoal do que em *O Primeiro Homem*, embora seja essencialmente a mesma voz que se faz ouvir em seus outros escritos. Ela fala de origens humildes, da ausência de um modelo glorificado; recusa se tornar cúmplice de acontecimentos e se entregar a cantos heróicos; não exalta herói nem santo; proclama repetidamente que não há vergonha na felicidade e que – como Dr. Rieux descobre em *A Peste* – um mundo sem amor é um mundo morto. Rechaçado pela intelectualização estéril e pela busca de absolutos, Camus prefere, em vez disso, cantar com lirismo comedido a beleza da experiência humana e a vulnerabilidade humana. Sua fidelidade ao finito é bem servida pela citação da terceira Ode Pítia de Píndaro, que escolheu como epígrafe para *Noces*: "Não aspires, ó minha alma, à vida imortal; antes esgota o reino do possível". É a mesma fidelidade à dimensão humana que Camus lê na volta de Odisseu para casa, deixando para trás o mundo de deuses e monstros.

Duas afirmações resumem no mais alto grau a resistência de Camus às abstrações políticas e filosóficas. A primeira vem do prefácio de *L'Envers et l'endroit*: "A pobreza me impediu de julgar que tudo estava bem sob o sol e na história; o sol me ensinou que a história não era tudo". A outra, que aparece num de seus cadernos de notas, desdobra uma declaração de Dostoiévski: "Deve-se amar a vida antes de amar seu sentido, diz Dostoiévski. Sim, e quando o amor à vida desaparece, nenhum sentido pode nos consolar"[47].

Camus sabia que a guerra, não a paz, é normal; que Caim sempre matará Abel – assim como o Dr. Rieux não tinha ilusões a respeito de qualquer desaparecimento radical do bacilo matador. Vigilância constante, mais do que qualquer feito heróico, era a regra. Não pode haver trégua na luta contra o sofrimento. A lição que Camus ensina é que devemos aprender a amar aquilo que é imperfeito. Este humanismo trágico é ao mesmo tempo prazenteiro e desesperado.

---

47. *Carnets II*, op. cit., p. 276.

10

Primo Levi e o Canto de Ulisses

Uma Operação de Salvamento

A FIGURA DE ULISSES GANHA amplo relevo na obra de Primo Levi. Isto pode a princípio parecer estranho. Examinando seu desenvolvimento intelectual anos depois de escrever o livro sobre Auschwitz, o sobrevivente do campo de extermínio chegou à conclusão de que a experiência do Lager contou menos do que os livros que havia lido. Sob o título de *A Procura das Raízes* (*La ricerca delle radici*), Primo Levi publicou em 1981 uma antologia pessoal de excertos de livros que realmente tiveram importância em sua vida. Esta pesquisa auto-indagadora começa apropriadamente pelo Livro de Jó, que, segundo Levi, enfrenta a questão intemporal do sofrimento e do mal, e contesta a aparente injustiça de Deus, que esmaga Jó numa competição desigual.

Mais surpreendente é a posição superior atribuída a Homero, embora não a seu grande épico, a *Ilíada*, que Levi julga intolerável com suas intermináveis batalhas heróicas e a cólera infantil de Aquiles. O entusiasmo de Levi é exclusivamente pela *Odisséia*, o magnífico poema "humano" da volta para casa, para longe do mundo de violência e monstros, poema baseado na esperança de que guerra e exílio cheguem a um fim, e que o mundo seja reconstruído em paz por mediação da justiça.

Ulisses exerce especial fascínio sobre Levi. O segundo item de *A Procura das Raízes*, intitulado "Um Homem de Nada" ("Un uomo da nulla"), é concebido como um canto de louvor pela vitória de um mortal frágil contra o gigantesco Ciclope – vitória devida não à força bruta, mas a sagacidade, engenho e destreza. Ulisses simboliza uma coragem e um orgulho que têm a ver mais com sobrevivência e valores humanos que com feitos heróicos. Atraído para a aventura, mas igualmente nostálgico de Ítaca, Ulisses representa valores mais caros para Levi: intensa curiosidade, mas também fidelidade à memória e amor à recordação. A propensão para lamentar os companheiros perdidos está ligada à urgência de contar (e ouvir) a história, acentuando o primado da narrativa. Pois Ulisses, como Levi lembra a seu leitor, é um contador de histórias que facilmente cede à necessidade de narrar seus esforços épicos e os de seus amigos.

Ecos homéricos são inconfundíveis no relato de Levi que dá conta do retorno à sua Ítaca, isto é, Turim, depois que Auschwitz foi libertado pelas tropas soviéticas em janeiro de 1945. Esta viagem demorada, tortuosa é descrita em *La tregua* (*A Trégua*) como uma colorida odisséia ferroviária ("odissea ferroviaria" – It., 221)[1] que transporta Levi e outros companheiros libertados por extensas regiões da Polônia, Rússia, Romênia e Áustria. Levi põe em destaque camaradagens épicas e evoca momentos ocasionalmente descontraídos em que ele e seus camaradas passam noites inteiras cantando e narrando uns aos outros suas "histórias", ou, como alguns participantes dessa caravana preferiam fazer, comendo e bebendo desbragadamente "como os companheiros de Ulisses" depois de atracar os barcos em terra (25, 66).

Mas a referência mais marcante a Ulisses ocorre em *É Isto um Homem?* (*Se questo è un uomo*). A referência épica pode a princípio parecer deslocada num relato pessoal do campo de extermínio. A literariedade da referência é em si mesma complexa, pois o Ulisses de Homero é visto aqui na

---

1. *La tregua,* Torino, Einaudi, 1963. Os números dentro de parênteses referem-se a páginas da tradução em língua inglesa nas seguintes edições: *The Drowned and the Saved,* tr. Raymond Rosenthal, New York, Vintage Books, 1989; *If Not Now, When?,* tr. William Weaver, New York, Penguin Books, 1986; *The Periodic Table,* tr. Raymond Rosenthal, New York, Schocken Books, 1984; *Survival in Auschwitz,* tr. Stuart Woolf, New York, Collier Books, 1993. Os números precedidos pela abreviatura "It." referem-se a páginas das obras de Primo Levi nas edições Einaudi Tascabili.

perspectiva do *Inferno* de Dante. O título do capítulo de Levi, "O Canto de Ulisses", é de fato uma clara alusão ao vigésimo sexto canto do poema de Dante, em que o poeta italiano, na companhia de seu guia e mestre literário, Virgílio, visita os círculos do inferno.

O contexto imediato do episódio de Ulisses no livro sobre Auschwitz merece ser lembrado. Um jovem detento alsaciano, conhecido como Pikkolo, pediu a Levi que lhe ensinasse italiano. Levi, sem de início entender por quê, evoca alguns versos de Dante com o fim de servirem de base para a primeira lição. Este ato de recorrer à poesia conhecida, outrora aprendida de cor, é compreensível e revelador. Os versos recuperados pela memória estão associados aos tempos de colégio em Turim e, por extensão, à terra natal, Itália. A alegria de recordar e reconstituir, a emoção de consolidar fragmentos, podem ser intensamente tranqüilizadoras. Prisioneiros submetidos às circunstâncias mais penosas deram testemunho da viva alegria de exercitar a memória na reconstituição integral de poemas ou composições musicais – operação de salvamento que resgatou mais do que a música ou a poesia. Além da alegria de recordar, além da sensação de controle e ordem, o que está implícito, parece, é um sentimento de liberdade pessoal e sobrevivência. Levi nitidamente sugere uma razão salvadora quando assegura ter "salvo" ("salvato") um certo verso de Dante do esquecimento.

É significativo que esta salvação ocorra sob o signo do ensino. Cria-se um vínculo entre a realidade presente e o poema do passado: Levi ensina a Pikkolo; o Ulisses de Dante ensina a seus homens. O vínculo não é apenas temático, mas histórico e transcultural: de Homero a Virgílio, a Dante, a Primo Levi, ao futuro leitor. A ponte lançada entre antiguidade greco-romana, Idade Média e período moderno indica tranqüilizadora permanência e continuidade.

O processo didático está, de mais a mais, engastado na substância literária: Virgílio, o poeta romano, havia aprendido com seu mestre grego Homero, assim como Dante tinha sido inspirado por seu "maestro" Virgílio. A idéia dessa corrente estendendo-se até os dias atuais transmite uma mensagem através do tempo. A direta pertinência do capítulo "O Canto de Ulisses" é não só o tema do inferno – um inferno na terra mais infernal do que qualquer coisa que Dante podia ter imaginado; é o tema da comunicação e de uma lição a ser transmitida. Pois o Ulisses de Dante, incansável e sequioso de partir de novo no mar aberto para além das Colunas de Hércules, é um modelo de curiosidade intelectual e coragem. Seu desejo ardente, como ele diz, é explorar os caminhos do mundo ("divenir del mondo esperto") e aprender tanto quanto possível a respeito dos vícios e das virtudes humanas.

As palavras com que o Ulisses de Dante admoesta seus homens, enquanto eles singram o mar ominoso que ameaça tragá-los, têm uma inequívoca relação com a própria mensagem de Levi procedente do abismo da experiência do campo. É uma lição de dignidade e sobrevivência mas também um lembrete de que a mera sobrevivência física não basta – que o que define um ser humano é a necessidade e capacidade de perseguir objetivos superiores. Levi cita os versos capitais da mensagem de Ulisses:

... para a ignorância bruta
Vossa têmpera não foi feita; fostes feitos homens
Para irdes em busca de conhecimento e excelência.

(O italiano é mais específico: os humanos não são feitos para viver como bichos, mas para ir em busca de *virtute* e *conoscenza*: virtude e conhecimento.) Um lembrete amargo, no contexto do desumanizador campo de extermínio, da pergunta angustiante suscitada pelo título de Levi: "É isto um homem?"

No fim de contas o impulso do capítulo de Ulisses é de natureza espiritual, terminando como termina numa nota quase religiosa. O apelo à poesia de Dante, para ensinar italiano a um colega alsaciano de detenção num campo alemão dentro da Polônia, onde o iídiche é o idioma comum, torna-se um símbolo de universalidade e da possível sobrevivência do sentido. Para Levi a experiência se aproxima de uma revelação ou epifania. Recitando a conhecida *terza rima*, Levi tem a impressão de que ouve uma trombeta soar como a voz de Deus, que vê "algo gigantesco" num lampejo de intuição.

Pão e Linguagem

Alguns leitores sentiram-se incomodados com o emprego de alusões intertextuais e temas literários para explicar uma experiência histórica de horror. Também lhes pareceu estranho que uma vítima judia do Shoah invocasse um poema cristão medieval para dar testemunho de uma atrocidade coletiva que não podia absolutamente ser expiada ou justificada no plano teológico ou estético. Ainda mais fundamental era a suspeita de que a mensagem humanística de uma tranqüilizadora continuidade cultural podia suavizar ou trivializar o horror dos acontecimentos descritos. O próprio Levi tinha dúvidas acerca da relação entre catástrofe e literariedade. Até que ponto era lícito, ele se perguntava, explorar a violência com fins literários[2]. Inversamente, após reler *É Isto um Homem?* quarenta anos depois da experiência no campo, ele indagava a si mesmo se o capítulo "O Canto de Ulisses" não era literário demais e se ele, a testemunha do campo, era digno de crédito quando afirmava que a cultura o havia "salvo". Mas Levi logo acrescentou que o episódio de Ulisses com Pikkolo era um cuja autenticidade ele mesmo podia verificar. Pois Pikkolo – seu nome verdadeiro era Jean Samuel – era outro sobrevivente do campo, que, anos depois, confirmou a veracidade dessas páginas. Levi ficou satisfeito porque, onde escrevera que alegremente "daria a sopa de hoje para saber como conectar" dois versos isolados do canto de Dante, não havia mentido nem exagerado. E pão e sopa, como lembrou a seu leitor, eram, nas circunstâncias, o equivalente de sangue e vida[3]. A ligação desses versos significava não só uma recuperação do poema como também um nexo com o passado, e um meio de salvar a própria identidade e a de muitos outros mediante um esforço deliberado de não esquecer.

Os temas "humanísticos" não podem, com justiça, ser atribuídos à estetização voluptuária; estão vitalmente unidos às múltiplas idéias de comunicação e solidariedade humana. As imagens cruciais – pão e a Torre de Babel – suportam a carga de complexos desenvolvimentos temáticos.

---

2. *La ricerca delle radici. Antologia personale*, Torino, Einaudi, 1981, p. 145.
3. *I sommersi e i salvati*, Torino, Einaudi, 1986, pp. 112-113.

Gian Paolo Biasin, num ensaio intitulado "O Pão Nosso de Cada Dia", mostrou de maneira convincente como as palavras multilingües para pão (*pane – Brot – Broidchleb – pain – lechem – kenyér*) transmitem ao mesmo tempo a fome obsessiva dos prisioneiros e o caos das línguas no campo[4]. No sombrio capítulo "Iniciação" Levi relembra a frenética corrida às latrinas de manhã cedo para não perder a distribuição diária da insignificante ração de pão. A fome é a realidade permanente do campo. Levi escreve: "O Lager *é* fome" (74). A inexorável obsessão por comida marca o tipo de desumanização planejada e prazerosamente executada pelos SS. O que de fato resta de dignidade humana quando se furta o pão de um vizinho agonizante ou quando se briga por migalhas de comida atiradas como que a animais?

Um mundo em que *fressen* (o modo animal de devorar alimentos) substituiu o humano *essen* é um amargo indicador da antiga significação de partilhar o pão como padrão de humanidade, como símbolo de companheirismo e comunhão. Quando Levi chama à miserável porção diária de pão "o sagrado tijolinho cinzento" ("sacro bloccheto grigio" – It. 45), e a *essen* o modo de comer "sentado à mesa, religiosamente" (76), está implícita a lembrança da conotação espiritual dos alimentos, de sua importância na oração e na ação de graças. Significativamente, o renascimento ("rinascita" – 51) quando o exército libertador se aproxima, é marcado por um gesto elementar de gratidão por parte de vários prisioneiros mortalmente enfermos que oferecem uma fatia de pão para agradecer aos companheiros um ato especial de devoção. Este oferecimento de pão foi "o primeiro gesto humano que ocorreu entre nós", acrescenta Levi (160).

Os gritos de fome e dor em todas as línguas da Europa fazem surgir a outra imagem crucial: a Torre de Babel. Os sons ásperos de palavras estrangeiras, conjugados com o bramir de ordens dadas pelos guardas, criam um caos lingüístico que traz à mente o ato de Deus confundindo a língua falada na terra de Sinear a fim de impedir a construção da torre cujo cimo

---

4. "Our Daily Bread – Pane-Brot-Broid-Chleb-Pain-Lechem-Kenyér: Primo Levi, *Si questo è un uomo*" em *The Flavors of Modernity: Food and the Novel*, Princeton, N. J., Princeton University Press, 1993, pp. 128-142.

iria alcançar o céu. A referência bíblica é bastante clara, pois a Torre do Carbureto no setor da Buna de Auschwitz, onde os operários do campo se matavam de trabalhar para ajudar a produção bélica alemã, era chamada de Babelturm pelos prisioneiros, que viam nela um insolente edifício erguido pelos nazistas "em desafio ao céu" para mostrar seu desprezo por Deus e pelos homens (73).

Mais uma vez o negativo é convertível no positivo: o caos lingüístico e o pavoroso *Babelturm* são momentos, se não de uma linguagem comum harmoniosa, pelo menos da necessidade e do desejo ardente de comunicação em face de tudo o que separa os seres humanos. Em *L'Altrui mestiere*, um livro mais leve que descreve a incursão amadorística do cientista na literatura, Levi evoca uma antiga civilização "anterior à Torre de Babel", quando todo o mundo mediterrânico falava a mesma língua (It. 207). O que está em jogo em *É Isto um Homem?* é, porém, mais do que harmonia e nostalgia de uma cultura comum: é a possibilidade mesma de comunicação num mundo enlouquecido, a urgência de contar a história e assim dar testemunho de todos aqueles que nunca mais serão ouvidos. É a linguagem como sobrevivência – e isto não só na comunicação salva-vidas diária dentro do campo, mas também na capacidade de alcançar o mundo dos vivos e a posteridade. A mensagem humanística de um logos sagrado concebido em termos estritamente humanos visa muito mais do que a sobrevivência física; diz respeito à salvação. Daí o medo permanente, na forma de um pesadelo recorrente, de falar e não ser ouvido.

O LAGER COMO EXPRESSÃO

Falar por aqueles que não voltaram era, como conta Levi, o desejo mais profundo de todos os que suspeitavam que pereceriam no Lager. Mas Levi também sabia que falava pelos que voltaram e não podiam falar porque tinham chegado ao ponto mais baixo da abjeção, haviam fitado o rosto da Górgona e emudecido para sempre. Dá a medida da honestidade e modéstia de Levi ter ele reconhecido que foi poupado do pior (sua formação de químico salvou-o) e que, como testemunha relativamente privilegiada, também tinha obrigação de depor com "a humildade do bom cronista"[5]. Escrever sobre o campo era assim ao mesmo tempo um dever, um ato libertador e exorcizador, e uma admissão da culpa tácita de ser um sobrevivente. O livro foi escrito, lembra Levi, sob uma compulsão febril. A *Tabela Periódica*, livro amplamente autobiográfico que descreve essa vergonha de continuar vivo e a necessidade de "dizer", alude de maneira simbólica à busca da narrativa de purificação empreendida pelo Velho Marinheiro (151). *Os Afogados e os Sobreviventes*, escrito não muito antes de sua morte, traz como epígrafe os versos pertinentes do poema de Coleridge ["The Anciente Mariner"]:

> ... até minha lúgubre história ser contada
> Queima dentro de mim este coração.

Mas como evitar a veemência ou, no outro extremo, a frieza de um documento? Levi encontra seu tom naturalmente. Para transmitir o inexprimível, combinou uma prosaica sobriedade de expressão com um senso de forma e estrutura que dependia de convenções literárias como um título sugestivo, um poema preliminar e capítulos com títulos metafóricos. Autocomiseração e poses heróicas não têm vez em tal texto. A discrição a respeito de sua angústia particular era a regra. Foi só por alusão, e muitos anos mais tarde, que Levi se referiu à sua tragédia pessoal quando mencionou a mulher com quem "havia descido às regiões inferiores" ("inferi") e que não havia retornado[6]. Nada de patos, nem melodrama, nem afirmações grandiloqüentes. Os meios mais simples dão conta de uma radical desfamiliarização, como quando relata como, num instante, após a chegada dos deportados no campo, as mulheres, as crianças e os pais foram levados embora, para não serem vistos nunca mais – a primeira das muitas "seleções" para as câmaras de gás. "Nós os vimos por um breve momento, massa escura no outro extremo da plataforma; depois não vimos mais nada" (20).

A banalidade do horror, a incompreensível normalidade da loucura vivida como que numa seqüência de sonho são comunicadas de modo a

---
5. *I sommersi e i salvati*, op. cit., pp. 64 e 69.
6. *Il sistema periodico*, Einaudi, 1975, p. 157.

suscitar na memória a lógica fantástica dos pesadelos de Kafka. Levi tinha lido *A Metamorfose* de Kafka, e é revelador que a palavra "metamorfose" lhe venha à mente no primeiro capítulo de *É Isto um Homem?*, em que descreve a transformação de seres humanos em títeres pelados e sem nome cobertos de farrapos listados e imundos, caminhando em turmas, as cabeças bamboleantes – homens condenados que levavam uma tatuagem no braço esquerdo até a hora da morte.

Documento severo e factual, o livro de Levi descreve a deportação, os primeiros golpes, o transporte dos homens, das mulheres e das crianças amontoados como gado em vagões de carga, a chegada no campo, onde eram rapidamente despojados de suas roupas, sapatos, cabelo e até do nome. Meticulosamente Levi relata a existência diária no campo: o trabalho degradante, o frio, a fome, sujeira e doença – a luta inclemente pela sobrevivência. Historia com precisão a cruel ironia da inscrição no alto do portão do campo ("Arbeit Macht Frei" – "O Trabalho Liberta"); o humor teutônico dos SS, que cuidam para que as turmas de trabalhadores vão e voltem marchando ao som da canção sentimental "Rosamunde"; as periódicas seleções para as câmaras de gás, quando os deportados têm de correr nus à frente dos SS, que decidem num relance de olhos se ainda estão aptos para o trabalho. O reinado da brutalidade prontamente impõe uma hierarquia entre os *Häftlinge*, os prisioneiros, engendrando bestialidade nas próprias vítimas. A pior ofensa é esta "demolição de um homem", para a qual, como afirma Levi, a linguagem não tem palavras (26).

É justamente essa ofensa que se reflete nos múltiplos sentidos do título italiano, *Se questo è un uomo*. É isto ainda um homem? Pode-se ainda reconhecer um ser humano nessa criatura degradada, reduzida à nudez e à vergonha extremas? A pergunta implica a perda ou destruição de uma imagem básica. Mas também sugere que é essencial lembrar essa imagem preciosa e tentar preservá-la, recuperá-la ou reconstituí-la.

Um mundo em que a imagem da humanidade desapareceu é também um mundo "aquém do bem e do mal": o título de um dos capítulos. A contorcida paráfrase do famoso título de Nietzsche assinala a indignação moral de Levi ante a satânica vontade de criar condições em que as leis morais não têm mais vigência nem fazem sentido, um mundo em que as noções de bem e mal se esvaeceram, onde só existe a lei da sobrevivência, onde adaptar-se para sobreviver só pode significar colaboração com o reinado da violência.

É Isto um Homem? acentua com objetividade factual o horror não-heróico do campo: o aviltamento físico e mental, o trabalho desumano, as bofetadas, a suprema vergonha de assistir em acabrunhado silêncio à execução pública de quem ousou se rebelar. Mas essa objetividade é na realidade a máscara de uma indignação latente anunciada pelo tom agressivo do poema preliminar, que ecoa o "sh'ma" (escutem) e o "zachor" (lembrem-se) hebraicos, lançando maldição sobre o pecado de esquecer ou negar:

> Ponderem que isto aconteceu:
> Envio-lhes estas palavras
> . . . .
> Repitam-nas a seus filhos,
>   Ou então que suas casas desmoronem,
>   Que a doença os deixe inválidos,
>   Que seus filhos lhes dêem as costas.

Se Levi, a despeito de sua rígida noção de testemunho, jamais sucumbe ao pessimismo acerca da natureza humana, é em razão de uma preocupação básica com significado e valores. Ele se pergunta qual a utilidade de conservar a lembrança do campo. A resposta, note-se, não é a princípio moral mas intelectual – até científica. Levi está convencido de que "nenhuma experiência humana é destituída de sentido ou indigna de análise", e que "valores fundamentais" podem portanto ser inferidos do mundo que ele descreve (87). É concebível que Levi, o químico traquejado, tenha encontrado um sentido de ordem e segurança num modo "científico" de encarar até mesmo a realidade mais hedionda, assim como o humanista Levi encontra consolo e salvação na poesia de Dante. Era uma questão de resistência. O tom científico não era só um modo de ser preciso e verossímil. Na mesma página em que sustenta que valores fundamentais podem ser deduzidos da experiência do campo, Levi também afirma que o Lager era "um gigantesco experimento biológico e social".

Nesse sentido Auschwitz foi mais do que a utopia destrutiva, a "loucura geométrica" da raça dominante (51). A organização do campo, os modos como os prisioneiros reagiam e se adaptavam, envolviam uma "estrutura social" que revelava verdades fundamentais acerca da natureza humana e das leis humanas (44). Perto do fim de sua vida, em *Os Afogados e os Sobreviventes*, repassando as implicações de seu livro sobre Auschwitz e examinando em profundidade alguns problemas suscitados, Levi ainda acreditava que o campo fora um processo de aprendizagem, que foi um "laboratório cruel" e que se podia falar de uma "sociologia do campo". Finalmente concluiu (esperando que sua metáfora não fosse mal compreendida) que "o Lager era uma universidade" onde ele e outros abriram os olhos e mensuraram os seres humanos (95, 99, 141).

A combinação de curiosidade científica e interesse pela expressão literária, tão típica de todos os escritos de Levi, lança luz sobre a textura metafórica de *É Isto um Homem?* A metáfora certamente não se destinava aqui a chamar atenção para a habilidade do escritor. Invenções poéticas e referências literárias comunicam o estranho, enquanto produzem poderosos efeitos de desfamiliarização. Se Levi salienta imagens animais (*fressen* oposto a *essen*, prisioneiros disputando comida e espancados como que por carroceiros, linguagens humanas soando como ruídos animais), é para revelar toda a amplitude da escravidão e da degradação. O fascínio dos prisioneiros pela escavadeira que escancarava suas surrealísticas mandíbulas de aço e abocanhava "vorazmente" o solo argiloso é obviamente um padrão da obsessão deles por comida. A metáfora da boca ávida pendente de seus cabos se torna um correlato objetivo da fome crônica de todos (74). Outras lembranças de natureza sensorial (o apito dos trens, os odores do campo, a sensação das cargas pesadas para transportar) criam uma rede de associações que continuarão a assediar o sobrevivente do campo.

O emprego hábil do indicativo presente constitui o mais eficaz estratagema narrativo de Levi. Exprime a imediatez de um interminável presente de fadiga e sofrimento. O campo de extermínio separou suas vítimas do passado de todas elas e de qualquer futuro. Delas é a eternidade presente da punição, o análogo do inferno. "Isto é o inferno", escreve Levi na mesma página em que descreve o grande portão com sua inscrição amargamente irônica: "Arbeit Macht Frei", a sardônica versão nazista das palavras desesperadas inscritas nos portais do inferno de Dante como funestas boas-vindas aos condenados: "Lasciate ogni speranza voi ch'entrate"– "Deixai toda a esperança, vós que entrais".

Esses estratagemas e ecos literários (há outras alusões aos círculos do inferno de Dante, aos demônios de Malabolge) também confirmam a profunda necessidade humana de contar, recitar, cantar, a fim de comemorar o horror dos acontecimentos. Todas as noites, relembra Levi, o contador de histórias ou "bardo" ("cantastorie") vem secretamente ao bloco deles, senta-se no beliche de um companheiro e entoa uma "interminável rapsódia iídiche" em quadras rimadas – sempre a mesma (58). Em melancólico detalhe, a récita revela a vida no Lager. Essa compulsão auto-especular, autocomplacente de contar e ouvir é como uma tentativa de preservar pelo menos o "esqueleto" da civilização. Em face dessa máquina monstruosa que reduz seres humanos a bichos, os milhares de histórias individuais são, no dizer de Levi, como as histórias de uma "nova Bíblia" (66). Esta idéia de uma *nuova Bibbia* sugere a obsolescência das escrituras que não conseguem explicar as atrocidades e o desespero do Lager. Também sublinha, na forma de narrativas que podiam ser chmadas "sagradas", o mistério de significados ocultos, bem como os temas de sobrevivência e posteridade.

O problema não é unicamente como continuar humano quando se atinge o limite da humana resistência, e sim como proteger a forma e a tessitura das relações humanas. Esta necessidade de salvaguardar um esqueleto de instituições humanas – ainda mais do que a necessidade de trocar objetos e serviços – sublinha a importância que Levi atribui à economia interna, o chamado Mercado do campo, completo com as cotações diárias e o espírito de especulação. Levi destaca os judeus gregos como os mais espertos, os mais astutos. Faz isso com admiração: os ares esfíngicos e as transações em que se envolvem são os "repositórios" da sabedoria mundana de todas as "civilizações mediterrânicas". De maneira oblíqua, num contexto radicalmente não-heróico, Levi retorna ao tema de Ulisses. As preocupações centrais são autopreservação, reconstrução, renascimento. Daí a recorrência da imagem mental da salvação: *salvare*.

Da máxima importância é a inventividade humana. Para sobreviver, mesmo um indivíduo tão manualmente desfavorecido como Levi tinha de improvisar ferramentas, cavar trincheira, fabricar granada, criar uma barreira defensiva. A imagem de Robinson Crusoe vem à lembrança quando lemos sobre os apocalípticos dez últimos dias do campo. Num livro posterior, sem relação com a experiência do campo, Robinson Crusoe é expressamente invocado como exemplo de apego humano à vida[7].

Temas de esperança e até de fé, como reminiscência de "salvações bíblicas" (158) ou na forma de uma "nova Bíblia" feita de histórias humanas e sofrimento, atravessam *É Isto um Homem?* Esses temas estão, porém, dialeticamente ligados a um difuso sentimento de desespero. Uma contradição central está assim encravada no cerne do livro de Levi. Imagens simbólicas de pão, linguagem e recitação rapsódica parecem sugerir a presença de esperança, a possibilidade de contra-atacar o desespero. Até no "âmago" mesmo, estas são um memento daquilo a que os seres humanos se agarram: comunicação, comunhão, salvação. Por outro lado, Levi deixa claro que depois de Auschwitz não há espaço para fé ou esperança de natureza transcendental. Duas afirmações são categóricas a este respeito. A primeira ocorre quando, após uma das periódicas seleções para a câmara de gás, Levi observa um companheiro do campo, temporariamente poupado, orar e render graças a Deus em voz alta.

> Será que Kuhn não compreende que o que aconteceu hoje é uma abominação que nenhuma oração propiciatória, nenhum perdão, nenhuma expiação pelo culpado, nada que esteja ao alcance do homem jamais poderá reparar?
> Se eu fosse Deus, cuspiria fora a prece de Kuhn (130, It. 164).

A outra afirmação, ainda mais absoluta, aparece no último capítulo: "... pela simpes razão de ter existido Auschwitz, ninguém em nossa época deve falar em Providência" (157-158). Se não há nem Providência nem Deus, os humanos estão tragicamente sós. Mais do que nunca, o ato de testemunhar e comunicar se torna em si mesmo um ato de fé.

---

7. *Vizio di forma*, Einaudi, 1971, p. 85. A figura e Robinson Crusoe também aparece em "A Conversation with Primo Levi", em *Survival in Auschwitz*, New York, Collier Books, 1993, pp. 179-180.

Escrita Redentora, ou Levi a Testemunha

Amor à linguagem e clareza de expressão estão para Levi diretamente relacionados com seu horror ao inefável. Em *Os Afogados e os Sobreviventes* ele contesta a idéia de que a comunicação é impossível. Pelo contrário, comunicar é um imperativo: "podemos e devemos" (89). Este dever moral irrecusável de alcançar o outro está evidentemente ligado ao conhecido temor de não ser compreendido ou sequer ouvido. A vocação do escritor, em grande parte manifestada no campo, está associada ao pesadelo do ouvido fechado. Ironicamente, esse pesadelo, que no princípio se concentrou na imagem da irmã, tornou-se realidade quando seus próprios filhos adolescentes, assim que ele tentou contar-lhes a experiência vivida no campo, enrubesceram, começaram a chorar e fugiram para seus quartos[8]. Mas o silêncio, ou a não-comunicação por meio da obscuridade intencional, é uma forma de suicídio. "Escrever significa transmitir", afirma Levi a propósito do hermético poeta judeu-alemão Paul Celan, que foi levado finalmente a pôr termo à própria vida. Levi chega a sugerir que a obscuridade literária é uma forma de "pré-suicídio"[9].

A própria obsessão de Levi com a linguagem e seu fascínio pela imagem da Torre de Babel foram intensificados no campo pela barreira lingüística que impôs um sentimento extra de exílio. Como judeu italiano, ele não sabia iídiche. Esta separação lingüística adicional no Lager esclarece sua determinação de estudar iídiche e familiarizar-se com a tradição ashkenazi. A busca desse conhecimento também se tornou parte de uma operação de resgate.

Qualquer que tenha sido a inclinação literária de Levi antes de sua deportação, foi a vivência no campo que o levou à idéia de escrita redentora. Em *A Tabela Periódica* ele se refere a seu "livro libertador" ("libro liberatore") sobre Auschwitz e evoca o período, logo depois da guerra, de escrita compulsiva graças ao qual exorcizou as lembranças que o envene-

---

8. Massimo Dini e Stefano Jesurum, *Primo Levi. Le opere e i giorni*, Milano, Rizzoli, 1992, p. 51.
9. *La ricerca delle radici*, op. cit., p. 211. "On Obscure Writing", em *Other People's Trades*, New York, Summit Books, 1989, p. 173.

navam. Foi o ato de escrever, recorda, que o "purificou" da vergonha de existir e da culpa da sobrevivência. Contar e escrever devolveram-no à sua dignidade de ser humano (151, 159).

A gênese de *É Isto um Homem?* está portanto associada a um impulso regenerador. O livro seguinte, *La tregua*, torna claro de mais a mais que escrever, e mesmo "escrever bem", é muito mais do que um exercício literário. Levi não poderia ter adotado a fórmula conscientemente artística de Italo Svevo ("Fora da pena não há salvação"); mas é indiscutível que ele passou a ver a escrita como uma forma de renovação, vivenciando a "exaltação" de encontrar a palavra precisa (a "parola giusta") e descobrir, não sem surpresa, que seu armazém de lembranças atrozes estava repleto de sementes vivificantes. Por fim até adotou o velho adagio italiano acerca do manuscrito "cantante": *carta canta*[10].

Tais idéias parecem levar ao "esteticismo", ou à crença na sobrevivência pela arte. Mas o amor de Levi à linguagem e à forma literária não é uma religião substituta; vai além da redenção pessoal. Tampouco pode ser chamado de sensual seu amor pelas palavras. Sua paixão filológica subentende a procura de uma sobrevivência mais significativa. Daí o amor por dicionários e etimologias, o interesse pelo iídiche, pela ressurreição do idioma judeu-piemontês de sua família, e a convicção, como ele declarou num artigo intitulado "Os Melhores Bens", de que a tradição lingüística dos ashkenazis, híbrida e multilíngue por natureza, era o patrimônio mais precioso deles, que o desaparecimento da cultura iídiche que se seguiu à dispersão dos judeus orientais era uma "perda irreparável" para a humanidade[11].

O orgulho humanístico pelo poder da palavra e pela beleza da linguagem informa o ideal de comunicação de Levi e seu idealismo residual anteriormente associado à ciência. A palavra ("parola") passa a ter um significado quase sagrado. "Devemos aprender a fazer bom uso da palavra, pois o dom da linguagem é o que nos distingue dos animais" ("la parola ci differenzia dagli animali")[12]. Esta reverência à linguagem embasa as di-

---

10. *Il sistema periodico, op. cit.*, p. 90. O italiano do original para "the written word speaks out" é "La carta canta", *L'altrui mestiere*, Einaudi, 1985, p. 233.
11. *Other People's Trades, op. cit.*, p. 85.
12. "I padroni del destino" em *L'altrui mestiere, op. cit.*, p. 171.

versas facetas de Levi como escritor: o cronista, o poeta, o romancista, o ensaísta, o interlocutor, o ouvinte e sempre a testemunha. É o que habilita o cronista e o romancista a evocar odores e ambientes, a escrever em "technicolor" como registra Philip Roth, a mitologizar[13].

Sensibilidade verbal e modelos literários difundem-se por seus ensaios e artigos. Mais do que Rabelais, a quem ele gosta de chamar mestre, é Montaigne que vem à memória no tocante a tom, ritmo, cor e vigor da prosa. Levi se orgulha de ser um observador (parece-lhe sintomática sua gamação infantil em microscópio) e um bom ouvinte de histórias. "Sou alguém a quem muitas coisas são contadas" – traço que Philip Roth confirma em sua entrevista. "Há sempre gente lhe contando coisas"[14].

Esta disposição para ser um observador atento e um bom ouvinte está no fundo da modéstia de Levi como testemunha. A voz do cronista, por sua própria natureza, é refreada: é dada mais ao comedimento do que à autodramatização. Muito embora trate de acontecimentos excepcionais, Levi não se entrega ao que Sartre chamou de "literatura de situações extremas"[15]. Não ter atingido o fundo da abjeção por colaborar com a brutalidade dos SS, como muitos outros foram obrigados a fazer, não é para ele motivo de orgulho, mas sim de humildade. Desconfiado de toda e qualquer retórica que pudesse pintar as vítimas como santos ou heróis, Levi prefere descrever o espaço psicológico onde as opções morais se tornam quase impossíveis. Negando-se a se arvorar de juiz, alude à sua *impotentia judicandi*. Levi lembra que Hans Meyer (pseudônimo Jean Améry), que nunca aceitou a violência física a que foi submetido, acusou-o de ser "il perdonatore", o perdoador[16].

Revisitando a experiência do campo em *Os Afogados e os Sobreviventes*, quarenta anos depois de ter sobrevivido a seus horrores, Levi continuou assim a evitar a veemência do promotor, preferindo os enfoques nuançados das *sciences humaines*. Claude Levi-Strauss afirmou que Primo Levi era, a seu modo, "um grande etnógrafo". Levi aliás viu no Lager

---

13. "A Conversation with Primo Levi", *op. cit.*, p. 182.
14. *Il sistema periodico*, *op. cit.*, p. 72; Roth, "A Conversation with Primo Levi", *op. cit.*, p. 176.
15. Jean-Paul Sartre, "Qu'est-ce que la littérature?", em *Situations* II, Paris, Gallimard, 1948, p. 250.
16. *I sommersi e i salvati*, *op. cit.*, p. 110.

um "feroz observatório sociológico"[17]. Seus escritos asseguram uma percepção nada comum da economia interna e da estrutura social do campo. Estão recheados de observações dignas de um cientista político que aborda a questão do poder e da autoridade, ou estuda o comportamento do indivíduo e do grupo nas condições mais cruéis. Levi se sente particularmente perturbado por nossa ambigüidade e fragilidade em face da violência.

Algumas das páginas mais notáveis de Levi focalizam o princípio da contaminação moral, a transferência de culpa e humilhação, a tentação de se tornar cúmplice das atrocidades. O pior crime dos nazistas, o "delitto demoniaco" que revela todo o abismo do mal, era a capacidade de transformar o irmão de qualquer um num Caim. Levi imagina a risada satânica dos SS ao recordarem que haviam criado os infames *Sonderkommandos*, esquadrões especiais de judeus forçados a abastecer de vítimas judias das câmaras de gás os fornos crematórios – o que tomavam como prova de que os judeus eram seres inferiores, dispostos a aceitar todas as humilhações, inclusive o auto-aniquilamento[18].

O humor amargo transmite uma indignação que é em última análise uma forma de julgamento. Só que o julgamento de Levi ultrapassa os indivíduos, indo mesmo além da Alemanha nazista. Indica a tragédia moral quando os valores civilizados desabam. E contém um aviso de nossa "fragilidade essencial". Pois estamos todos dispostos a nos tornarmos cúmplices do poder. Esquecemos que estamos todos num gueto simbólico, que fora de seus muros os Senhores da Morte selam nosso destino, e que os trens da morte estão prontos para nos levar[19]. Isto poderia acontecer de novo.

"Somos Órfãos": A Nota Não-heróica

Esta fragilidade faz da virtude imaculada um conceito odiento. Receoso da tirania das abstrações, Levi se dispõe a denunciar a mentira de qualquer ideologia. Sustenta, com alguma ironia, que as leis raciais fascistas,

---

17. Claude Lévi-Strauss é citado em Dini e Jesurum, *Primo Levi, op. cit.*, p. 181. *Other People's Trades*, *op. cit.*, pp. 103-104.
18. *I sommersi e i salvati, op. cit.*, pp. 40-41.
19. *Idem*, p. 52.

com sua insistência na pureza racial, gerou nele o orgulho de ser "impuro"[20]. Como químico conhecia o valor reativo dos chamados elementos impuros. Cada vez mais passou a ver os seres humanos como são, verrugas e tudo o mais, em sua realidade nua, repetindo a pergunta de Lear: "Não é o homem mais do que isto? Considerem-no bem". Não poderia o título italiano de Levi, *Se questo è un uomo* (Se isto é um homem) ser lido como um eco distante da descoberta de Lear no descampado, de que "o homem sem suas comodidades" é apenas um "animal nu bifurcado"? Levi ama Rabelais por descrever a natureza humana desataviada, intestinal, "tripes et boyaux" e o resto. Elogia o humanista do Renascimento por ter dado forma ao "homem moderno" na figura de Panúrgio, a quem chama de anti-herói, "un eroe a rovescio"[21].

Desacreditar a noção tradicional de "herói" é uma tentação permanente para Levi. Incomodam-no as inverdades inventadas quando indivíduos ou grupos vestem a roupagem de heróis. Tais atitudes e ficcionalizações estão, segundo ele, na origem de todas as pretensões de reescrever a história. O culto do herói não só contraria a realidade, esvaziando os vultos históricos de sua substância (o culto italiano de Garibaldi é dado como ilustração), como é prejudicial, visto que encoraja um vácuo histórico e a irresponsabilidade moral em face do presente político – para não mencionar as concepções simplistas e francamente perigosas de coragem.

O ódio de Levi ao militarismo inspira esta perspectiva anti-heróica e explica por que ele considera *Woyzzeck* de Büchner uma obra-prima imortal[22]. Mas há razões mais profundas para sua suspeita quanto ao modo heróico. Num artigo intitulado "Eclipse dos Profetas", ele investiu contra a loucura da delegação, denunciando o conforto intelectual de viver por procuração, de reverenciar grandes figuras em pedestais que nos dispensam de fazermos nossas próprias opções morais. Ídolos distantes fornecem desculpas para nossa passividade. É hora de aprendermos a verdade amarga que diz que os profetas são falsos, os modelos nocivos, que so-

---

20. *Il sistema periodico, op. cit.*, p. 37.
21. *Other People's Trades, op. cit.*, p. 135.
22. *I sommersi e i salvati, op. cit.*, p. 92. (*The Drowned and the Saved, op. cit.*, p. 116.)

mos todos órfãos e temos de construir nosso futuro sem nos submetermos à enganosa inspiração de "heróis" iluminados, que causaram dano suficiente na história humana. Não deve surpreender-nos que Levi considerasse o tom oracular de Nietzsche e seu mito do *super-homem* "profundamente repugnantes"[23].

O que não quer dizer que o conceito de feitos heróicos ou comportamento heróico esteja totalmente excluído – mesmo nas condições inauspiciosas do campo. Mas é no máximo um conceito adjetivo, e não substantivo. Levi observou em várias ocasiões que os prisioneiros "políticos", sustentados pelo sentido de sua luta, eram mais rijos e mais capazes de opor uma lúcida resistência. A rebelião ostensiava era, porém, extremamente rara; era mesmo inconcebível, exceto para indivíduos invulgares que ainda não tinham sido minados fisicamente. Mesmo no único romance "heróico" de Levi, *Se non ora, quando?* (*Se não Agora, Quando?*), relato ficcional da guerrilha empreendida por *partisans* judeus atrás das linhas alemãs na Frente Oriental, é ponto pacífico que uma revolta dentro de um campo era praticamente impossível. Até o suicídio exigia um ato de vontade que não podia mais ser assinalado.

Naturalmente ocorrem pouquíssimas ações heróicas, mas para Levi elas ilustravam questões não diretamente ligadas a heroísmo. Um desses casos, envolto em incerteza, é contado num dos capítulos de *É Isto um Homem?*, intitulado "O Último". Levi e seus companheiros foram forçados a assistir ao enforcamento público de um homem acusado de ter mantido contato com rebeldes num campo vizinho e de planejar um motim simultâneo. O derradeiro grito do homem antes de morrer explica o título do capítulo: "Camaradas, eu sou o último!" O último, *l'ultimo* em italiano, pode significar que ele é literalmente o último do grupo de rebeldes. Mas obviamente a palavra tem ressonâncias mais amplas: o último dos heróis, o desaparecimento de uma certa imagem de homem, o fim da esperança. O momento coincide com o sentimento mais profundo de vergonha e desespero. Levi descreve o abjeto silêncio dos colegas que têm de ver o alçapão se abrir e depois cair o corpo trêmulo.

23. *Idem*, p. 84.

A vergonha é um tema importante. Fornece o título de um capítulo chave em *Os Afogados e os Sobreviventes*. Esta vergonha individual e coletiva (nem um murmúrio de desafio foi ouvido no enforcamento público!) marca o êxito da agressão nazista à humanidade. Para além da vergonha sentida ao pensar nos poucos seres excepcionais que encontraram forças para resistir, há a ignomínia de contemplar a deliberada destruição física e moral de um ser humano, porque é um crime em que, de acordo com Levi, toda a humanidade tem participação[24].

A relutância de Levi em exaltar os valores heróicos há de ser endendida também no contexto das perguntas exasperantes formuladas por aqueles que escutavam suas histórias do campo logo que ele voltou de Auschwitz. Levi se perturbava com a surpresa dos circunstantes ante o fato de os prisioneiros não se rebelarem, não terem preferido uma morte com dignidade a serem enxotados como gado para dentro das câmaras de gás. Outras perguntas o impressionavam por parecerem igualmente incompreensíveis. Por que não tentaram escapar? Por que em primeiro lugar não evitaram a captura e a deportação? Os estereótipos românticos implícitos nessas perguntas pertencem, na opinião de Levi, ao mundo de Monte-Cristo, Papillon e fantasias de fuga holliwoodianas. Tinham pouco a ver com o que é remotamente concebível dentro de um campo. Levi faz o possível para desacreditar as ilusões alimentadas pelas convenções literárias e cinematográficas de heroísmo que não deixam espaço para realidades como latrinas, piolhos e depauperamento decorrente de fome e doenças.

A franqueza desataviada do tom de Levi sublinha o quanto, no seu modo de ver, a retórica do heroísmo se aproxima da falsidade. Ele prefere adotar uma visão modesta da natureza humana, reservando sua simpatia para o limitado e falível *Mitmensch* – o nosso próximo, de "carne o osso"[25]. Esta afeição e mesmo compaixão pela imperfeição humana está inscrita no título de sua coletânea de contos *Vizio de Forma*, que expressamente se refere a um defeito fundamental.

Levi é bastante honesto para admitir que sempre lhe faltou coragem

---

24. *Idem*, p. 66.
25. *Idem*, p. 42.

física, especificamente a capacidade de "revidar", *zurückschlagen*, como era chamada no campo[26]. Melancólico, nota que não foi feito para vingança e retaliação, que não tem nada do Conde de Monte-Cristo (215). Brigas de socos, mesmo no tempo de escola, não eram seu forte. Embora tenha tido breve participação num grupo de *partisans* nas colinas do Piemonte em 1943, onde foi capturado pela milícia fascista e mais tarde deportado, confessou que não era talhado para ser um guerrilheiro, que não teria sabido usar uma pistola. No autobiográfico *A Tabela Periódica* mais uma vez se refere bem-humorado a seus sonhos pessoais de coragem: a luta "heróica" do cientista.

Com típica franqueza, Levi também fala de sua puberdade lenta e timidez crônica com as mulheres. Mas há nisso alguma coisa mais do que simples inibição sexual. Seu sentimento de "invirilidade" está reconhecidamente ligado à consciência de ser um jovem judeu e à crença, fomentada pelos colegas de escola, na época em que o fascismo italiano começava sua fase anti-semita, de que a circuncisão era um sinal de insuficiência sexual.

O Judeu como Herói?

O judaísmo converte-se numa metáfora. Por extensão, aplica-se a todos os jovens intelectuais italianos da geração de Levi que, embora hostis ao fascismo, foram politicamente passivos. Com respeito à sua geração submissa Levi sente culpa retrospectiva. Em *A Tabela Periódica* recorda que ele e seus amigos eram irônicos demais e honestos demais para aceitar o fascismo, mas céticos demais para fazer oposição ativa (63). A resistência assumiu uma forma privada: o desejo de não ser contaminado. Do parte deles era lenta a aprendizagem na realidade política. A legislação racial de 1938 provocou um brusco despertar, mas mesmo assim não se deram conta de toda a amplitude da tragédia. Contrários à violência, não haviam entendido que a violência é muitas vezes necessária para combater o mal da violência, que não reagir podia ser uma forma de cumplicidade. Mas naturalmente, como nota Levi, "Nem todos nascemos heróis" (223).

---

26. *Idem*, p. 109.

Cabe, além disso, mencionar a condição especial dos judeus italianos. O anti-semitismo não só apareceu tarde e como importação estrangeira na história do fascismo italiano, como também não era endêmico no caráter italiano nem na ideologia fascista italiana. Ao contrário dos judeus da Europa Oriental, que viviam num ambiente hostil, os judeus italianos sentiam-se bem à vontade no que consideravam seu país. Seu zelo patriótico fora estimulado desde a unificação da Itália sob a casa de Sabóia, que promoveu ativamente a causa da emancipação judia. Sabe-se que em Turim, cidade natal de Levi, as famílias judias abastadas mandavam os filhos para as academias militares. Muitas famílias judias ilustres apoiaram de fato o fascismo, em especial nos primeiros anos. O pai de Levi inscreveu-se no partido, embora a obrigação de usar o uniforme do partido em ocasiões especiais lhe parecesse uma sombria mascarada[27].

Até judeus, porém, cultivavam estereótipos não-heróicos a respeito de si mesmos. Analisando seu ambiente judeu piemontês sob o título simbólico "Argônio" (um gás inerte) no primeiro capítulo de *A Tabela Periódica*, Levi destaca as virtudes sedentárias, não-beligerantes de sua linhagem: gentileza, mansidão, diligência, repugnância pela violência. Sorri ante a inabilidade de seus antepassados e dos descendentes. Pouco familiarizados com o martelo e a navalha, o que de fato sabiam fazer com as mãos? Pouco ou nada, é a resposta. Levi conclui que se o homem é *homo faber* ou artífice, então os judeus não eram totalmente homens nesse sentido. "Sabíamos disso e sofríamos por isso." Mas há também uma dose de orgulho nessa atrofia, como há no humor agridoce especial da Diáspora e de modo geral – como Levi confessou numa entrevista com Philip Roth – em pertencer a uma "minoria"[28].

Levi sabe que essas visões contrafeitas são condicionadas e exacerbadas por preconceitos populares. Em *Se Não Agora, Quando?* (1982), o romance premiado de Levi sobre grupos guerrilheiros judeus que combatem nas florestas da Bielo-Rússia, os soldados russos que fazem contato

---

27. Acerca de algumas famílias judias no período do fascismo, ver Alexander Stille, *Benevolence and Betrayal*, London, Cape, 1992. Sobre o pai de Primo Levi, ver Dini e Jesurum, *Primo Levi, op. cit.*, pp. 20 e ss.
28. "A Conversation with Primo Levi", *op. cit.*, p. 184.

com eles não podem acreditar que judeus conhecidos como alfaiates, pequenos comerciantes ou patriarcas indulgentes, sejam guerreiros ou mesmo heróis. É verdade que Mendel, o guerrilheiro judeu, tem instintivo horror a matar e é oprimido por um sentimento atávico de tristeza e fadiga. Mas para surpresa dos russos e poloneses, que consideram os judeus engenhosos mas covardes, Mendel, o fabricante de relógios, e seus camaradas são capazes de atos singulares de bravura.

Diferentemente do livro sobre Auschwitz, *Se Não Agora, Quando?* é ficção, não um testemunho pessoal. Mas ilustra o sonho subjacente de uma postura heróica de Levi. Ele sabe – como Mendel, o personagem central do romance, sabe – que um judeu tem de ser duas vezes mais bravo do que os outros para não ser chamado de covarde. Daí a necessidade especial de *partisans* judeus. É com orgulho épico que Gedaleh, o líder da guerrilha, fala de todos os que, nos guetos de Varsóvia e Vilna, em Treblinka e Sobibór, tiveram a coragem de resistir – os poucos sobreviventes que estão agora lutando nas florestas[29]. Heroísmo, testemunho, narração são partes do mesmo esforço para recuperar a dignidade. Pouco importa se a ação está condenada ao fracasso. Num dos momentos mais desesperados, naquela que pode ser uma ação totalmente inútil e autodestrutiva, um dos guerrilheiros resume tudo: "Estamos lutando por três linhas nos livros de história" (98). A narrativa é aqui parte da luta contra o desespero.

A história contada tem seu lado épico e também profundamente irônico, inclusive a amarga experiência de ter de matar apesar do antigo temor advindo do Mandamento: "Não matarás". De acordo com o oficial polonês Gedek, a saga judia do gueto e da guerrilha inspirou o movimento da resistência polonesa. Mais uma vez o heroísmo se relaciona com o ato da narração. Vê-se que a luta em condições desfavoráveis por apenas três linhas nos livros de história não é em vão. Parece evidente que Levi projeta temas ficcionais heróicos para encher o que é percebido por ele como uma

---

29. A página de necrológio do *New York Times* de 23 de agosto de 1995 registrou a morte de Alexander Z. Bielski, que tinha sido um líder guerrilheiro judeu durante a Segunda Guerra Mundial na própria região descrita por Levi. Seu grupo de cerca de trezentos combatentes era conhecido como a Brigada Bielski, que promovia implacável ação de guerrilha contra os nazistas. O romance do heroísmo judeu, de Levi, baseou-se em fatos reais, embora a figura pitoresca de Gedaleh pertença antes ao reino da invenção.

ausência, um vazio. É revelador que Schmulek, o judeu que sai rastejando de seu esconderijo subterâneo, inveje o bando de guerrilheiros por ter tido a coragem de pegar em armas. O confessado sentimento de insuficiência de Levi como pretenso guerrilheiro projeta luz sobre o episódio. Igualmente reveladora é a figura do oficial de inteligência soviético que vem a ser um judeu e que, em sua função relativamente segura de inquiridor impecavelmente uniformizado, sente invejosa admiração quando confidencia que gostaria de "escrever a história" dos guerrilheiros judeus (269, 298). Essa "história" é sem dúvida exatamente aquela que Levi se sentiu compelido a contar ou inventar.

A ficção pode ser outra forma de testemunhar. Levi recorda que *Se Não Agora, Quando?* nasceu das histórias contadas por um amigo que estava em atividade como trabalhador voluntário em Milão logo depois da guerra, e que tinha conhecimento de bandos avulsos de guerrilheiros que se dirigiam para a Itália juntamente com inúmeros outros refugiados e deslocados de guerra. Num posfácio ao romance Levi explicou que seu objetivo não foi escrever uma história "verdadeira", mas reconstituir o itinerário "plausível mas imaginário" de um desses grupos guerrilheiros.

Ao descrever o itinerário topográfico e moral do grupo, Levi revela notáveis dons novelísticos quando evoca paisagens e cenários coloridos por sua própria odisséia de retorno ao lar: o perfume das florestas russas e polonesas, a música da chuva, o vôo de aves migradoras, o cheiro de cogumelos e almíscar. Contra o pano de fundo sombrio e amiúde assustadoramente silencioso, oferece vislumbres de retratos, nitidamente gravados a água-forte, de tipos individuais personificadores de atitudes e questões morais, inventa diálogos que misteriosamente captam no idioma italiano o ritmo e as inflexões de frases iídiches – tudo isto em paralelo com o fatídico andamento mês a mês da guerra na Frente Oriental. Episódios dramáticos adquirem uma delicada tonalidade épica enquanto os inseguros e sofridos protagonistas se alçam à dignidade humilde de uma *aristocrazia miseranda* – uma nobreza lastimável (It.104).

Entretanto a coragem nunca é o valor supremo. Os alemães talvez só entendam a força. Os guerrilheiros judeus, embora aceitem essa crua realidade e enfrentem os alemães no terreno deles, coerentemente rejeitam a idéia de que bravura física é a marca da superioridade de uma pessoa ou grupo sobre outra ou outro. Fiel à crença de que matar é errado, Mendel e seus camaradas se regalam com o típico humor judaico a respeito de seus heróis bíblicos. Quando uma das mulheres particularmente religiosas, provocada por seus camaradas a respeito de Sansão, expressa o ponto de vista de que matar é sempre um pecado, alguém do grupo insinua que talvez Sansão não tenha destruído os filisteus no dia do Shabbath (228). Levi parece bastante impressionado com uma gama de expressões iídiches que reduzem a dimensão heróica: *nebech, meschugge, narishe bucher* ("coitado", "maluco", "bobalhão"). Gedaleh não tem dificuldade em admitir que estão cansados de guerra e heroísmo, que todos anseiam pelos esforços construtivos dos tempos de paz. Numa das mais belas cenas do livro, após ajudarem os aldeãos ucranianos a colher, os guerrilheiros judeus, sentados no que seria uma vigília arcaica na companhia do ancião da aldeia, expressam sua acabrunhante fadiga de matar e destruir (207).

Gedaleh – combatente, sonhador, violinista – é sem dúvida o personagem mais pitoresco do romance. Parece saído de um quadro de Chagall, instalado contra o pano de fundo da paisagem talada pela guerra. Os companheiros têm consciência das "muitas faces" (229) desse homem, de suas contradições internas. Imprevisível, difícil de interpretar, é um ser excessivo que se lança na ação com desenvoltura e inventividade. Tem o temperamento de um músico, a jovialidade de uma criança, o instinto teatral de um cômico itinerante, a vitalidade que Levi associa ao solo russo. O guerrilheiro não-beligerante Mendel, com seus escrúpulos morais e sua sede de justiça, talvez seja a consciência central do romance, mas é Gedaleh, o animado vingador – cantando, dançando e rindo acompanhado por seu violino – que é o personagem preeminente do livro em razão de sua natureza colorida e enigmática. Até seu nome bíblico se destaca em aparente contradição com suas façanhas. Pois o Gedaleh do Antigo Testamento, que Nabucodonosor havia nomeado governador da Judéia, era em certo sentido um colaborador e foi justificadamente morto por Ismael, que está bem mais próximo da imagem de um guerrilheiro. O Gedaleh de Levi, por outro lado, vive segundo um código de honra épico exemplificado pelas palavras que diz a Mendel: "Se seu inimigo cai, não se rejubile" (307).

E no fim conduz seu grupo de homens e mulheres para a Palestina, a terra prometida de todos eles.

As atitudes chagallianas de Gedaleh são memoráveis, quer ele toque violino sentado num tronco de árvore à beira do rio, com os pés dentro d'água, quer dance impetuosamente ao som de sua própria música, levantando bem alto os pés no ar. É ele que canta a canção a respeito das ovelhas sobreviventes do gueto que foram perseguidas durante mil anos e agora estão empenhadas na vingança, cada uma delas simbolicamente carregando a pedra que esmagou o crânio de Golias. A canção de Gedaleh repete duas vezes as palavras que fornecem o título do livro: "Se não agora, quando?" Mas Gedaleh é mais do que uma figura chagalliana a ecoar enunciados rabínicos. Falastrão, eloqüente, dotado de talentos de narrador, extraordinariamente inventivo e até astuto na ação, é um Ulisses *ashkenazi* dedicado à arte da sobrevivência, a conduzir seus camaradas para a segurança e, finalmente, após uma longa odisséia de feitos brilhantes e perigosas viagens, de volta à sua verdadeira "terra natal".

A Necessidade de uma Nova Coragem

Sobrevivência não é tudo. A volta para casa pode ser uma experiência amarga. O final de *La tregua* registra como, após a saída do campo e a odisséia ferroviária, após a euforia inicial e a ilusão de ressurreição, seguiu-se uma incurável sensação de vazio. "Trégua" sugere um descanso temporário antes de sucumbir, agora que o sofrimento físico ininterrupto já não é tão absorvente, ao duradouro sentimento de impotência e inanidade ("nullità") da existência (It. 211). Depois do veneno de Auschwitz, como alguém iria realmente encontrar força e alegria para enfrentar a vida diária e as lutas de todos os dias? O final de *La tregua* descreve a sensação de abatimento que tomou conta de Levi após seu retorno a Turim, a impressão de estar esmagado por séculos de opressão. Ele não podia esquecer o brado brutal do Kapo ao amanhecer: *Wstawac* (Levantar!), que continuava a ressoar em seu ouvido. O polonês *wstawac*, como o alemão *aufstehen*, pode naturalmente receber vários significados. Refere-se literalmente à realidade quotidiana do campo. Mas podia também conotar o levantar para a luta pela sobrevivência, e em última análise podia indicar alguma forma de recuperação ou ressurreição. O parágrafo final de *La tregua* dissipa contudo qualquer idéia de que a experiência do Lager foi superada. "Nada era verdadeiro fora do Lager" é a frase terrível que resume a impressão dominante de que tudo o mais – a libertação, o retorno ao seio da família, a volta ao trabalho – era um sonho, um período curto de férias, uma miragem de estabilidade, arruinada por profunda angústia e pelo medo constante do caos e da desintegração.

Como, nessas circunstâncias, iria alguém reunir forças para viver, atender às exigências da família e do trabalho? Levi iria encontrar certa estabilidade em suas responsabilidades como diretor de uma indústria química, e mais tarde – mas só até certo ponto – como escritor profissional de tempo integral. Depois de Auschwitz, junto com a vergonha de ter sobrevivido, veio a dificuldade de travar luta quando o inimigo era agora interno. O conhecido sorriso de Levi encobria a tristeza irremediável de quem havia entendido que até nossa aptidão para a infelicidade é limitada. Afligido por uma sensação de vazio, Levi continuou sua existência quotidiana ciente da constante presença de um abismo. Mas o que significa ser um Pascal sem fé?

Onde, após a vivência do campo, iria uma pessoa encontrar a vontade de batalhar ("dare battaglia") na vida quotidiana? Levi especulou sobre várias formas de coragem relacionadas com a sobrevivência intelectual. *La ricerca delle radici* – sua antologia pessoal, *A Procura das Raízes* – é em grande parte uma procura de respostas. Havia a nobreza e o heroísmo da ciência, se bem que o próprio Levi se mostrasse irônico acerca das proezas do laboratório de pesquisas como fuga do engajamento político. Mas havia, inegavelmente, nobres realizações na busca do conhecimento. Como exemplo paradoxal, Levi elogia Darwin, que negou à espécie humana uma posição privilegiada no universo, mas graças à sua coragem intelectual reafirmou "a dignidade do homem" (It. 23). Se admira *Moby Dick*, é primordialmente porque o épico de Melville ilustra a busca ("ricerca") da plena experiência humana. Tal percepção do impulso trágico da humanidade mais uma vez lembra o Ulisses de Dante cruzando os mares à cata de aventura e da mais ampla consciência moral.

Num plano menos exaltado, há a dignidade do ofício ou da profissão, a relação nobilitante do homem com suas ferramentas. Levi nunca deixou de se maravilhar com as aventuras da tecnologia. Um dos livros de destaque em sua antologia pessoal de textos seminais é um romance de Jean Vercel que aconteceu ser o primeiro livro a lhe cair nas mãos durante os caóticos últimos dias em Auschwitz, e que narra uma "aventura tecnológica" confirmando que os seres humanos podem ser heróicos em esforços pacíficos. A persistente admiração de Levi pelo *homo faber* se manifesta mais plenamente num livro que ele publicou mais de trinta anos depois, *La chiave a stella* (*A Chave Inglesa*), cujo protagonista, Tito Faussone, é um construtor de guindastes, torres e plataformas de extração de petróleo em alto mar, um homem que realiza seu trabalho em regiões longínquas e freqüentemente perigosas. O gosto de Faussone por sua profissão, incluindo vitórias e derrotas, aproxima-se do orgulho épico. Ele próprio compara sua emblemática chave inglesa à espada do cavaleiro. No Alasca, na Índia ou na Rússia, entra na batalha sustentado pelo código de honra de sua profissão.

A heróica luta contra a natureza e a matéria induz Levi a dotar a mente humana de dignidade filosófica. Ele se orgulha de que, por tentativa e erro, a raça humana tenha ao longo dos séculos forcejado por dominar o mundo material. Entre as obras inspiradoras de sua antologia pessoal Levi incluiu "The Search for Black Holes", de S. Thorne, que considerou trágica e também arrebatadora. Sob o título "Siamo Sole" ("Estamos Sós") Levi explica em termos quase pascalianos que a capacidade de conceber buracos negros e a consciência de que o universo violento e hostil não foi criado para a raça humana (sempre esmagada e vencida) são em si mesmas uma vitória da inteligência humana sobre forças cegas (It. 229).

A nobreza do trabalho, a nobreza do espírito: não surpreende que Levi seja conduzido de volta ao poder das palavras e ao ofício de escrever. Em suas conversas com Faussone, o perito montador com sua simbólica chave inglesa, o narrador – o próprio Levi – observa que também ele, como escritor, é uma espécie de "montador", penosamente juntando palavras, frases e pensamentos, sempre com risco de que se desloquem ou desintegrem. A fé de Levi na clareza de palavras e pensamentos bem agrupados indica um otimismo humanístico fundamental. Em toda a sua vida acreditou, ou quis acreditar, que as palavras estavam a serviço da comunicação significativa, que cumpre portanto escrever de maneira clara e disciplinada. Esta crença descambava às vezes em postulados ingênuos, surpreendentes numa pessoa que estivera cara a cara com a crueldade irracional. Em *Os Afogados e os Sobreviventes* Levi afirma que não há problemas que não possam ser solucionados com boa vontade e confiança em torno de uma mesa redonda. Sabia que não era bem assim, é claro. Nem mesmo a escrita podia ser inequívoca ao trasmitir significados e encorajar. A narração era uma luta contra o desespero, mas não protegia contra ele.

É comovente observar os esforços de Levi para encontrar novas formas de coragem. Sua condição de céptico – ele chama a isto sua "laicità" – não tornou as coisas mais fáceis. Com humor contido, Levi observou que não se pode mudar as regras quando o jogo está chegando ao fim. A conversão na iminência de afogamento lhe parecia indigna[30]. Ele sabia, como disse num de seus poemas, que havia contemplado todo o horror da Medusa[31], querendo dizer com isto que sabia que não existe providência, nem justiça divina, nem justificação para o sofrimento e o mal. A perspectiva científica apenas magnificou a insignificância humana e exacerbou as impressões de inutilidade, a consciência de que não somente os seres humanos mas também a cultura e a própria civilização eram mortais.

Esta arrefecedora visão da insignificância, se não da inanidade, da humanidade numa perspectiva científica lança luz sobre o que na obra de Levi poderia ser considerado uma propensão marginal à *fantascienza*, ou ficção científica, exemplificada pelos textos coligidos em *Storie naturali* (1966). Esses contos transmitem, com humor amargo, o medo de uma tomada do poder por máquinas ou forças naturais, desbancando assim o primado da espécie humana. Os exercícios de ficção científica de Levi estão longe de ser inócuos. Um milagre tecnológico imaginário como o Torec (o "Total Recorder"), aparelho eletrônico capaz de transmitir sensações ao cérebro sem a mediação dos sentidos, deixa o indivíduo com a impres-

---

30. *I sommersi e i salvati, op. cit.*, p. 118.
31. O poema em questão, "A Mario e a Nuto", é citado em Dini e Jesurum, *Primo Levi, op. cit.*, p. 200.

são de um vazio extremo quando a fita acaba de passar. Levi observou na quarta capa de seu livro que suas invenções em ficção científica não estavam desconectadas do trauma do Lager. O humor kafkaesco dos contos sugere realmente transgressões monstruosas, como genocídio sistemático, engendradas pelo pesadelo da planificação racional.

Mesmo o tema da sobrevivência é encarado numa perspectiva sombria. Num ensaio irônico sobre coleópteros, reimpresso em *L'altrui mestiere* (*As Profissões dos Outros*), em que é evocada a visão alucinatória de Kafka, Levi imagina como, após uma catástrofe nuclear global, os besouros suplantarão os humanos como os novos reis da Terra (It. 180). A lógica desse humor negro leva a imagens de autodestruição. Uma das narrativas mais perturbadoras de *Storie naturali* descreve os efeitos de uma substância recém-descoberta, versamina, que converte sofrimento em prazer, de modo que o indivíduo que a ingere, especialmente se o apetite pela vida estiver perdido, não está mais protegido.

O tema do suicídio, oculto e não oculto, atravessa toda a obra de Levi. O Torec subentende um movimento em diração à morte. No fim do capítulo sobre os intelectuais em Auschwitz (*Os Afogados e os Sobreviventes*), Levi afirma que o objetivo da vida é "a melhor defesa contra a morte" e que no Lager a urgência do instinto de sobrevivência era tal que não havia tempo realmente para pensar na morte. Mais de uma vez Levi declarou que o suicídio era uma raridade no campo. Faltava a força mesma para executá-lo. Mas as coisas logo mudavam fora do campo. Daí a importância do parágrafo final de *La tregua*. Levi refere em numerosas ocasiões que o suicídio se tornou uma tentação recorrente para aqueles que sobreviveram e que isso se relacionava em parte com a vergonha ou a culpa de ter sobrevivido. Entre sobrevivência e suicídio havia, parece, um liame dialético. O ato decisivo de Levi em 11 de abril de 1987, quando ele se matou, estava sem dúvida em sua mente desde muito antes. Num artigo revelador sobre testes psicológicos na indústria, Levi recorda que logo depois da guerra se submeteu a um questionário que continha esta pergunta surpreendente: "Você pensa às vezes que o suicídio poderia resolver seus problemas?" Levi se lembra de sua resposta silenciosa: "Talvez sim, talvez não. De qualquer modo, não é a você que eu confiarei meus problemas"[32]. A idéia de tal segredo pessoal está indiscutivelmente ligada à antiga convicção de Levi de que o suicídio continuava a ser um mistério. Relembrando a morte voluntária do "filósofo suicida" Hans Meyer (pseudônimo Jean Améry), Levi escreveu em *Os Afogados e os Sobreviventes* que todo suicídio dá origem a uma galáxia de explicações nebulosas ("nebulosa de spiegazioni"), mas em última análise permanece inexplicável[33].

A palavra "afogados" ("sommersi"), que já havia aparecido num dos títulos de capítulos de *É Isto um Homem?*, remete à metáfora de um naufrágio. A autodestruição como ato de vontade e manifestação de liberdade implica uma resolução trágica. Voltamos ainda uma vez à imagem do Ulisses de Dante que, no fim de contas, em sua obstinada busca de aventura e experiência moral para além das colunas de Hércules, encontra a morte no mar[34]. Mas este naufrágio está associado a lucidez, dignidade e coragem intelectual na procura do que Dante chama "virtude e conoscenza" – virtude e conhecimento.

---

32. *L'altrui mestiere*, op. cit., p. 212.
33. *I sommersi e i salvati*, op. cit., p. 118.
34. Zwi Jagendorf faz a interessante observação, pertinente à situação de Levi como sobrevivente e testemunha, de que o relato dantesco de Ulisses é uma "história de desastre engastada numa narrativa de salvação" ("Primo Levi Goes for Soup and Remembers Dante", *Raritan XII*, n. 4, Spring 1993, p. 48).

APÊNDICE

A Testemunha de Svevo

Um Criptojudeu

Italo Svevo parece ter ficado embaraçado com sua judaicidade. Nunca a menciona em seus escritos. Sua obra ficcional simplesmente elide o assunto. No ensaio autobiográfico promocional, *Profilo autobiografico*, não há uma só palavra sobre o ambiente judeu de sua família[1]. De seu pai, nascido no estrangeiro, diz elusivamente que era um *assimilato* na cidade de Trieste, a qual é por sua vez qualificada de "crogiolo assimilatore" – o equivalente italiano de *melting pot*. Embora o *Profilo* se inicie com uma referência a seu pseudônimo ("Svevo-o suevo trazendo o germânico para dentro de fraternal aliança com Italo – o italiano"), não se faz a mais ligeira referência a seu nome reconhecivelmente judeu, Ettore Aron Schmitz.

Na verdade, como nos lembra o biógrafo de Svevo, John Gatt-Rutter, o *Profilo* foi escrito em 1928, no auge dos sentimentos nacionalistas fascistas, e compreensivelmente dá importância às credenciais de Svevo como patriota italiano em toda a sua vida[2]. Assim o *Profilo* apressa-se em afirmar que o avô e o pai se casaram com mulheres italianas, mas novamente

---

1. *Profilo autobiografico* em *Opera omnia*, Milano: dall'Oglio, 4 vols., 1966-1969, III, pp. 799-810.
2. John Gatt-Rutter, *Italo Svevo. A Double Life*, Oxford, Clarendon Press, 1988, pp. 16-17.

não há uma palavra a respeito do ambiente totalmente judeu dessas mulheres. O próprio Svevo casou-se numa família de convertidos, os prósperos Venezianis. A mãe de sua mulher era uma Moravia – outro nome reconhecivelmente judeu, na verdade o nome mesmo da própria mãe de Svevo, já que Svevo se casou com uma prima segunda. Livia Veneziani fora criada como católica, e para agradá-la, num período em que ela esteve doente, Svevo se batizou, embora continuasse hostil a todas as religiões. Seu ateísmo é provavelmente o que Livia tinha em mente quando, na biografia que escreveu de Svevo, aludiu à "veia pessimista" do marido[3].

Seguindo o exemplo de Svevo, Livia em *A Vida de Meu Marido* (*Vita di mio marito*) mantém-se inteiramente evasiva a respeito das origens judias e da atmosfera familiar do escritor. É o ambiente italiano que ela destaca. "Filho de mãe italiana, ele se sentia totalmente italiano." Ainda que cubra a carreira literária de Svevo com riqueza de detalhes, deixa de mencionar que o primeiro artigo por ele publicado – singular concessão a um tema judaico – foi precisamente sobre o Shylock de Shakespeare. Ela trata demoradamente da amizade de Svevo com Joyce, evocando até as discussões entre os dois escritores acerca da figura de Leopold Bloom, mas sequer insinua o fato de que Joyce nessas ocasiões consultava Svevo amplamente sobre assuntos judaicos. Em vez disso, destaca aquelas facetas de Svevo que fazem dele um "uomo europeo" – sem esquecer em momento algum de insistir em que ele era antes de mais nada italiano e triestino[4].

O que impressiona mais ainda é que em seus escritos ficcionais Svevo parece evitar todos os temas, assuntos ou personagens mesmo remotamente judeus. H. Stuart Hughes em seu estudo sobre escritores judeus italianos, *Prisoners of Hope*, compreensivelmente se pergunta: "Até que ponto ele era judeu, se raramente mencionava suas origens e escrevia romances em que não havia personagens judeus?"[5] A resposta está longe de ser simples e vai ao âmago dos artifícios, das estratégias oblíquas, ambivalências e ironia de Svevo.

---

3. Livia Veneziani Svevo, *Vita di mio marito*, Milano, dall'Oglio, 1976, p. 80.
4. *Idem*, pp. 14, 72, 85-88 e 90-91.
5. H. Stuart Hughes, *Prisoners of Hope. The Silver Age of the Italian Jews, 1924-1974*, Cambridge, Mass., Harvard University Press, 1983, p. 38.

O fato indisputável é que a infância e a adolescência de Ettore Aron Schmitz se impregnaram de vida judeu-triestina, no meio de parentes e amigos da família cujos nomes soam como um indicador da comunidade judia de Trieste: Pincherle, Cohen, Weiss, Wertheimer, Ziffer, Levi – abrangendo também os nomes judeus de sonoridade italiana: Morpurgo, Finzi, Vivante, Ancona, Camerini. Além disso, parece que os pais eram praticantes, que ele freqüentou a escola elementar judaica dirigida pelo grão-rabino de Trieste e que, quando o pai pragmático decidiu mandá-lo e a seus dois irmãos Elio e Adolfo para uma escola alemã (o alemão era considerado essencial para uma carreira nos negócios em Trieste), escolheu o Brüssl'sche Handels-und Erziehungsinstitut em Segnitz à margem do rio Meno, cujo diretor judeu, Spier, prestava seus serviços em grande parte a uma clientela de famílias de comerciantes judeus alemães. A relutância de Svevo em lidar abertamente com sua judaicidade é ainda mais notável porquanto o porto austro-húngaro de Trieste, que se orgulhava de sua condição relativamente independente, era, ao contrário da Áustria, onde o anti-semitismo corria solto, uma cidade em que os judeus haviam desde cedo conhecido a emancipação, eram respeitados e exerciam uma função de liderança na comunidade.

Mesmo nos papéis pessoais, notas, reminiscências e correspondência, há surpreendentemente poucas referências. As raras exceções não têm muita importância. A respeito de Kafka ("sua última paixão literária", segundo sua mulher Livia[6]), cuja condição de intruso múltiplo oferece muitos paralelos com a sua, Svevo observou com típica discrição que ser um judeu "não era uma posição confortável". Muito antes, numa carta à sua mulher, referindo-se à possibilidade de uma carreira, anotou pessimista: "Pressinto que, como nós judeus dizemos, o Messias não virá daquela direção." Em outro lugar faz este comentário quase à maneira existencialista: "Não é a raça que faz um judeu, é a vida". Numa de suas últimas cartas a Mme Benjamin Crémieux há uma alusão jocosamente amarga aos "benditos romenos, com todos aqueles anti-semitas". E num artigo sobre Richard Wagner publicado no mesmo jornal de Trieste que

---

6. Livia Svevo, *Vita di mio marito, op. cit.*, p. 145.

havia publicado a matéria sobre Shylock, observou, com aparente objetividade, que o anti-semitismo do compositor era de natureza cultural e crítica, baseado na idéia de que os judeus são "mediadores" cosmopolitas, portanto incapazes de verdadeira criatividade artística[7].

Não admira que H. Stuart Hughes tenha considerado as raras referências de Svevo a suas origens judias inconclusivas e desconcertantes. Na esteira do crítico Giacomo Debenedetti, que acusou Svevo de ter recalcado o elemento judeu, Hughes chega a se referir a um tipo de anti-semitismo judeu ilustrado por Otto Weininger, que definiu a psicologia judaica como psicologia "de passividade feminina saturada de ódio de si mesmo". Hughes rejeita esta visão extrema em favor de uma noção mais risonha de humor criptojudeu de sobrevivência[8].

A intuição que Hughes tem de disfarces e transferências literárias do tema judeu é indubitavelmente correta e encontra apoio vigoroso numa narrativa posterior, inconclusa, publicada postumamente, *Corto viaggio sentimentale* (*Curta Viagem Sentimental*). Nela, um protagonista errante, Signor Aghios, é levado a se sentir inteiramente embaraçado por um companheiro de viagem, o inspetor de seguros Borlini, xenófobo arrebatado, que expressa suspeita sobre o nome não-italiano (grego) de Aghios, acusando-o além disso, e de forma grosseira, de ser um "poeta disfarçado" ("poeta travestito"). O olhar hostil do fascista Borlini no compartimento do vagão ferroviário corresponde à múltipla insegurança e aos disfarces do Signor Aghios. Pois o nome grego – Aghios diz em tom de quem se desculpa que tem só uma origem grega muito "distante" – é não apenas um jogo de palavras reconhecível (Aghios / Hagios, o santo) como ainda traz à memória outro viajante também afastado de sua Penélope e carregando também uma antiga cicatriz, Ulisses. Mas o irônico tema de Ulisses é em si mesmo uma transparente transferência. A xenofobia de Borlini, ostensivamente orientada para os gregos, tem todas as marcas do anti-semitismo. E Aghios, consciente do deter-

---

7. *Opera omnia, op. cit.*, I, pp. 115 e 867; III, p. 598. Os comentários sobre Kafka e a "vida" que faz o judeu são citados em Hughes, *Prisoners of Hope, op. cit.*, p. 39.
8. Hughes, *Prisoners of Hope, op. cit.*, pp. 42-45; Giacomo Debenedetti, "Svevo e Schmitz", em *Saggi critici*, Milano, Il Saggiatores, 1971, pp. 47-113. As explanações sobre a passividade feminina do tipo antropológico judeu encontram-se em Otto Weininger, *Sex and Character*, London, W. Heinemann, 1906.

minismo genético, sente uma característica mescla de culpa, resignação atávica, vulnerabilidade e orgulho da diferença. Algumas das afirmações de Aghios / Svevo têm um tom confessional irônico: "É conveniente pertencer a outra raça. É como se a pessoa estivesse perpetuamente viajando"; "Se se nasce de um certo jeito, continua-se sendo desse jeito"; "Eu venho de uma raça mais antiga do que os celtas". A referência aos celtas é um sinal de que mesmo o elo com Ulisses tem um sentido especial: os temas gregos e judeus estão reunidos na amizade literária com Joyce. Numa conferência sobre Joyce pronunciada numa fase ulterior de sua vida, Svevo observou que o Ulisses de Joyce, um enxerto no mundo moderno, respeita os deuses e ama sua família como o faz "o judeu Bloom", e que existe uma afinidade singular entre o povo judeu e os irlandeses, dois povos de língua morta ("... *i due popoli dalla lingua morta*")[9].

Na verdade a escolha do nome artístico é mais reveladora do que pareceria a princípio. O pseudônimo une provocadora e defensivamente os elementos germânicos e italianos do meio sociocultural de Svevo, remetendo simultaneamente à sua educação alemã, a suas lealdades irredentistas triestinas e a suas ambições de escritor cujo idioma nativo, muito distante da linguagem literária toscana, condena-o a escrever numa língua estrangeira. Mas há talvez mais nesse forjado nome ítalo-germânico do que uma simples alusão a duas identidades nacionais. O Svevo (o suevo) de sonoridade italiana reporta-se a uma região da Alemanha justamente do modo como diversos nomes de judeus italianos (Morpurgo ou Moravia, o nome de sua mãe, são bons exemplos) se referem a regiões ou cidades específicas. Esse sinal "judeu" dissimulado, embutido, se torna ainda mais verossímil em vista da informação que seu irmão Elio dá acerca do avô paterno Abramo Adolfo Schmitz, que era natural de Köpchen, cidade da Transilvânia onde os alemães falavam um dialeto suevo[10].

---

9. *Opera omnia, op. cit.*, III, pp. 176 e 192. Sobre "Corto viaggio sentimentale", ver Victor Brombert, "Svevo's Trains of Thought", *2PLUS2, A Collection of International Writing*, Lausanne, 1985. O texto da conferência de Joyce apareceu como um dos "Saggi" em *Opera omnia, op. cit.*, III. Ver em particular pp. 717-718.

10. *Diario di Elio Schmitz*, org. Bruno Maier, Milano, dall'Oglio, 1973, pp. 195 e 212. Ver também John Gatt-Rutter, *Italo Svevo, op. cit.*, p. 17. A partir daqui todas as referências de páginas ao *Diario di Elio Schmitz* serão dadas dentro de parênteses no texto.

Temas e Variações

O problema da judaicidade de Svevo não é apenas uma questão de apurar a verdade dos fatos, ou de diagnosticar um mal-estar bem conhecido dos judeus culturalmente assimilados. Na luta de toda uma vida entre Schmitz e Svevo, entre o homem de família / de negócios e o artista, pode agora parecer que a vitória final cabe ao artista. Mas tal visão deixa de levar em conta o característico vaivém entre arte e vida, e a inspiração temática do escritor – o desajuste suicida de Alfonso Nitti em *Una vita*, o prematuro sentimento de frustração de Emilio Brentani em *Senilità*, a penetração dolorosamente cômica e distanciada de Zeno em sua própria consciência, ou a ardilosa elaboração de valores de sobrevivência por parte de Aghios – sempre enraizada numa aguda percepção da situação e vivência familiar.

O documento fundamental, intimamente conhecido de Svevo e para o qual ele chegou mesmo a contribuir, é o diário de seu irmão mais moço Elio. Elio Schmitz (1863-1886), que idolatrava o irmão mais velho, morreu com pouco mais de vinte anos de uma doença crônica. O *Diario*, que dá notícias detalhadas da atmosfera familiar e da experiência escolar comum dos irmãos, da adolescência e dos primeiros esforços para penetrar no mundo dos adultos na Trieste finissecular, era cuidadosamente guardado pela família e foi liberado para publicação pela filha de Svevo, Letizia, quase um século depois de ter sido escrito. Pela mulher de Svevo, Livia, sabemos que Svevo, profundamente abalado pela morte do irmão, conservou o *Diario* "religiosamente" pelo resto da vida, "como uma relíquia preciosa"[11].

Elio e Ettore eram muito amigos. Juntos enfrentavam os ditames paternos. Estudavam, escreviam, praticavam violino na mesma sala. No tocante a ambições literárias, Elio vivia-as indiretamente, e com orgulho. Aceitava incondicional e comovedoramente a superioridade intelectual de Ettore e dizia não ter nada mais importante a fazer do que servi-lo na condição de seu devotado cronista. A admiração de Elio e seu culto das lem-

---

11. Livia Svevo, *Vita di mio marito, op. cit.*, p. 16.

branças deram a Ettore um referente especular. Muitos anos depois ele aconselhou um escritor inglês principiante a se mirar quotidianamente num "espelho" textual redigindo um apanhado de seu dia a fim de alcançar o autoconhecimento e "uma grande sinceridade"[12]. Em certo sentido, o *Diario* de Elio fornece o exemplo básico de tal espelho particular e constitui uma confissão oblíqua tornada ainda mais pessoal pelas várias páginas que Svevo escreveu do próprio punho e que se concentram em depreciativas auto-avaliações.

Objetivamente o *Diario* de Elio projeta preciosa luz sobre valores familiares na comunidade judia de Trieste, e num âmbito mais geral sobre a vida social, politica e artística da cidade numa época em que o *irredentismo*, o movimento em prol da unificação com a Itália, inspirava muitos dos elementos liberais desse florescente porto adriático que fazia parte do império austro-húngaro. Ficamos sabendo dos laços profundos que unem os dois irmãos à sua cidade natal, de seus conflitos com o pai, das pressões do etos comercial e do carreirismo, do sentimento de servidão e humilhação dos jovens numa sociedade burocratizada. A experiência comum de ambos no internato de Segnitz, suas ambições e projetos artísticos, suas procrastinações e incertezas são vividamente descritos e nos ajudam a entender melhor alguns dos temas recorrentes na obra de Svevo. Os traços do caráter de Svevo estão distintamente delineados.

Sobre a ambiência judia o diário do irmão é particularmente franco e informativo. Elio fornece uma genealogia da grande família, fala abertamente da oposição corrente ao casamento interracial, dá detalhes de outro modo indisponíveis sobre as refeições festivas da noite de sexta-feira; o casamento judeu de sua irmã Natalie sob o dossel tradicional, a celebração do Purim, de que o pai não gostava; a eleição do pai para Hatan Bereshit, honra que o habilitava a ler o início do Pentateuco durante os serviços na sinagoga. Faz menção freqüente ao anti-semitismo, em especial do tipo vienense. De particular interesse é o relato da humilhação de Ettore quando, depois de muito tempo passado na sala de espera, viu negada sua admissão num emprego de início de carreira, para o qual seu co-

---

12. Carta a Cyril Drucker, em *Opera omnia* I, pp. 836-837.

nhecimento de quatro línguas o qualificava, "porque o candidato é judeu" (202, 203, 221, 236-237, 256, 290). Será uma simples coincidência ter sido o primeiro artigo de Svevo, sobre Shylock, escrito algumas semanas depois dessa experiência?[13]

Como pano de fundo cultural, o *Diario* de Elio Schmitz é também um valioso documento acerca do clima social, econômico e artístico de Trieste. Esta cidade portuária (único acesso direto da Áustria ao Mediterrâneo), esse bastião da mentalidade comercial da Mitteleuropa, desfrutava de uma vida teatral espantosamente rica. Muitos teatros ofereciam montagens primorosas de peças que variavam de Alfieri aos autores mais recentes – Giacosa, Sardou, Dumas pai e filho, Strindberg, Ibsen – e convidavam grandes estrelas do porte de Eleanora Duse. A vida teatral, que os dois irmãos acompanhavam atentamente, era parte da *italianità* de Trieste.

Para Ettore e Elio, as imagens de Trieste e da Itália tendiam a fundir-se. Mas no caso deles a noção de *patria* era ao mesmo tempo abstrata e concreta: abstrata porque eles não eram italianos, mas súditos austríacos; concreta visto que para eles a noção de *patria* se concentrava não numa nação mas em sua cidade natal. Uma coisa é clara: nenhum dos dois irmãos sentia qualquer lealdade à Áustria, e a idéia de serviço militar compulsório no exército austríaco, sem esquecer a possibilidade de ter de lutar por causas que não eram as suas, lhes era repulsiva.

Trieste era assim, para o jovem Svevo, uma entidade física e espiritual. Entre os aspectos da obra de Svevo que Joyce mais tarde valorizou, estava a capacidade do autor de usar sua cidade natal como parte integrante da estrutura temática de sua ficção. A admiração era mútua. Como professor de inglês de Schmitz na Berlitz School, Joyce leu para seu aluno muito mais velho um conto de *Dublinenses* que terminara pouco antes. Ambos os escritores, de modos e em contextos diferentes, mitologizaram suas respectivas cidades natais, alçando-as ao nível de *topos* poético e protagonista.

O *Diario* de Elio revela como era realmente profunda a afeição dos dois irmãos por Trieste. Desde a infância referiam-se apaixonada e pos-

---

13. Por uma tocante coincidência, da qual os dois irmãos estavam bem conscientes, o artigo foi publicado na véspera do vigésimo quinto aniversário de casamento dos pais (*Diario, op. cit.*, pp. 238-239).

sessivamente a "la mia bella Trieste" (205). Exilados na escola na Alemanha, sentiam uma nostalgia pungente quase sempre associada à imagem de trens, que, achavam, deviam todos levar a Trieste. A sensação de exílio se tornou particularmente penosa anos depois, quando Elio, em razão de negócios e saúde, teve de trocar Trieste pelo Cairo, e escreveu que chorava feito uma criança, exatamente como fez quando ele e Ettore foram embora para Segnitz (297).

No entanto esse amor era ambivalente. Elio deplora amiúde a ruína de Trieste, a subserviência da cidade a interesses materiais, o que põe as necessidades comerciais em inevitável conflito com o idealismo patriótico. Uma cisão entre aspirações mercantis e anseios irredentistas correspondia a uma cisão política mais profunda entre o lado austríaco e o lado italiano da mentalidade triestina. Contudo, essa crise de consciência não se limitava a Trieste. Talvez não seja exagerado dizer que Trieste, em termos svevianos, representava um mal-estar, ou até uma doença, mais penetrante da consciência burguesa européia, e que os aspectos diagnósticos e prognósticos da obra de Svevo apontam para um futuro calamitoso[14]. *La Coscienza di Zeno*, o romance de Svevo sobre "conhecimento" e "consciência" escrito na esteira da Primeira Guerra Mundial, conclui reveladoramente com a imagem de uma explosão apocalíptica provocada pelo homem e assinalando o fim da vida humana sobre este globo.

Embora essencialmente privado e centrado em assuntos de família, o *Diario* de Elio conta com um *basso continuo* político. Boa parte deste ainda tem a ver com a atmosfera doméstica, pois sua família, como inúmeras outras famílias de negociantes triestinos, estava dividida quanto à questão do irredentismo. Tio Vito sentia-se comprometido com o destino italiano de Trieste, ao passo que o pai de Elio nutria fortes simpatias austríacas. Elio relembra discussões entre os dois sobre o desfecho da Guerra Franco-Prussiana. O pai, como era de esperar, tomou o partido dos prussianos, garantindo que cedo estariam em Paris. Mil oitocentos e setenta, o ano da vitória prussiana, parece ser uma data importante na memória

---

14. Assim Gabriella Contini, em *Il romanzo inevitable*, Milano, Mondadori, 1983, p. 117, fala do "espaço" triestino como figuração de uma "doença histórica" ("La città appare ulteriore figura di malattia storica").

política de Elio. Este ponto de referência da infância é de particular interesse se se considera que a primeira página de *La coscienza di Zeno*, escrita cerca de quarenta anos depois, associa a data de 1870 à Áustria e à lembrança dos primeiros cigarros que Zeno fumou – o começo de um "vício" da vida inteira, do qual ele nunca se livraria.

A divisão da família a respeito da lealdade à Áustria ou à Itália não surpreende. Muitos triestinos atuantes no mundo dos negócios relacionavam-se prioritariamente com a Áustria ou trabalhavam com firmas austríacas. Interesses mercantis e valores familiares se emaranhavam. A comunidade comercial prezava a solidez e a solvibilidade acima da retórica idealista. Seu símbolo era a caixa-forte ("cassa forte" – 263) e seu parâmetro de realização a aquisição de riqueza ou, no mínimo, um bom emprego. As metáforas mercantis informavam a conversa diária e até se infiltravam naturalmente, ainda que muitas vezes humoristicamente, no estilo do diário de Elio. Fala-se ali de uma nota promissória ("obligazione" – 221) assinada por Ettore comprometendo-se junto ao irmão a terminar sua peça *Ariosto govenatore* numa data combinada. (A peça nunca passou de suas fases iniciais.) Semanas depois Ettore assinava cinco letras de câmbio ("cambiali" – 231) obrigando-se a completar os cinco atos de uma nova comédia num prazo de vinte dias cada um. As letras e promissórias assinadas antecipavam o tema do último cigarro sempre adiado e indicam claramente como, no caso de Svevo, desde cedo a imagem de uma transação e a idéia de um prazo descumprido se relacionam com o ato de escrever.

Tipicamente os irmãos também se rebelam contra a mentalidade mercantil associada a Trieste. Elio se queixa de que a mania do dinheiro ("denaromania" – 295) colide com sonhos grandiosos. O conflito não é abstrato para os dois aspirantes a artistas. O *etos* do comércio corporificado pelo pai significava uma hostilidade filistina a qualquer atividade artística que pusesse em perigo a "seriedade" de propósito condizente com os jovens. Elio aspira a ser músico e compositor. Numa imagem interessantíssima de um sacrifício paralelo envolvendo política, sobrevivência e sonhos de criatividade artística, o violino desempenha um papel simbólico. "Trieste vai de mal a pior, que é precisamente a minha situação. A cidade deve sacrificar sua nacionalidade a bem do comércio, assim como eu devo sacrificar o violino para ganhar dinheiro" ("... io devo sagrificare [sic] il violino al guadagno" – 264). O violino não é uma imagem vazia. Uma coisa era ter uma assinatura para o teatro, e outra bem distinta ter em vista uma carreira artística. Elio anota laconicamene que seu pai dispensou o professor de violino (252).

A família Schmitz, como a maioria das famílias judias, favorecia os valores sentimentais. Elio e Ettore cresceram no culto dos vivos e dos mortos. Nascimentos e mortes eram comemorados com grande emoção. Não era permitido esquecer os mortos. Mês após mês, ano após ano, os irmãos evocam a memória de Tio Vito e visitam o túmulo da irmã Noemi. Mas os valores dominantes eram "burgueses" da Mitteleuropa: aversão ao ócio ("ozio" – 198), obsessão pela "saúde" física e social, preocupação com a doença enquanto "desordem", gosto por banhos e estâncias termais, respeito aos médicos, à lei e à ordem. Tipicamente também, muito embora se rebele contra o materialismo, proclamando que o dinheiro profana todas as causas nobres, Elio, apesar disso, endossa em quase todas as páginas de seu diário os artigos de fé de seu meio. Como a obra ficcional posterior de Svevo, o diário constantemente se bifurca numa crítica e numa apologia da burguesia. Ser "são" ("essere uomo sano" – 294) é sem dúvida um desejo perfeitamente legítimo da parte de quem padece de uma forma grave de nefrite, mas a ambição é também simbólica e irônica (198, 294). O papel dos médicos parece signficativamente ambivalente: gozando de poder e prestígio em grande parte fundado nos temores de seus pacientes, são também – na medida em que constituem uma corporação protetora da ignorância recíproca – alvo do ressentimento e da caricatura.

Acima desse mundo familiar contido no mundo maior das famílias judias triestinas consagradas ao comércio paira o pai como presença maciça, ao mesmo tempo opressora e repressora. Ressentindo-se da doença do filho e das despesas que ela acarreta, sacrificando tudo às preocupações comerciais, cada vez mais deprimido em razão dos problemas financeiros, Francesco Schmitz mostra-se, além disso, comercialmente inepto, preso a métodos obsoletos. Mas o filho sente a constante necessidade de se justificar aos olhos do pai, mesmo na intimidade de seus próprios pensamentos. E o que vale para Elio vale também para Svevo e seu mundo ficcional. Ele aceitará e internalizará todos os valores que critica e nega. A vida e a ficção de Schmitz / Svevo (daí a importância da palavra *coscienza* em seu mais famoso título) patenteiam uma consciência irresolutamente polarizada entre as exigências do "artista" e as do "homem de negócios".

Ettore: O Defeito

Refletindo ou antecipando o modo de pensar de Ettore, o diário do irmão oferece uma curiosa imagem especular, embora nem sempre fique claro quem é que se olha no espelho[15]. Elio, aos dezesseis anos, escreve: "Ettore está agora com 18 anos. Tem alguma coisa de poeta e parece que tem muito talento. Escreve poesia" (215). Nos poucos anos seguintes o diário revela traços básicos do caráter de Ettore. Ele é melancólico, reservado, distraído, muitas vezes apático na aparência, mas estes são sinais enganosos que escondem uma intensa vida interior. Pode ser um brincalhão, mas na maioria das vezes é descrito por Elio no ato de ler ou escrever. Usa todas as suas economias na compra de livros e resiste à rígida determinação do pai de não ler à noite. (Elio até sustenta que se Ettore tem um ombro mais alto do que o outro é por causa dos prolongados períodos de leitura.) Na escola sua predileção é pela literatura alemã e proclama a superioridade de Schiller sobre todos os outros gênios literários. Lê Shakespeare em tradução alemã, sabe *Hamlet* de cor e é obsedado pelos célebres versos sobre ser e não ser. Mas sua maior exaltação parece ter ocorrido numa fase anterior, quando lia em segredo todos os romances franceses que conseguia.

Alcançar a fama literária era a *idée fixe* de Svevo, e em seus sonhos de glória literária ele se voltou primeiro para o drama – gênero para o qual tinha pouco talento. Como Stendhal, descobriu a tempo que seu espírito era basicamente avesso a estruturas teatrais, que deixavam pouco espaço para ambivalências e estratégias elusivas. Em rápida sucessão, para espanto e desalento do irmão, encetou e abandonou diversos projetos teatrais:

---

15. A imagem do espelho é bem explícita. Aos dezessete anos Elio Schmitz se pergunta por que escreve esse diário, e conclui que quer guardar para sua velhice um "espelho" ("specchio") de tudo o que fez dia após dia. Ironicamente, foi Svevo quem guardou esse diário como uma relíquia-espelho.

Ariosto governatore, Il primo amore, Le roi est mort, vive le roi, I due poete – estes são apenas alguns dos títulos. Ao cabo de algum tempo, seu irmão e admirador quase perdeu a fé nele. O diário, em determinado ponto, está repleto de comentários como "Não sei se ele o completará", "Não acabará este também", "Este terminará no fogo" (232, 235).

As preocupações de Elio vão além do presente imediato; remetem a problemas fundamentais do temperamento literário de Svevo. Procrastinação, mudanças de direção e desencorajamento iriam afligi-lo no decurso dos anos. Entretanto, havia também a vontade obstinada de escrever, mesmo que as resoluções, como o célebre último cigarro de Zeno, conduzissem de adiamento a adiamento. O elo entre fumo ("il fumo") e determinação literária é sintomático e também simbólico. Daí as notas promissórias que não pode honrar e o compromisso ulterior segundo o qual se não terminar a peça num certo dia terá de pagar ao irmão durante três meses dez *soldi* por cigarro que fumar. Uma cadeia de fumaça une firmemente o retrato do jovem Ettore Schmitz pintado por Elio ao anti-herói do grande romance de Svevo escrito quarenta anos mais tarde.

Pois os defeitos de Ettore levam a seu *heureca* literário; depois disto suas fraquezas se transformam em virtudes artísticas. Como vimos, Elio conta que Ettore triunfante anuncia certo dia que havia descoberto seu verdadeiro assunto, que iria chamar-se *Difetto moderno*, ou *O Defeito Moderno*. Segue-se uma anotação do punho de Svevo tratando exclusivamente de suas deficiências de pretenso escritor. Este exercício de autocrítica e desalento corresponde a uma força propulsora "negativa" que o impelirá para três romances cujos títulos são em si mesmos reveladores: *L'inetto* (*O Inepto* – título que seu editor o forçou a mudar para *Una vita*), *Senilità* e *La coscienza di Zeno*.

Se o *Diario* fornece uma imagem especular para uso pessoal de Elio, é também um espelho em que Ettore podia se observar. Suas próprias anotações deixam claro que lê as notas de seu irmão regularmente. Depois do falecimento do irmão, guardou-lhe o diário como uma coisa íntima. O testemunho de Livia, sua mulher, é categórico. Não só tratava-o como se fosse uma relíquia venerada, como, mais precisamente, "mirava-se" ("si rispecchiava") na consciência da testemunha insubstituível que tinha sido o confidente de seus sonhos literários e que havia acreditado em seu destino de escritor[16]. Esta crença em seu futuro glorioso deve ter amparado Svevo, embora ele também deva ter se divertido, para dizer o mínimo, com o fato de Elio se comparar a um historiador admirador de Napoleão (295), especialmente porque Napoleão era visto como a própria encarnação de carreirismo e ação decisiva. Alusões a Napoleão, aliás, aparecem amiúde nos textos de Svevo, em geral como sinais irônicos de um modelo heróico improvável ou indesejável.

O tom paródico e minimizador tão característico da obra de Svevo já informa suas próprias anotações no *Diario*, sobretudo nas análises severas, ato-reprovadoras a que se entrega. Ridiculariza os "grandi destini" a que o diário parece dedicado (219). Mesmo episódios banais são desmascarados. Ele zomba de seu breve flerte com uma jovem atriz. Mas mesmo esta zombaria, em forma de diálogo, permanece caracteristicamente incompleta, confirmando a queixa de Elio de que o irmão não consegue nunca terminar coisa alguma.

Elio, ou A Testemunha como Modelo

O espelho também funciona ao revés, por assim dizer. Quando lê o diário de Elio, Ettore aguça sua perspectiva sobre o irmão. Esta perspectiva tem tripla dimensão: o que ele sabe em razão do contato diário, o que depreende como leitor participante, o que compreende postumamente quando recorda ou relê esse registro pessoal em conjunção com suas próprias atividades de romancista. Parece bastante provável de fato que os traços de caráter de Elio tenham sido uma importante inspiração literária para Svevo após a morte do irmão e que Svevo o tenha transformado em modelo de alguns de seus personagens mais memoráveis: Alfonso Nitti, Emilio Brentani e Zeno Cosini. Certas tensões e temas psicológicos caros a Svevo estão claramente prefigurados na descrição que Elio faz de si mesmo: a permanente consciência do conflito entre o mundo da arte e o mundo do comércio; um sentimento de frustração, melancolia e dúvida em

---

16. Livia Svevo, *Vita di mio marito*, op. cit., pp. 16 e 26.

relação a si próprio; a obsessão com o envelhecimento, a doença e a morte; o relacionamento entre enfermidade, ironia e renúncia; o refúgio na enfermidade e no correspondente medo da vida; e, acima de tudo, um encoberto senso do destino como fracasso.

Em certo sentido Elio acolheu bem sua doença, que se tornou um álibi para sua dedicação à arte e também uma justificação para o fracasso. Buscando refúgio na inércia, ele radicalizou sua passividade. Lembramo-nos do diagnóstico de Sartre, que disse ter o jovem Flaubert adotado uma atitude póstuma. Daí a ironia do paciente que espera uma cura na qual realmente não quer acreditar. Svevo romancista iria revelar por fim este sentimento da grande doçura da frustração[17]. Zeno resiste à cura em grande parte porque descobre que o que chamamos saúde é a verdadeira doença.

No diário de seu irmão, Ettore pôde ler sinais contraditórios. Havia a culpa da auto-reprovação decorrente de ver as próprias insuficiências com os olhos do pai; Elio aceitou o julgamento severo de "vadio" e "imprestável" vindo de sua própria gente. Sobressalta-se ao pensar em se tornar um "vizioso" ou um "uomo da nulla" (257). Escrever era de fato visto por Elio como uma forma de morte, associada a um culto mórbido de lembranças e a uma descrença no futuro. Reveladoramente manda o carpinteiro da família construir uma "caixa" que deverá se tornar um depósito-ataúde de seu diário e suas cartas. Entretanto, o ato de escrever é também visto como inútil. Elio refere-se com desdém às tolices ("sciocchezze") que enchem seu inútil caderno ("inutile libraccio" – 266, 278-279).

Quando releu o caderno de notas do irmão, Svevo deve sem dúvida ter empatizado com a tensão invariavelmente sentida entre idealismo inalcançável e desalento. O diário de Elio executa variações sobre os temas de auto-aperfeiçoamento, propósito moral, amor gratuito à arte, elevação mediante esforço criativo. Mas concomitantemente com a procura de uma dimensão secreta, arraigada no sentimento de preciosa individualidade, há uma convicção de que as coisas só podem ir de mal a pior e uma cruel aptidão para se considerar inferior aos outros. Cheio de autocomiseração,

---

[17]. Svevo comenta sobre essa doçura que vem com a "inércia do vencido" ("inerzia del vinto") em "Pagine di Diario e Sparse", *Opera omnia, op. cit.*, III, p. 841.

Elio é além disso um memento constante da "injustiça" da vida. Só que Svevo, tendo atingido a maturidade e se resignado às imprevisíveis flutuações da existência, traduzirá essa "injustiça" numa noção paradoxal e lúdica da "originalidade" da vida[18].

Svevo deve ter também saboreado a agridoce melancolia ("dolce malinconia" – 253) que ironicamente contrapõe o nevoeiro interno de Elio à paisagem terrestre e marítima de Trieste. Em seus romances, mas talvez em nenhuma parte mais magistralmente do que em *Senilità*, Svevo não cessará de explorar o irônico hiato entre a realidade subjetiva de seus protagonistas e a realidade objetiva da cidade, associando doença e dor à poética evocação de sua Trieste natal.

Este senso de lucidez acerca da nossa ineficiência e dos nossos pontos cegos, esta imersão na passividade e na convicção (ou esperança) de que a vida escolhe por nós, esta busca daquilo que realmente não desejamos assumirá muitas formas na obra ficcional de Svevo. Os usos do diário do irmão são reveladores porque a elaboração artística específica, com suas múltiplas instabilidades, seus rodeios, suas cômicas obliqüidades e seu *Witz* autodefensivo, permite-lhe transmitir muito do que não é diretamente declarado. Escrever, acreditava Svevo, é tentar chegar ao íntimo do nosso complicadíssimo ser. Mas ele sabia que só as "mentiras" da ficção podiam atingir esse íntimo e que o auto-engano era a sua verdade. Isto pode explicar por que sua forma de narrativa se mantém tão próxima dos modos confessionais e autobiográficos.

O *Diario* de Elio explicita os muitos tipos de mal-estar que iriam afligir Svevo durante a sua vida, entre os quais sua judaicidade não era para ele o menos perturbador. E relacionado com isto havia também o mal-estar de ser um múltiplo estrangeiro: como judeu, como súdito habsbúrgico numa cidade adriática que desejava irresistivelmente unir-se à Itália, como escritor cujo idioma natal não era o italiano. Este distanciamento lingüístico acabou se tornando para Svevo a própria condição do escritor. A observação de Zeno de que estava fadado a mentir em cada palavra

---

18. A seu cunhado e sócio comercial que se queixa de que a vida é injusta e dura, Zeno responde, como já vimos: "A vida não é nem boa nem má, é original" (*Confessions of Zeno*, New York, Vintage Books, 1989, p. 312).

que falava na língua toscana tinha para ele uma significação universal. Ilustrava o intervalo entre linguagem falada e linguagem escrita e, até mais profundamente, o intervalo entre qualquer linguagem e a mobilidade constante de nossa consciência.

Muito mais do que Proust, com quem seus primeiros críticos o compararam, é Kafka que vem à lembrança. Como Kafka, que previa sempre o pior, Svevo recorria ao humor do desespero. Para Svevo, também, escrever era uma forma de não viver: uma necessidade bem como uma forma de salvação. Só na escrita existe salvação, afirmou em suas notas pessoais. No entanto estava igualmente convencido de que a literatura é uma atividade risível, inútil e até danosa ("ridicola e dannosa")[19]. Tudo isto iria se realizar, com variações, no constante vaivém entre sua vida e sua obra. Mas no destino de seu irmão, que morreu tão moço com tantas esperanças irrealizadas, podia ler o que ele mesmo qualificou de afirmação "schopenhaueriana" de vida intimamente ligada à sua negação[20].

19. *Opera omnia, op. cit.*, III, pp. 816-818.
20. "Profilo autobiografico", *Opera omnia, op. cit.*, p. 801.

Índice Onomástico

Abel – 163
Acácio – 48
Agamemnon – 17, 117, 133
Agostinho (Santo) – 61, 90
Ajax – 15
Alexandre Magno – 106, 108, 147
Alfieri, Conde Vittorio – 204
Améry, Jean (Hans Meyer) – 180, 195
Antígona – 15, 133
Apolo – 127
Aquiles – 15, 17, 87, 101, 165
Ariadne – 128
Aristóteles – 87
Artêmis – 127
Atlas – 159

Baldick, Robert – 71n, 96n
Balzac, Honoré de – 14, 96
Barbusse, Henri – 110
Baudelaire, Charles – 64
Beckett, Samuel – 119
Benn, Maurice B. – 26n, 33n, 36n, 38n
Bernheimer, Charles – 49n-50n, 52

Biasin, Gian Paolo – 170
Bielski, Alexander Z. – 187n
Blair, Ronda L. – 134n
Blanchot, Maurice – 16
Bourbon – 76
Brecht, Bertolt – 41, 117
Brée, Germanine – 147n
Brombert, Bettina – 7; Brombert, Beth – 11
Brombert, Victor – 19n, 26n, 158n, 201n
Bryusov, Valery – 53n
Büchner, Georg – 9, 11, 17, 20-22, 25-44, 73, 117, 182
Bullock, Michael – 116n

Caecilia Metella – 136
Caim – 163, 181
Calipso – 151
Campbell, Joseph – 18
Camus, Albert – 9, 23, 63, 100, 131, 140-163
Carlyle, Thomas – 18

CATÃO (de Útica) – 30-31, 33; KATO – 31, 32
CELAN, Paul – 178
CÉLINE, Louis-Ferdinand – 110
CERVANTES SAAVEDRA, Miguel de – 117
CÉSAR, Júlio – 101, 108; NERO – 108
CHAGALL, Marc – 189
CHEEVER, John – 131n
CHIZHEVSKY, Dmitry – 50n, 52n
CLEÓPATRA – 118
CLITEMNESTRA – 133
COLERIDGE, Samuel Taylor – 172
CONRAD, Joseph – 18
CONTINI, Gabriella – 205n
CRÉMIEUX, Mme Benjamin – 199
CRISTO, Jesus – 36, 39, 43, 47-48, 50n, 61, 67, 78, 81, 84, 150, 157, 169

DANTE (Alighieri) – 108, 157, 167-169, 174, 176, 191, 195
DANTON, Georges Jacques – 27-30, 34-36
DARWIN, Charles – 91, 191
DEBENEDETTI, Giacomo – 200
DEFOE, Daniel – 144
DEMÉTER – 132, 134
DETIENNE, Marcel – 17n
DILTHEY, Carl – 30
DINI, Massimo – 178n, 181n, 186n
DON JUAN – 101, 116-118, 147; DOM JUAN – 66
DORGELÈS, Roland – 110, 148
DOSTOIÉVSKI, Fiódor – 9, 11, 13, 21, 45, 53, 55-69, 90, 100, 156
DOSTOIÉVSKI, Mikhail – 67
DÜRRENMATT, Friedrich – 131
DRUCKER, Cyril – 203n
DUMAS, Alexandre (pai) – 204
DUMAS, Alexandre (filho) – 204
DUSE, Eleanora – 204

DUVIGNAUD, Jean – 27n

ÉDIPO – 15-16, 101, 117, 132-134
EICHENBAUM, Boris – 48n, 52, 52n
ELECTRA – 15
ELIADE, Mircea – 138n
ELIOT, T. S. – 138
EPIMÊNIDES – 57, 100
ERÍNIAS (as) – 117, 132-134
ERLICH, Victor – 52, 52n-53n
ÉSQUILO – 16n
EYCK, Jan van – 160

FAGLES, Robert – 15n-16n
FANGER, Donald – 50n, 52, 52n
FERRARIS, Denis – 94n
FLAUBERT, Gustave – 9, 13-14, 21-22, 36, 49, 53, 77-84, 96, 119, 124, 211
FRANCISCO JOSÉ I (Imperador) – 109-110
FRANK, Joseph – 63, 68
FREUD, Sigmund – 18, 89, 101
FRISCH, Max – 9, 11, 21, 23, 115-140

GARIBALDI, Giuseppe – 182
GARREAU, Marcel – 111n
GATT-RUTTER, John – 197, 201n
GAY, N. – 56
GENETTES, Mme Roger des – 77, 80
GERMAIN, Louis – 149
GIACOSA, Giuseppe – 204
GILL, James – 7
GIRAUD, Raymond – 14
GOBINEAU, Arthur de – 111
GOETHE, Johann Wolfgang von – 34, 65, 129
GÓGOL, Nicolai – 9, 11, 21-22, 45-54, 73, 110
GOLIAS – 190
GUTZKOW, Karl – 29; GUTZKOV – 37n

ÍNDICE ONOMÁSTICO

Hades – 134
Hamlet (Príncipe da Dinamarca) – 36-37, 64, 87, 208
Hasek, Jaroslav – 22, 105-114
Hegel, G. W. F. – 26, 27n
Heine, Heinrich – 61, 64
Hemingway, Ernest – 127
Hércules – 101, 108, 119, 168, 195
Hermes – 139
Hinderer, Walter – 29, 33n
Hippisley, Anthony – 49n
Homero – 16, 166-167
Hughes, H. Stuart – 198, 200
Hugo, Victor – 19, 160
Huizinga, Johan – 18, 124
Humboldt, Wilhelm – 110

Ibsen, Henrik – 204
Ifigénia – 133

Jaeglé, Minna – 29
Jagendorf, Zwi – 195n
Jahier, Valerio – 89
Jesurum, Stefano – 178n, 181n, 186n
Jó – 165
João, São (o Batista) – 82, 157
Joyce, James – 14, 85, 97-98, 198, 201, 204
Juliano, São (o Hospitaleiro) – 82

Kafka, Franz – 84, 93, 127, 173, 194, 199, 213
Keeley, Edmund – 17n
Kosdasat – 48
Kierkegaard, Sören – 123-124, 126
Kieser, Rolf – 123n
Knox, Bernard – 15
Kore – 134n

Lada, Joseph – 105-106
Lao-Tsu – 159
Larbaud, Valery – 85
Lear, Rei – 38, 42-43, 44n, 182
Liérmontov, Mikhail – 64
Levi, Primo – 9, 11, 17, 19, 23-24, 165-195
Lévi-Strauss, Claude – 180, 181n
Levin, Harry – 82n
Lindenberger, Herbert – 20, 30, 33n, 35, 36n

Maguire, Robert A. – 48n
Maier, Bruno – 91n, 201n
Malraux, André – 140, 146
Maria (Madalena) – 43
Maria (mãe de Jesus) – 72, 78
Mateus, São (o Evangelista) – 32
Matlaw, Ralph E. – 55n, 67n
Mefistófeles – 65; Mefisto – 86
Melville, Herman – 191
Milosz, Czeslaw – 111
Moisés – 18
Móki (São) – 48
Molière – 66
Montaigne, Michel de – 123-124, 180
Monte-Cristo, Conde de – 184-185
Moritz Mahler – 112
Mozart, Wolfgang Amadeus – 159
Mucius Scaevola – 108

Nabokov, Vladimir – 52, 54
Nabucodonosor – 189
Napoleão (Bonaparte) – 91, 101, 106, 118, 210
Niekrassov, Nicholas – 64
Nietzsche, Friedrich – 15, 173, 183
Níobe – 127

OBERLIN, Johan – 27
ODISSEU – 17, 108, 117, 126, 130, 151, 163. *Ver também* ULISSES
ONIMUS, Jean – 158n
ORFEU – 128
OTELO – 27, 38, 124

PARMÊNIDES – 87
PARROT, Cecil – 105n
PASCAL, Blaise – 103, 120, 146n, 150n, 191
PASCO, Allen H. – 14n
PAXTON, Joseph – 66
PENÉLOPE – 17, 126-127, 200
PERSÉFONE – 117, 132, 134
PIKKOLO (Jean Samuel) – 167, 169
PÍNDARO – 163
POGODIN, Michael – 50n
POUND, Ezra – 82
PROMETEU – 16
PROUST, Marcel – 14, 127, 213
PÚCHKIN, Aleksander – 64
PYTLIK, Radko – 111n

RABELAIS, François – 180, 182
RAMSÉS (Faraó) – 144
REED, Walter L. – 16n
REMARQUE, Erich-Maria – 110
RITSOS, Yannis – 17
ROBESPIERRE, Maximilien de – 33, 36
ROCHE, George – 18n
ROSENTHAL, Raymond – 166n
ROTH, Philip – 180, 186
Rousseau, Jean-Jacques – 57, 61, 64

SAND, George – 11, 76-77, 82-83
SANSÃO – 189
Sardou, Victorien – 204

SARTRE, Jean-Paul – 57, 62, 69, 82, 103, 154-155, 180, 211
SATÃ – 154 e ss.; DIABO – 49 e ss., 176
SATURNO – 35, 147n
SCHAUB, Gerhard – 31n
SCHILLER, Friedrich – 18, 30, 34-35, 208
SCHILLINGER, John – 48n
SCHMIDT, Henry J. – 29n
SCHMITZ, Abramo Adolfo – 199, 201
SCHMITZ, Adolpho – 199
SCHMITZ, Elio – 92, 95n, 199, 202-212
SCHMITZ, Francesco – 207
SCHMITZ, Letizia – 202
SCHMITZ, Livia Veneziani – 91, 94, 198-199, 202, 209; SVEVO, Livia – 199n, 202n, 210n
SCHMITZ, Natalie – 203
SCHMITZ, Noemi – 207
SCHMITZ, Walter – 122n, 134n
SCHOPENHAUER, Arthur – 90, 213
SHAKESPEARE, William – 34, 37-38, 43, 198, 208
SÍSIFO – 103, 142-143, 145, 147n, 150n, 151, 151n, 152-153, 154n
SKELTON, Geoffrey – 116n
SÓCRATES – 161
SÓFOCLES – 15n, 101
SÓSSI (São) – 48
STAUFFACHER, Werner – 122n, 139n
STENDHAL – 14, 96, 130, 208
STEINER, George – 15, 26
STILLE, Alexander – 186n
STRINDBERG, August – 204
SVEVO, Italo – 9, 11, 21-22, 64, 85-104, 119, 179, 197-213; SCHMITZ, Ettore Aron – 86, 91, 95, 197, 199, 200n, 202-211

THIBAUDET, Albert – 81
THORNE, S. – 192
TODOROV, Tzvetan – 60n, 62
TRASK, W. R. – 138n

ULISSES – 9, 11, 24, 108, 165-169, 176, 191, 195, 200-201. *Ver também* ODISSEU

VALÉRY, Paul – 19
VÉNUS – 133
VERCEL, Jean – 192
VERNANT, Jean-Pierre – 17n
VIGNY, Alfred de – 150
VIRGÍLIO – 167

VOLTAIRE – 16-17, 107, 109

WAGNER, Richard – 97, 199
WEAVER, William – 166n
WEIDIG, Friedrich Ludwig – 32
WEININGER, Otto – 200, 200n
WEINRICH, Harald – 113n
WOOLF, Stuart – 166n
WOYZECK – 17, 21, 25-26, 28, 37-42, 73; JOHAN CHRISTIAN – 40

XENOFONTE – 108

ZOETE, Beryl de – 85n

Título	Em Louvor de Anti-heróis
Autor	Victor Brombert
Tradução	José Laurenio de Melo
Capa	Tomás B. Martins
Ilustração da Capa	Hélio Vinci
Editoração Eletrônica	Aline Sato
	Amanda E. de Almeida
Administração Editorial	Valéria C. Martins
Formato	16 x 23 cm
Tipologia	Sabon
Papel de Miolo	Polen Soft 80g
Papel de Capa	Cartão Supremo 250g
Número de Páginas	224
Impressão e Acabamento	Lis Gráfica